走 进 新 课 程 丛

ZOUJIN XINKECHE
YU KECHENG
SHISHIZHE DUIHUA

走进新课程
与课程实施者对话

教育部基础教育司组织编写
朱慕菊 主编

北京师范大学出版集团
BEIJING NORMAL UNIVERSITY PUBLISHING GROUP
北京师范大学出版社

图书在版编目(CIP)数据

走进新课程：与课程实施者对话/教育部基础教育司组织编写．—北京：北京师范大学出版社，2002.6(2021.8重印)

ISBN 978-7-303-06089-4

Ⅰ．①走… Ⅱ．①教… Ⅲ．①课程－教学改革－研究－中小学 Ⅳ．①G632.3

中国版本图书馆CIP数据核字(2007)第016986号

营 销 中 心 电 话 010-58802181 58802786
北师大出版社教师教育分社微信公众号 京师教师教育

出版发行：北京师范大学出版社 www.bnupg.com
北京市西城区新街口外大街12-3号
邮政编码：100088
印 刷：北京虎彩文化传播有限公司
经 销：全国新华书店
开 本：710 mm×1000 mm 1/16
印 张：17.5
字 数：250千字
版 次：2002年6月第1版
印 次：2021年8月第36次印刷
定 价：55.00元

责任编辑：栾学东 郭 翔 装帧设计：李葆芬
责任校对：李 菡 责任印制：马 洁

走进新课程丛书编委会

人 员 名 单

建立具有中国特色的基础教育课程体系

中华人民共和国教育部副部长 王湛

一

课程在学校教育中处于核心地位，教育的目标、价值主要通过课程来体现和实施，因此，课程改革是教育改革的核心内容。世纪之交，当中国基础教育高举全面推进素质教育的旗帜，为实施科教兴国战略切实履行“奠基工程”职责的时候，基础教育课程改革就必然成为基础教育改革的重要任务，鲜明而紧迫地提到广大教育工作者和全社会的面前。1999 年 6 月，《中共中央国务院关于深化教育改革全面推进素质教育的决定》提出，要“调整和改革课程体系、结构、内容，建立新的基础教育课程体系”；2001年 6 月，《国务院关于基础教育改革与发展的决定》进一步明确了“加快构建符合素质教育要求的基础教育课程体系”的任务。于是，我国新一轮基础教育课程改革在世纪之交启动。经过充分酝酿和研究，教育部制定了《基础教育课程改革纲要（试行）》（以下简称《纲要》），确定了改革目标，研制了各门课程的课程标准或指导纲要。遵循“先实践，后推广”的思路，新课程已经于 2001 年 9 月在全国 38 个国家级实验区进行了实验，今年秋季实验将进一步扩大，有近 500 个县（区）开展实验，新课程正在走进校园，走进师生的生活。基础教育课程改革正在实践中不断深化，并昭示其强大的生命力。

二

建立新的基础教育课程体系以邓小平“教育要面向现代化、面向世界、面向未来”和江泽民同志“三个代表”的重要思想为指导，全面贯彻国家教育方针，以提高国民素质为宗旨，以培养创新精神和实践能力为重点，强调课程要促进每个学生身心健康发展，培养良好品德，强调基础教育要满足每个学生终身发展的需要，培养学生终身学习的愿望和能力。基础教育课程改革的目标是：

1. 改变课程过于注重知识传授的影响，强调形成积极主动的学习态度，使获得基础知识与基本技能的过程同时成为学会学习和形成正确价值观的过程。

2. 改变课程结构过于强调学科本位、门类过多和缺乏整合的现状，使课程结构具有均衡性、综合性和选择性。

3. 改变课程内容繁、难、偏、旧和偏重书本知识的现状，加强课程内容与学生生活以及现代社会科技发展的联系，关注学生的学习兴趣和经验，精选终身学习必备的基础知识和技能。

4. 改变课程实施过于强调接受学习、死记硬背、机械训练的现状，倡导学生主动参与、乐于探究、勤于动手，培养学生搜集和处理信息的能力、获取新知识的能力、分析和解决问题的能力，以及交流与合作的能力。

5. 改变课程评价过分强调评价的甄别与选拔的功能，发挥评价促进学生发展、教师提高和改进教学实践的功能。

6. 改变课程管理过于集中的状况，实行国家、地方、学校三级课程管理，增强课程对地方、学校及学生的适应性。

三

从我国改革开放的需要和各地经济文化发展极不平衡的现实出发，借鉴世界各主要国家和地区课程改革的经验，针对我国基础教育课程存在的主要问题，本次课程改革努力在以下几方面取得重要进展。

1．明确区分义务教育与非义务教育，建立合理的课程结构，更新课程内容

《纲要》强调，义务教育阶段的课程应体现普及性、基础性和发展性。义务教育的课程要面向每个学生，其标准是绝大多数学生能够达到的。课程内容和要求应该是基础性的，不能任意被扩大、拔高。课程应具有发展性，着眼于学生的终身学习，适应学生发展的不同需要。课程内容和课程结构的改革与实施强调密切联系学生生活和经验，加强课程与社会科技发展的联系，为学生的终身发展提供必备的基础知识、基本技能和良好的情感态度与价值观，以创新精神和实践能力为核心，重视发展学生搜集处理信息的能力、自主获取新知识的能力、分析解决问题的能力、交流与合作的能力。

这次课程改革采取九年一贯整体设置义务教育阶段课程的方式，构建分科课程与综合的课程结构。在综合科学技术发展和对自然、社会整体认识的基础上，对教育内容进行更新，构建自然科学与社会科学的综合课程，小学阶段以综合课程为主，开设语文、数学、外语（3年级起）、品德与生活（1～2年级）、品德与社会（3～6年级）、科学、艺术（或音乐、美术等）、综合实践活动、体育与健康等课程。初中阶段综合与分科并行，开设语文、数学、外语、思想品德、历史与社会（或历史、地理）、科学（或物理、化学、生物）、艺术（或音乐、美术）、综合实践活动、体育与健康等，供学校选择。

改革和建立分科课程，加强课程内容的综合性，淡化学科界限，加强课程内容与现实生活和学生经验的联系，增进各学科之间的知识和方法上的联系。

为培养学生的创新精神和实践能力，加强课程与社会、科技、学生发展的联系，从小学三年级至高中设置综合实践活动为必修课程，其内容包括信息技术教育、研究性学习、社区服务与社会实践、劳动与技术教育，发展学生解决实际问题的能力。

高中阶段以分科课程为主。普通高中在科目上应多样化，内容和要求上应有层次性，要创造条件积极开设技术类课程。学校在保证开设必修课程的前提下，使课程结构具有较强的选择性。

这次课程改革突出思想品德教育、信息技术教育、科学教育、环境教育、艺术教育以及综合实践活动等。重视科学教育，全面提高学生的科学素养，特别是科学方法、科学态度、科学价值观的教育，以及通用技术、职业意识和创业精神的教育；农村中学课程内容要为当地的经济社会发展服务，在基本达到国家课程要求的同时设置农业技术教育课程，试行通过“绿色证书”教育及其他技术的培训获得“双证”的模式，城市中学要开设适宜的职业技术课程。

2．突出学生的发展，科学制定课程标准

传统的教学大纲较多以学科体系为中心来表述本学科的知识点和教学要求。对能力和教学要求往往采用“初步了解”“理解”“掌握”“运用”等抽象的方式，对教师具体了解学生应达到什么程度缺乏明确的指导。

这次课程改革力图通过制定课程标准的形式，在学生知识、技能、态度、能力的发展方面具体化，从而明确制定我国基础教育各门课程的基本标准，初步建立起我国基础教育的课程标准体系。第一，在课程目标上，要求从知识与技能、过程与方法、情感态度与价值观等多方面设计具体的课程；第二，在课程内容上，注重密切联系学生的生活和经验以及社会、科技发展的现实，强调学生经验、学科知识和社会发展三方面内容的整合；第三，在课程要求上，课程标准不仅仅结合知识点明确具体的结果性目标，每个学科都结合本学科的特点，明确提出了一系列过程性目标、体验性目标，以期学生在获得知识的同时学会学习，并形成正确的价值观。课程标准还对教学过程、教材编写和学生学习质量的评估明确了具体要求。

3．加强新时期学生思想品德教育的针对性和实效性

加强思想品德教育，强调在向社会主义市场经济转变的过程中，对学

生道德、行为、人生观、世界观、价值观及思想政治素质的培养；强调德育在各学科教育环节的渗透，改进教育教学方法，注重实践环节，增强思想品德教育的针对性和实效性。这些主要通过以下几方面来实现。

（1）加强德育课程建设。根据中小学生不同年龄段的特点，遵循由浅入深、循序渐进的原则，确定不同教育阶段的德育内容和要求，研制《品德与生活（1～2年级）课程标准》《品德与社会（3～6年级）课程标准》以及《思想品德（7～9年级）课程标准》。

（2）各门课程渗透德育。各门课程要结合自身特点，对学生渗透爱国主义、集体主义、社会主义和世界观、人生观、价值观以及科学精神、科学方法、科学态度等方面的教育。

（3）设置综合实践活动为必修课。综合实践活动由研究性学习、社会实践与社区服务和劳动与技术教育、信息技术教育等方面内容组成。它设置的宗旨是改变学生的学习方式，培养学生的创新精神与实践能力，培养学生关心国家命运，培养爱国主义精神，形成社会责任感，加强学校教育与社会、科技、学生发展的联系，加强德育的针对性和实效性。

4．以创新精神和实践能力的培养为重点，建立新的教学方式，促进学习方式的变革

新课程强调教学过程是师生交往、共同发展的互动过程。在教学过程中要处理好传授知识与培养能力的关系，注重培养学生的独立性和自主性，引导学生质疑、调查、探究，在实践中学习，使学习成为在教师指导下主动的、富有个性的过程。教师应尊重学生的人格，关注个体差异，满足不同需要，创设能引导学生主动参与的教育环境，激发学生的学习积极性，培养学生掌握和运用知识的态度和能力，使每个学生都能得到充分的发展。

5．建立促进学生发展、教师提高的评价体系

新课程的评价强调：评价功能从注重甄别与选拔转向激励、反馈与调整；评价内容从过分注重学业成绩转向注重多方面发展的潜能；评价技术从过分强调量化转向更加重视质的分析；评价主体从单一转向多元；评价

的角度从终结性转向过程性、发展性，更加关注学生的个别差异；评价方式更多地采取诸如观察、面谈、调查、作品展示、项目活动报告等开放的及多样化的方式，而不仅仅依靠笔试的结果；更多地关注学生的现状、潜力和发展趋势；新的评价方式强调可操作性，力求评价指示简明、方法易行，使第一线教师容易使用。

6. 制定国家、地方、学校三级课程管理政策，提高课程的适应性，满足不同地方、学校和学生的需要

建立三级课程管理模式的目的是进一步简政放权，加大省级人民政府发展和管理本地区教育的权力以及统筹力度，促进教育与当地经济社会发展紧密结合，继续完善基础教育由地方负责、分级管理的体制。在课程的开发与管理上，改革过去国家管理过于集中的做法，通过这次课程改革，逐步放权，以有效提高课程为当地经济服务的适应性。

四

为了保证基础教育课程改革科学、有序、高效地展开，对课程改革注意坚持以下推进策略。

1. 从调查研究入手，做好理论准备

1996 年 7 月至 1997 年底，教育部基础教育司组织 6 所大学及中央教科所的课程专家，对 1993 年秋在全国施行的九年义务教育课程的实施状况进行调研。总计调查了全国 9 个省市的城市与县镇的16 000名中小学生，2 000名校长、教师和社会各界的有关人士，获得了大量的数据和资料，为新一轮基础教育课程改革提供了依据。1998 年以来，教育部组织教育理论工作者进行广泛的国际比较研究，了解了英、美、加、德、日、澳、韩、泰、俄、瑞典、芬兰、新西兰、印度、巴西、埃及等国家课程改革的经验和策略，努力把握世界基础教育课程教学发展的趋势。

在现状调查研究、国际比较研究的基础上，参与课程改革准备工作的专家和实践工作者认真分析研究基础教育课程和教学理论的发展趋势，探讨了基础教育课程改革的基本理论问题，明确了我国基础教育课程改革的

基本理念。从1998年开始，起草基础教育课程改革工作的指导性文件——《国家基础教育课程改革指导纲要》，通过广泛的讨论和反复修改，经教育部党组审定，《纲要》于2001年6月颁布。国家课程标准的研制和课程标准实验教材的开发也在此基础上积极有序地展开。

2. 贯彻"先立后破，先实验后推广"的工作方针

基础教育课程改革是一项系统工程。新一轮基础教育课程改革始终贯彻"先立后破，先实验后推广"的工作方针。为了验证并完善各课程标准，教育部在全国建立首批38个国家课程改革实验区，开展新课程的培训与实验工作。实验区的建立采取分层推进，滚动发展，发挥示范、培训和指导的作用。今年秋季，各省将建立新课程省级实验区，实验规模达到全国县（区）总数的20%左右。明年将进一步开展实验，为新课程体系的修订、完善和推广创造条件，积累经验。

为了保证课程改革实验工作的有效开展，教育部明确提出了新课程实验推广工作的指导思想和六项具体任务；全面规划了今后五年幼儿教育改革实验工作、义务教育阶段新课程实验推广工作、普通高中新课程的研制与实验工作；并对新课程实验推广工作提出了具体要求。明确省级教育行政部门要直接肩负起新课程实验工作的领导责任，要做好基础教育新课程的师资培训工作，坚持通识培训与学科培训相结合、参与式培训与讲座相结合，做到"先培训、后上岗，不培训、不上岗"；努力改进教学研究制度，积极探索自下而上、以校为本的教学研究方式，并对课程改革实验区给以政策上的保障，形成教师、家长、社区共同参与、密切配合的局面。

3. 建立课程改革的支持系统

教育部在部分师范大学成立"基础教育课程研究中心"，承担国家或地方教育行政部门委托的课程改革任务，各地教研部门将推进课程改革作为教研系统的主要职能。省级教研部门、师资培训部门与师范大学的"基础教育课程研究中心"建立良好的合作关系，成为我国基础教育课程研究与发展的专业队伍。

教育部组织教育专家、教育行政管理者、中小学教研员、实验教材开

发者以及各个实验区代表经常性地深入实验区进行调研、指导，全程跟踪研究课程改革实验中遇到的理论问题和操作问题。各个实验区成立相应的指导小组，加大对实验工作的指导力度。

4．加强对教师的培训和指导工作

推进课程改革，教师起着关键性作用。在研究、实验新课程方案过程中，加强对“师资培训”工作的研究，建立起新型的教师培训模式。

伴随新课程的推进，教育部组织了包括省地两级教育行政管理部门的负责人、教研室主任和教研员、校长、骨干教师在内的国家级新课程培训。新课程的培训内容主要围绕《纲要》、课程标准、教学与学习方式变革、评价与考试制度，以及课程管理等主题展开。在通识性培训的基础上进行学科培训，培训方式采取专题报告、讨论、研修、案例分析等多种方式，确保培训工作的有效进行。随着实验的扩大和推广工作的开展，各级教育行政部门、师范院校和教师教育机构都对课程改革中加强教师培训工作进行了规划和部署。

5．坚持民主参与和科学决策的课程运行机制

课程改革应建立教育行政部门、教师、学生、家长以及社会各界广泛参与的有效机制。积极发挥新闻媒体的作用，使社会各界增进对课程改革的了解并扩大参与的机会，引导公众关心和支持课程改革。

五

2001年12月教育部组织部分教育管理工作者、专家和教师代表，分赴全国10个国家级课程改革实验区进行实地考察与评估调研，共召开座谈会70余次，参加座谈人数超过2 000人，同时，还发放并回收调查问卷609份。通过以上工作过程和对有关资料的分析与研究，我们欣喜地看到，实验区的新课程实验工作的进展是健康的。课程改革实验工作得到各级领导的重视，广大教师在课程改革中迸发出极大的热情，课程改革的培训工作是扎实有效的，正在实验的基础教育课程体系得到普遍认可，课程改革带来了令人鼓舞的变化。

1. 教育观念发生新的变化

在与教师和校长座谈中，大家都谈到这次参与改革实验的一个最大的收获就是教育观念的更新。《纲要》和相关的课程标准所提出的课程改革的理念开始被他们所接受，并被尝试着融入他们的实际教学中。校长们说，现在的改革给学生和教师提供了更大的空间，教师在课堂中鼓励学生探索和思考，校长也鼓励教师结合自己的情况进行调整和创新。教师们说，教材非改不可，以前的内容偏难、偏旧，没用的东西不少，现在有价值的、有用的内容多了，并且在教学中给学生留有更多的空间，有利于学生创造性思维的发展。

2. 实验教师的改革热情高涨

教师的课堂角色开始发生变化，从单纯注重知识传授转为比较关注学生的学习方式、学习愿望和学习能力的培养，教师们面对新课程，普遍感到提高自身素质的迫切需要。为使实验工作更加有效，教师们集思广益，开动脑筋，进行了许多富有创造性的工作。比如，组织综合课教师开展的“交叉备课”制度就是解决综合课教师尽快适应实验教学需要的一种好方法。此外，教师们还动手自制教具，集体备课，并与家长共同交流、探讨教学方法，迸发出了前所未有的探索、研究热情。

3. 课堂和学生生活出现新的变化

课堂较多地出现师生互动、平等参与的生动局面。学习方式开始逐步多样化，乐于探究、主动参与、勤于动手成为教学过程中教师的共识。在这种课堂氛围下，许多教师反映他们“经常有惊喜”“经常会发现学生的闪光点”“经常被难住”。新课程改变了教师一味传授的权威地位，拉近了师生之间的距离，拉近了学生与社会、与生活的距离。

课堂教学的组织形式也在一定程度上发生了变化，一些教师尽可能地组织学生运用合作、小组学习等方式，在培养学生合作与交流能力的同时，调动每一个学生的参与意识和学习积极性。学生们普遍反映，现在的课堂教学形式多样，经常开展讨论、交流和合作学习，让大家共同提高；老师们多是鼓励性的话语，比以前和蔼可亲了；学习内容也宽泛多了，经常能够联系、接触社会实际，从生活中来学习、思考；作业形式也丰富多了，有手工制作、画图画、讲故事、查资料，活动性作业比书面作业有明显增多。家长们也普遍反映，学生比以前显得更轻松了，更喜欢上学了，对学习比以前更有兴趣和积极性了。

4. 参与、支持课程改革的社会氛围开始形成

在教育系统内部，由于有各级领导的高度重视，一些实验区的教育行政领导下课堂听课，带领教研员进行新课程的教学研究，形成了一种自上而下的、坚实的支撑力量。社会各界普遍关注课程改革，家长和社会各界有识之士对新课程理解、参与和支持。他们开始主动积极地为课程改革提供咨询意见和资源支持。新闻媒体也积极宣传课程改革，一种参与、支持课程改革的社会氛围正在开始形成。

当然，随着新课程在实验区的深入开展，也使我们对解决我国基础教育存在的许多问题增强了紧迫感。如教育投入不足、班额过大、资源短缺、教研制度亟待更新、考试评价改革滞后、师范教育的教学与基础教育改革存在着脱节现象等。所有这一切都有赖于广大教育工作者以更为饱满的热情、高度的社会责任感和使命感，在实践中探索，在实践中深化改革，从而努力建立具有中国特色的基础教育课程体系，努力建设高素质、高水平的基础教育。

《走进新课程丛书》即将出版。编委会的同志们盛情邀我作序，我就课程改革的几个主要方面说一些情况和意见，藉此对《丛书》的出版表示祝贺，向为基础教育课程改革做出卓越努力的专家、学者们，以及在教育教学工作第一线孜孜不倦地进行探索、实践的广大教育工作者们和关心支持改革的社会各界人士致以深深的敬意。

目　录

第一章

课程改革的背景和目标

新世纪之初，我国建国以来的第八次基础教育课程改革在党中央、国务院的直接领导下，正以令世人瞩目的迅猛之势在全国顺利推进。这次改革，步伐之大，速度之快，难度之大，都是前七次改革所不可比拟的。它将实现我国中小学课程从学科本位、知识本位向关注每一个学生发展的历史性转变。成千上万的教育工作者正以高度的历史责任感和极大的热情投入到这场改革潮流之中，相信它必将对我国基础教育乃至整个教育的发展产生深远的影响。

第一章 DI YI ZHANG

课程改革的背景和目标

第一节　课程改革的背景和动因

1．有人提出，1992年刚刚颁布了九年义务教育全日制小学、初级中学（各科）教学大纲（试用），时隔几年，是否有必要进行如此大规模的改革？

课程是实现教育目的的重要途径，是组织教育教学活动的最主要的依据，是集中体现和反映教育思想和教育观念的载体，因此，课程居于教育的核心地位。基础教育课程改革，不是纯粹主观意志的产物，而是人们对特定社会政治经济发展的客观需要所作的主观反应。因此，社会政治经济发展的客观需要，不仅决定了一定社会中的教育是否要进行改革，而且也从根本上决定了改革的方向、目标乃至规模。教育发展的历史进程充分地说明了上述论断。

整个教育发展史的事实表明，社会政治体制、经济体制的变革，以及生产方式、生活方式的重大变化，都将引发学校教育的重大变革。刚刚过去的20世纪之所以被人们称做教育改革的世纪，其原因也在于此。

20世纪在政治、经济、文化、科技等各个方面的发展，是人类历史上最为迅猛的一个世纪。在社会发生如此急剧变革的时期，各国的教育必将随之而发生相应的改革，其中，涉及面甚广，可以被称做世界性的教育改革浪潮的就有三次。在这三次世界性的课程改革期间，为了使改革达到预期目的，各国在教育方面所作的其规模或大或小的调整、完善更是难以胜数。

20世纪中国的教育也始终处于不断变革的历史进程之中。清朝末年学堂的兴办，癸卯学制的颁布，辛亥革命以及南京国民政府期间的教育改革姑且不论，仅以1949年新中国成立以后的五十多年的时间而言，除了几次重大的学制调整之外，在基础教育课程和教材领域，至少进行了七次较大规模的改革。

众所周知，我国的现代学校教育制度脱胎于欧、美、日等现代工业化国家的教育体制。尽管由于意识形态、政治体制、经济发展水平、文化传统，以及国家所处的地域等存在着种种差异，各国的教育表现出互不相同的特点，有其个性的一面，然而，由于它们都是孕育、发展、完善于工业经济时代，所以，它们又表现出了非常相似的共同的特点，又有其共性的一面。也就是说，现代学校教育制度实际上是工业经济时代的产物。由于它对于工业经济时代各国经济、社会等方面的发展发挥过重要的作用，所以各国政府对于教育都给予了越来越多的关注，而且越来越自觉地把教育作为实现国家目的的重要手段，以至于许多有识之士都形成了这样的共识，即国家间的竞争归根到底是教育的竞争。

工业经济时代的学校教育模式的功能或价值可以概括为这样一句话，即把受教育者培养成为生产者和劳动者，成为生产和消费的工具。学校教育孜孜以求的是如何最大限度地发挥其经济价值。20 世纪 50 年代，出现了人力资本理论。其专注于经济增长、不顾人的发展的教育模式在历史上曾经发挥过积极作用。然而，在当前的知识经济时代，这种教育模式的弊端引起了越来越多的有识之士的关注，要求对教育进行改革的呼声越来越高。越来越多的人认识到，如果不着手对基础教育课程进行改革，将严重影响国家的经济和社会发展。世界各国之所以不约而同地进行基础教育课程改革，其原因也在于此。

2．当前整个时代发展具有哪些特征？对基础教育提出了哪些新的要求？

对当代社会发展的特征做出准确的概括并非易事，在这里，我们只谈对当前世界各国教育发展产生重要影响的几个时代发展的特征。

第一个特征是初见端倪的知识经济。

肇始于第二次世界大战后期的新技术革命，对人类的生产、文化乃至社会生活等各个方面都产生了深刻的影响，并预示着人类发展新时代的到来。1996 年，联合国经济合作与发展组织（OECD）在其发表的《科学、技术和产业展望》的报告中，正式使用了“知识经济”这一概念，此后，

“知识经济”一词便成为人们耳熟能详的概念。

知识经济是相对于人类曾经经历过的农业经济、工业经济而言的，是人类生产方式的又一次重大变革。由于从20世纪90年代起，知识已经成为最重要的生产要素，其对于经济增长的贡献率已经超过其他生产要素贡献率的总和，因此，人们把21世纪称为知识经济时代。知识经济是建立在知识的生产、分配和使用之上的经济，因此，知识对于经济发展的意义相当于农业经济时代的土地、劳动力，工业经济时代的原材料、工具、资本，而成为经济发展的直接资源。

在知识经济时代，劳动者的素质和结构将发生重大变化，知识劳动者将取代传统的产业工人。所谓知识劳动者，主要是指从事知识、信息收集、处理、加工和传递工作的劳动者。此外，在知识经济时代，科学技术的不断更新，将改变“文盲”这一概念的传统内涵，“文盲”一词将不再单纯是指没有文化、知识的人，而是指不能继续学习，不能更新自己的知识、技能的人，正是在这个意义上，有人也把知识经济称为“学习经济”。

第二个特征是国际竞争空前激烈。

刚刚过去的20世纪，人类曾经经历过空前惨烈的两次世界大战。第二次世界大战以后的所谓“冷战”时期，发生过150余场战争，而因战争造成的死亡人数多达2 000万左右。“冷战”结束后，被“冷战”长期掩盖的国与国之间、民族与民族之间，以及宗教团体之间长期潜在的矛盾、冲突日益突现出来，国际间的竞争空前激烈。美国的霸权主义削弱了联合国与其他国际组织的权威和本应发挥的作用；美国等西方国家打着“人权”的幌子粗暴践踏他国主权；信息技术发达国家的信息霸权在经济、军事以及文化方面对其他国家的控制、渗透，都使和平与发展不断面临新的不确定性。如果说既往的国际竞争主要表现在意识形态、军事实力等方面，那么，当前的国际竞争则主要体现在综合国力方面，而且这种竞争越来越表现为经济实力、国防实力和民族凝聚力的竞争。

第三个特征是人类的生存和发展面临着困境。

这种困境主要是指人类目前面临的诸如生态环境的恶化、自然资源的短缺、人口迅速膨胀等威胁着人类自身生存和发展的一系列重大问题。在工业经济时代，社会的发展主要依赖于科学技术的进步，然而，科学技术本身是一把双刃剑，它既会造福于人类，也会给人类带来灾难。事实上，目前人类所面临的困境乃是人类自身在善良动机下滥用技术的“副产品”。应该特别指出的是，除了人与自然和谐关系被破坏之外，由于工具理性对价值理性的长期压制，人类生存和发展的困境还表现为人的精神力量、道德力量的削弱或丧失，而这恰恰是任何现代科学技术或物质力量都无能为力的事情。正是由于对上述问题的清醒认识，人们开始对工业化以来的社会发展模式进行深刻的反思，并从 20 世纪 70 年代起，提出了诸如协调发展模式、文化价值重构模式等各种新的发展模式。1980 年，联合国大会首次提出“可持续发展”的概念。1992 年在里约热内卢召开的联合国环境与发展大会上，包括我国在内的 180 多个国家和 70 多个国际组织的代表们共同提出了可持续发展的新战略和新观念。总之，为了人类的生存和可持续发展，在 21 世纪，除了必须对人类既往的所作所为进行客观的评价之外，我们还必须妥善处理物质文明和精神文明之间的关系问题。

从上述对当前时代的三个主要特征的阐述中，我们可以清楚地看到，同过去时代在经济发展、国力增强等方面的社会发展主要依赖于自然资源或物资力量相比较，具有高度科学文化素养和人文素养的人，对于 21 世纪人类发展则具有越来越关键的意义。所谓具有高度科学文化素养和人文素养的人，必须具备两个条件：一是要掌握基本的学习工具，即阅读、书写、口头表达、计算和问题解决；二是要具备基本的知识、技能，以及正确的价值观和态度。只有这样，他才能具有能够生存下去、有尊严地生活和工作、改善自己的生活质量、充分发展自己的能力，才能积极参与社会的发展，并能终身学习。

3．为什么说当前的基础教育课程改革是我国政治、经济发展的客观需要？

中国是一个具有悠久历史的文明古国，对于人类文明的发展曾做出过

第一章 DI YI ZHANG

课程改革的背景和目标

举世公认的、不可磨灭的伟大贡献。然而,从1840年鸦片战争开始,种种错综复杂的原因使我国的发展落后于西方发达国家。对于我国这样一个发展中国家来说,本次课程改革对于中华民族的伟大复兴具有深远的意义。

初见端倪的知识经济，在向我们提出严峻挑战的同时，也向我们提供了难得的机遇，即所谓挑战与机遇并存。如果我们能够很好地抓住人类生产方式转变这一历史性的机遇，我们就可以尽快地缩小与发达国家的差距，甚至超越它们。在人类发展的历史上，曾经有过这样的先例。19世纪中期，在幕府统治下的日本，遭遇到的是同我国清朝政府相类似的命运。1868年“明治维新”以后，日本抓住了19世纪后半期产业革命的机遇，到19世纪末20世纪初，一跃成为现代工业强国。其他如德国、意大利、俄罗斯等所谓“后发型国家”，在19世纪后半期的迅速崛起，同当时正在进行的产业革命都有着密切的关系。这些事例充分说明，生产方式的变革可以促成国家非常规的发展。

我国是一个发展中国家，而且还是一个科技文化水平偏低的人口大国。如前所述，对于综合国力的增强来说，起关键作用的因素是国民整体素质的提高。换言之，同过去时代发展主要依赖于为数不多的精英人物相比较，当前我们更需要与现代化要求相适应的数以亿计的高素质的劳动者和数以千万计的专门人才。在“人口众多”这一既成的、不可更改的事实面前，除了继续执行控制人口增长的长期国策之外，充分开发和利用丰富的人力资源，把沉重的人口负担转化为巨大的人力资源优势，就成为制约我国可持续发展的一个重要因素。这也是我国教育无可推诿的重大责任。

诚然，我国能否很好地把握知识经济时代生产方式变革这一历史机遇，能否充分开发和利用我国的人力资源，取决于多方面的因素，然而，教育毕竟是其中的一个至关重要的因素。历史经验已经证明，教育在把握人类自身命运、促进社会发展方面能够发挥巨大的作用。知识经济时代的科学技术已经成为第一生产力，在国与国之间综合国力竞争的时代，由于教育在综合国力竞争中起着奠基的作用，综合国力竞争必将聚焦到教育上来，从这个意义上讲，教育乃是世界各国国力竞争的制高点，谁抢占了这个制高点，谁就将占据主动的地位，谁就将有可能最终赢得这场竞争的胜利。基于对教育功能准确而深刻的认识，党中央、国务院适时提出了“科教兴国”战略，党的十五大明确提出要把教育摆在优先发展的战略地位。

我国的教育已经被赋予了中华民族伟大复兴的历史重任。为了更好地担负起这一光荣而艰巨的历史使命，教育工作者应该深刻地反思我国教育的现状，并认真地思考究竟应该如何担负起这一历史重任。

4．为什么说我国基础教育课程已经到了非改不可的地步？

我国基础教育的发展和既往的七次课程改革，都取得了巨大的成就，对于促进我国政治、经济、科技、文化等各个方面的发展做出了巨大贡献。与此同时，我们必须实事求是地承认，目前我国基础教育的现状同时代发展的要求和肩负的历史重任之间还存在着巨大的反差。我国基础教育课程已经到了非改不可的地步，其原因如下。

第一，固有的知识本位、学科本位问题没有得到根本的转变，所产生的危害影响至深，这与时代对人的要求形成了极大的反差。工业经济时代学校教育的中心任务是传授知识，因而，系统的知识几乎成为“课程”的代名词。知识之所以占据如此重要的地位，是因为人们赋予了知识一些“神圣”的特征。知识不仅是绝对的，而且也是客观的，因而，知识成为了外在于人的、与人毫无关系的、类似于地下的矿物那样的客观存在物。对于知识而言，人们惟一能够做的事情，就是“发现”。对于学校里的学生而言，他们的任务乃是接受、存储前人已经“发现”了的知识。在这种知识观的指导下，学校教育必然会出现书本中心、教师中心、死记硬背的现象。“课程即教学的科目”或“课程是教学内容和进展的总和”等是人们普遍认同的观点。需要明确指出的是，这里的“教学科目”或“教学内容”主要是教师在课堂中向学生传授分门别类的知识。这种课程观最大的弊端是：教师向学生展示的知识世界具有严格的确定性和简约性，这与以不确定性和复杂性为特征的学生真实的生活世界毫不匹配，教育、课程远离学生的实际生活。在实践中，与知识、技能的传授无直接关系的校内外活动，往往被看做是额外的负担而遭到排斥。这种知识本位的课程显然是不符合时代需要的。

知识属于人的认识范畴，是人在社会实践中形成并得到检验的。从这个意义上讲，“知识”更像动词（即知识乃是一种“探究的活动”），而不是名词（即知识是绝对的、不变的“结论”）。换言之，无论新知识的获得或是现成知识的掌握，都离不开人的积极参与，离不开认识主体的活动。学生掌握知识的过程，实质上是一种探究的过程、选择的过程、创造的过程，也是学生科学精神、创新精神，乃至正确世界观逐步形成的过程。为此，必须拆除阻隔学校与社会、课程与生活之间融会贯通的藩篱。惟有如此，学生才会感到，学习是生活的需要而不是额外的负担；并且，原先在被迫接受的“学习”活动中处于边缘位置，有时甚至作为教育的消极因素而遭到排斥的情感、体验才能获得与理智同等的地位。

第二，传统的应试教育势力强大，素质教育不能真正得到落实。自1840年鸦片战争以来，始终萦怀于中国人民心中的“强国梦”，伴随于科学技术高速发展的“知识爆炸”，以及普遍存在于“后发型国家”一定发展阶段教育之选拔功能的突显等因素，又使我国学校的课程体系表现出下列一些特征：对于书本知识的热衷追求使学生的学习负担和厌学情绪不断加重，学生为考试而学、教师为考试而教。现在，人们已经把目前我国基础教育课程体系存在的种种弊端概括为“应试教育”。

李岚清副总理在全国基础教育工作会议上指出：“从总体上看，素质教育的成效还不够明显，尚未取得突破性的进展。一些地方开展素质教育还是号召多而落实的措施少，一些学校对素质教育的理解和实施存在简单化、片面化的倾向，个别地方应试教育愈演愈烈。”陈至立部长在此次会议上所做的报告中指出：“推进素质教育步履艰难，基础教育还没有摆脱‘应试教育’的惯性和影响，在一些地方就像有的同志形容的‘素质教育喊得震天动地，应试教育抓得扎扎实实’。”我国1986年实施义务教育至今才十余年，尚缺乏构建和实施义务教育课程的经验积累，教育部基础教育司从1996年7月开始，组织了六所高等师范院校的有关专家研讨并制订了九年义务教育课程实施状况的调查方案，并于1997年5月在九个省、市对城、乡16 000多名学生、2 000多名校长和教师、部分社会知名人士进行了调查，通过调查凸现出现行课程方案所显示的种种问题：教育观念滞后，人才培养目标同时代发展的需求不能完全适应；思想品德教育的针对性、实效性不强；课程内容存在着“繁、难、偏、旧”的状况；课程结构单一，学科体系相对封闭，难以反映现代科技、社会发展的新内容，脱离学生经验和社会实际；学生死记硬背、题海训练的状况普遍存在；课程评价过于强调学业成绩和甄别、选拔的功能；课程管理强调统一，致使课程难以适应当地经济、社会发展的需求和学生多样化发展的需求。这些问题的存在，以及它们对实施素质教育的制约及产生的不良影响，都足以说明推进课程改革的必要性和针对性。

我们必须看到，世纪之交，基础教育课程改革在世界范围内受到前所未有的重视。近年来，世界上许多国家特别是一些发达国家，无论是反思本国教育的弊端，还是对教育发展提出新的目标和要求，往往都从基础教育课程改革入手，通过改革基础教育课程，调整人才培养目标，改变人才培养模式，提高人才培养质量。这些国家都把基础教育课程改革作为增强国力、积蓄未来国际竞争实力的战略措施加以推行。邓小平同志在1985年就曾指出：“现在小学一年级的娃娃，经过十九年的学校教育，将成为开创21世纪大业的生力军。中央提出要以极大的努力抓教育，并且从中小学抓起，这是具有战略眼光的一着，如果现在不向全党提出这样的任务，就会误大事，就要负历史的责任。”基础教育是关系国家、民族前途和命运的千秋大业，因此，振兴教育，全民有责。我国广大的教育实践工作者、理论工作者以及行政管理工作者正是肩负中华民族伟大复兴的历史重任，胸怀全国每一位学生全面发展的关爱，脚踏实地地投身于这次课程改革中去的。

5. 各个国家的课程改革有什么特点？对我们有什么启示？

如果要把各个国家，哪怕是重要国家的课程改革一一列举出来，无疑将是一份很长的清单。然而，各国目前课程形成的历史及其价值取向等方面都有着非常相似的特点，而且，处于同一时代的世界各国教育或学校课程必然会面临相同的问题，所以尽管各国政治、经济、社会等各个方面的发展具有很大的差异，但各国的课程改革还是表现出以下一些共同趋势。

第一，政府参与并领导课程改革。

由于新技术革命的发展和产业结构的变化，从20世纪80年代起，教育受到了各国政府前所未有的关注，除了大量增加拨款给予教育改革以财政支持之外，由政府支持并组织有关专家、教师、教育管理工作者、家长等参与的各种研究报告、课程改革方案、教育法律、教育政策等文件纷纷出台。仅在80年代，美国此类文件即达数百份之多。1990年，美国前总统乔治·布什曾召集各州州长在弗吉尼亚大学举行了“教育首脑会议”，提出《美国2000年教育战略》。此后，美国又提出了关于英语、数学、自然科学、历史等学科的全国统一标准。其他如俄罗斯、德国、英国、法国等国政府也都制定了课程标准或类似课程标准的文件。就亚洲的情况而言，日本的课程审议会议于1998年发表了关于改善中小学课程标准的审议报告，同年，文部省颁布了相当于课程标准的《学习指导要领》。韩国教育部在1996年的《韩国教育》白皮书中提出了韩国第六次课程改革的目标。而在我国台湾、香港地区的课程改革中，行政部门的组织、发动无疑起着决定性的作用。

第二，课程改革的焦点是协调国家发展需要和学生发展需要二者之间的关系。

20世纪教育发展的历程表明，满足各自国家在政治、经济、军事等方面发展的需要乃是各国不同时期教育发展和课程改革惟一的追求目标，而学生的发展几乎成为了一种教育奢侈品。正像前面已经提到的那样，严峻的事实已经表明，离开人类整体利益和长远发展需要而片面追求物质生产高速度发展，离开人之为人的文化精神，即人文精神的发展，已经使人类付出了沉痛的代价，已经引起了人们的警觉。毫无疑问，国家发展的需要依然是这次课程改革的首选目标。美国前总统比尔·克林顿在1997年的一次讲话中明确指出，为了迎接21世纪知识经济对美国的挑战，必须要让每一个学生学到在激动人心的21世纪里取胜的东西。从20世纪80年代起，由经济大国向政治大国转变始终是日本政要的目标。然而，与既往的做法不同的是，这次课程改革不再把学生看做是装载知识的容器，或攫取自然资源、从事物质生产的工具，而是把今天的学生当做国家和人类社会未来的主人，因而非常注重学生的发展，因为这不仅是发展经济和增强国家综合实力的需要，也是人类自身生存和发展的需要。因此，对于满足社会发展的需要来说，促进学生的发展既具有“手段”的价值，又具有“目的”的意义。

第三，课程改革具有整体性。

众所周知，20世纪60年代发生在美国、苏联的课程改革，不仅历时长久，而且规模浩大，然而就其内涵来说，却是非常有限的。尽管两国的国情以及理论基础互不相同，然而它们却表现出惊人的相似：让学生在更短的时间内更好地掌握更多的科学和文化知识。因此，两国都耗时费力地组织了各门学科的第一流专家重新编写教材，更新教学内容，以容纳各类“最新”“最先进”的知识。这次课程改革除了重新厘定课程目标之外，还对基础教育的课程结构、课程内容及其组织方法、课程实施、课程评价等涉及“课程”的几乎所有方面加以改革。

第二节　课程改革的目标

6．这次课程改革的任务是什么？

概括地说，这次课程改革的根本任务是：全面贯彻党的教育方针，调整和改革基础教育的课程体系、结构、内容，构建符合素质教育要求的新的基础教育课程体系。

如前所述，现行的课程体系完成于工业经济时代。在工业经济时代，产品的生产和流通对于国家实力的增强、经济的繁荣具有最直接的意义。因此，学校教育的使命就是把受教育者培养成为合格的生产者和消费者。

工业生产的需要决定了学校教育课程的内容，而科学知识及其相关的技能对于工业生产的意义或价值是显而易见的。近代自然科学教育运动的倡导者赫伯特·斯宾塞对此曾作过详尽的说明。

工业经济对于“效率”的崇拜又决定了学校教育必须以简约、规范的方式来传授知识，因此，建立在对知识加以分门别类基础之上的分科课程就成为课程结构最重要的特色。此外，各门学科对于各自领域知识体系的“完整性”“系统性”“逻辑性”“权威性”的追求，不仅造成了学科之间的森严壁垒，而且使教科书获得了至高无上的尊严。在课程实施的过程中，以教科书为载体知识便处于核心地位，成为制约教师和学生活动的依据。换言之，知识成为学校课程体系的目的。

现行课程体系的上述特征，都反映了这么一种教育理念或关于人的发展观：国家和社会发展集中地体现为经济的发展，因此，与生产有直接或间接关系的知识和技能的掌握，乃是学校课程体系应该追求的最高目标；同时，它也构成了人的“发展”的全部内涵。

自 1840 年鸦片战争以来，始终萦怀于中国人民心中的“强国梦”，伴随于科学技术高速发展的“知识爆炸”，以及普遍存在于“后发型国家”一定发展阶段教育之选拔功能的突显等因素，又使我国学校的课程体系表现出下列一些特征：对于书本知识的热衷追求使学生的学习负担和厌学情绪不断加重，学生为考试而学、教师为考试而教。现在，人们已经把目前我国基础教育课程体系存在的种种弊端概括为“应试教育”。

显然，如果不根治我国基础教育课程体系现存的应试教育的弊端，素质教育就不能推行。

7. 如何理解本次课程改革的六项具体目标?

为了实现新课程的培养目标，同时针对现行的基础教育课程教材中存在的弊端，《基础教育课程改革纲要（试行）》（以下简称《纲要》）提出了本次课程改革的六项具体目标。这些目标构成了新一轮基础教育课程改革的总体框架，体现了课程改革是一项复杂而细致的系统工程。

DI YI ZHANG 第一章

课程改革的背景和目标

一、实现课程功能的转变

当前,世界各国的课程改革都将课程功能的转变作为首要目标,力争使新一代的国民具有适应21世纪社会、科技、经济发展所必备的素质。在对我国基础教育现状进行深刻反思、对国际课程改革趋势进行深入比较、对未来人才需求进行认真分析后,本次课程改革在《纲要》中首先确立了课程改革的核心目标即课程功能的转变:改变课程过于注重知识传授的倾向,强调形成积极主动的学习态度,使获得基础知识与基本技能的过程同时成为学会学习和形成正确价值观的过程。即从单纯注重传授知识转变为引导学生学会学习,学会合作,学会生存,学会做人,打破传统的基于精英主义思想和升学取向的过于狭窄的课程定位,而关注学生"全人"的发展。这一根本性的转变,对于实现新课程的培养目标,在基础教育领域全面实施素质教育,培养学生具有社会责任感、健全人格、创新精神和实践能力、终身学习的愿望和能力、良好的信息素养和环境意识等具有重要意义。

二、体现课程结构的均衡性、综合性和选择性

新一轮基础教育课程改革,对现行课程结构进行了重大调整,减少了课程门类,对各门具体课程之间的比重进行了调整,在保留传统学科课程的同时,加强了旨在养成学生科学素养和实用技能方面的课程,使科学、综合实践等课程的比重呈上升趋势。从小学至高中设置综合实践活动课程,内容主要包括信息技术教育、研究性学习、社区服务与社会实践以及劳动与技术教育等,旨在加强学生创新精神和实践能力的培养,加强学校教育与社会发展的联系,改变封闭办学、脱离社会的不良倾向,培养学生的社会责任感。改变课程结构过于强调学科本位、科目过多和缺乏整合的现状,整体设置九年一贯课程门类和课时比例,并设置综合课程,以适应不同地区和学生发展的需求。新课程重视不同课程领域(特别是综合实践活动、体育、艺术等)对学生发展的独特价值,淡化学科界限,强调学科间的联系与综合。课程结构的这种转变,与课程功能的转变遥相呼应,折射出我国基础教育课程改革的基本思想和新时期的培养目标,保证学生全面、均衡、富有个性地发展。

三、密切课程内容与生活和时代的联系

改变课程内容“繁、难、偏、旧”和过于注重书本知识的现状，加强课程内容与学生生活以及现代社会和科技发展的联系，关注学生的学习兴趣和经验，精选终身学习必备的基础知识和技能。课程内容的这一转变，力争反映现代科技发展的新成果，使课程具有时代精神。此外，不再单纯以学科为中心组织教学内容，不再刻意追求学科体系的严密性、完整性、逻辑性，注重与学生的经验结合在一起，使新知识、新概念的形成建立在学生现实生活的基础上。课程内容切实反映学生生活经验，努力体现时代特点，将会有效地改变学生学习生活和现实世界相脱节的状况，极大地调动学生学习的主动性和积极性。

四、改善学生的学习方式

《纲要》明确指出，改变课程实施过于强调接受学习、死记硬背、机械训练的现状，倡导学生主动参与、乐于探究、勤于动手，培养学生搜集和处理信息的能力、获取新知识的能力、分析和解决问题的能力以及交流与合作的能力。以往长期的灌输式学习使学生变得内向、被动、缺少自信、恭顺……自然也就窒息了人的创造性。学习方式的改善是以教师教学行为的变化为前提的，因而我们把教师教学行为的变化和学生学习方式的改善视为本次课程改革成功与否的重要标志，从某种意义上讲，也是素质教育能否深入推进的关键因素。

为了使学生的学习方式发生根本性的转变，保证学生自主性、探索性的学习落到实处，此次课程改革首先通过课程结构的调整，使儿童的活动时间和空间在课程中获得有效的保障，并在新课程标准中倡导通过改变学习内容的呈现方式，确立学生的主体地位，促进学生积极主动地学习。同时倡导学习过程转变成学生不断提出问题、解决问题的探索过程，并且能够针对不同的学习内容，选择接受、探索、模仿、体验等丰富多样的适合个人特点的学习方式。学习方式的这种转变，还意味着必须关注学生的学习过程和方法，关注学生是用什么样的手段和方法、通过什么样的途径获得知识的。由于获得知识的过程和方法不一样，由此带给学生真正意义上的收获也可能不一样，对学生终身发展的影响也就有可能不同。

五、建立与素质教育理念相一致的评价与考试制度

即要建立一种发展性的评价体系，改变课程评价过分强调甄别与选拔的功能，发挥评价促进学生发展、教师提高和改进教学实践的功能。一是要建立促进学生全面发展的评价体系，使评价不仅要关注学生在语言和数理逻辑方面的发展，而且要发现和发展学生多方面的潜能，了解学生发展中的需求，帮助学生认识自我，建立自信，促进学生在已有水平上的发展，发挥评价的教育功能。二是要建立促进教师不断提高的评价体系，以强调教师对自己教学行为的分析与反思，建立以教师自评为主，校长、教师、学生、家长共同参与的评价制度，使教师从多渠道获得信息，不断提高教学水平。三是要将评价看做是一个系统，从形成多元的评价目标、制定多样的评价工具，到广泛的收集各种资料，形成建设性的改进意见和建议，每一个环节都是通过评价促进发展的不可或缺的部分。评价目标多元、评价方法多样，重视学生发展和教师成长记录，是今后一段时间内评价与考试改革的主要方向。

六、实行三级课程管理制度

新课程将改变课程管理过于集中的状况，实行国家、地方、学校三级课程管理，增强课程对地方、学校及学生的适应性。本次课程改革从我国的国情出发，妥善处理课程的统一性与多样性的关系，建立国家、地方、学校三级课程管理体制，实现了集权与放权的结合。三级课程管理制度的确立，有助于教材的多样化，有利于满足地方经济、文化发展的需要和学生发展的需要。为了实现上述目标，本次课程改革重新划分了国家、地方、学校在基础教育课程管理中的职责分工，调整了国家课程在整个课程计划中所占的比重，在课程内容和课时安排上增加了一定的弹性，让地方和学校拥有相应的选择余地。三级课程管理政策的运行，为课程适应地方经济、文化发展的特殊性，以及满足学生个性发展的需要、体现学校办学的独特性，创造了良好的条件，并且对于加速我国课程建设民主化、科学化进程必将产生深远影响。

第二章

课程结构

课程结构是课程目标转化为教育成果的纽带，是课程实施活动顺利开展的依据。新一轮基础教育课程改革要求根据新课程的培养目标对现行课程结构进行调整，调整的主要任务和方向是优化课程结构。

DI ER ZHANG 第二章

课程结构

第一节　课程结构的调整

8．为什么要对现行的课程结构进行调整？

课程结构调整就其实质而言，就是重新认识和确立各种课程类型以及具体科目在学校课程体系中的价值、地位、作用和相互关系。

课程类型主要有：①学科课程与经验课程，这是从课程内容所固有的属性来区分的两种类型。其中，学科课程的主导价值在于传承人类文明，使学生掌握人类积累下来的文化遗产；经验课程的主导价值在于使学生获得关于现实世界的直接经验和真切体验。②分科课程与综合课程，这是从课程内容的组织方式来区分的两种类型。其中，分科课程的主导价值在于使学生获得逻辑严密和条理清晰的文化知识，而综合课程的主导价值在于通过相关学科的整合，促进学生认识的整体性发展并形成把握和解决问题的全面的视野与方法。③必修课程和选修课程，这是从课程计划中对课程实施的要求来区分的两种类型。其中，必修课程的主导价值在于培养和发展学生的共性，而选修课程的主导价值在于满足学生的兴趣、爱好，培养和发展学生的个性。④国家课程、地方课程与校本课程，这是从课程设计、开发和管理主体来区分的三种类型。其中，国家课程的主导价值在于通过课程体现国家的教育意志，地方课程的主导价值在于通过课程满足地方社会发展的现实需要，校本课程的主导价值在于通过课程展示学校的办学宗旨和特色。上述各类课程所具有的特定价值以及每组课程类型所具有的价值互补性，意味着它们在学校课程结构中都拥有着不可或缺的地位，即学校的课程结构应当是由各种课程类型共同构成的一个有机的统一体。

我国现行的课程结构，存在着较严重的不足。首先，在学校课程中学科课程占据绝对主导地位，而经验课程则微乎其微；分科课程占据绝对主导地位，而综合课程则微乎其微；必修课程占据绝对主导地位，而选修课程则微乎其微；国家课程备受关注，地方课程和校本课程得不到实质性的开发。课程类型的单一使得在注重发挥一种或几种课程类型价值的同时，忽视或放弃了其他课程类型在学生发展方面所具有的价值，学生在这种单一课程的"滋养"下，其片面发展在所难免。其次，学校课程中各具体科目之间的比重失衡，语文、数学等科目所占的比重过高，挤占了其他学科的时间，从而直接影响了学生的身心健康和全面发展。

针对现行课程类型结构单一的状况，在新的学校课程结构中设计了与学科课程相对应的经验课程，与分科课程相对应的综合课程，与必修课程相对应的选修课程，并为开发与国家课程相对应的地方课程和校本课程提供了较大的空间。学校课程类型的多样化是全面实现课程价值的一种重要方式，多种课程类型的有机结合将有助于学生的全面发展，这将为从根本上改变我国学生过分追求学业高分、综合素养低、主动学习能力弱的状况提供有利条件。针对现行课程结构中科目比例失衡的状况，新的课程计划分别将语文所占的比重由原来的24%（1992年）降至20%～22%，将数学由原来的16%（1992年）降至13%～15%，并对其他传统优势科目所占的比重进行了适当的下调。同时，将下调后积累下来的课时量分配给综合实践活动和地方与校本课程。其中，综合实践活动拥有了6%～8%的课时，地方与校本课程拥有了10%～12%的课时。显然，学校课程体系中具体科目比重关系的调整折射出我国开展此次基础教育课程改革的基本思想，即重点培养和发展学生的创新意识与能力、收集和处理信息的能力、主动和自主获取新知识的能力、分析与解决问题的能力、交流与合作的能力以及对自然环境和人类社会的责任感与使命感。

本次课程结构的调整将扭转长期以来困扰我国的中小学课程类型单一、科目比重失衡的局面，从而实现学校课程类型多样化、具体科目比重均衡化的要求。

9. 新课程结构的主要内容是什么？

《纲要》第二部分对新课程结构的主要内容做了明确的阐述。

（一）整体设置九年一贯的义务教育课程。小学阶段以综合课程为主。小学低年级开设品德与生活、语文、数学、体育、艺术（或音乐、美术）

DI ER ZHANG **第二章**

课程结构

等课程；小学中高年级开设品德与社会、语文、数学、科学、外语、综合实践活动、体育、艺术（或音乐、美术）等课程。

初中阶段设置分科与综合相结合的课程，主要包括思想品德、语文、数学、外语、科学（或物理、化学、生物）、历史与社会（或历史、地理）、体育与健康、艺术（或音乐、美术）以及综合实践活动。积极倡导各地选择综合课程。学校应努力创造条件开设选修课程。在义务教育阶段的语文、艺术、美术课中要加强写字教学。

（二）高中以分科课程为主。为使学生在普遍达到基本要求的前提下实现有个性的发展，课程标准应有不同水平的要求，在开设必修课程的同时，设置丰富多彩的选修课程，开设技术类课程。积极试行学分制管理。

（三）从小学至高中设置综合实践活动并作为必修课程，其内容主要包括：信息技术教育、研究性学习、社区服务与社会实践以及劳动与技术教育。强调学生通过实践，增强探究和创新意识，学习科学研究的方法，发展综合运用知识的能力。增进学校与社会的密切联系，培养学生的社会责任感。在课程的实施过程中，加强信息技术教育，培养学生利用信息技术的意识和能力。了解必要的通用技术和职业分工，具有初步技术能力。

（四）农村中学课程要为当地社会经济发展服务，在达到国家课程基本要求的同时，可根据现代农业发展和农村产业结构的调整因地制宜地设置符合当地需要的课程，深化“农科教相结合”和“三教统筹”等项改革，试行通过“绿色证书”教育及其他技术培训获得“双证”的做法。城市普通中学也要逐步开设职业技术课程。

10. 新课程结构的均衡性、综合性和选择性体现在哪里?

《纲要》明确要求课程设置必须“体现课程结构的均衡性、综合性和选择性”。均衡性、综合性和选择性既是本次课程结构调整的三条基本原则，又是新课程结构区别于现行课程结构的三个基本特征。可以说，均衡性、综合性和选择性是我们全面领会和理解新课程结构的三把钥匙。

课程结构的均衡性是指学校课程体系中的各种课程类型、具体科目和课程内容能够保持一种恰当、合理的比重。根据新课程的培养目标，新课程结构包容了各种类型的课程和多种与现实社会生活以及学生的自身生活密切相关的科目，同时通过课时比例调整，使其保持适当的比重关系。这是从课程方案层面体现出来的均衡性。如何在实践层面上落实？

首先要承认每门课程的独特性和独特价值，它们在实现新课程的培养目标上都能做出自己的贡献。

其次要承认每门课程的特殊性和局限性，没有一门课程能够包打天下，实现所有的课程目标。课程之间的协调与合作是整体发挥课程功能，全面实现课程目标的必然要求。

再次要承认课程之间在教学任务上有轻重之分。义务教育阶段设置的各门课程依据培养目标的要求、学科自身的特点以及课程之间的关系，在课程开设顺序上有先有后，在课程内容安排上有多有少，在课时比例设计上有高有低，从而使各门课程在义务教育阶段所处的位置和所承担的任务有所不同。从这个角度来说，各门课程要区别对待，但这种区别对待的目的正是使课程之间保持一种均衡，从而实现课程的整体优化。从学生角度来说，均衡性也决不是指学生各学科或各领域平均发展，而是指个性的和谐发展。

课程结构的综合性是针对过分强调学科本位、科目过多和缺乏整合的现状而提出的。它体现在以下三个方面。

第一，加强学科的综合性。就一门学科而言，注重联系儿童经验和生活实际；就不同学科而言，提倡和追求彼此关联，相互补充。新课程结构重视了学科知识、社会生活和学生经验的整合，加强了学科之间的相互渗透，从而改变了现行课程过分强调学科本位的现象。

第二，设置综合课程。设置综合课程是课程结构综合性的集中体现。本次课程改革不仅开设了与分科课程相对应的综合课程，而且规定，小学阶段以综合课程为主，初中阶段设置分科与综合相结合的课程，高中以分科课程为主。这也就是说，综合课程与分科课程在学校课程结构中所占的比重是随着学校教育层次的变化而变化的。在低年级的课程结构中，综合课程要明显超出分科课程。随着年级的增高，综合课程在课程结构中所占比重逐渐降低，而分科课程所占比重则逐渐提高，并最终超出综合课程。对课程结构进行这样的调整，不仅符合儿童认知发展规律，也符合我国的实际情况，特别是师资队伍的状况。正是考虑到各地的实际情况和师资条件，本次课程结构调整制定了综合课程和分科课程并存的“自助餐”式的课程计划，供各地选择。在“综合型”的课程计划中，原有的物理、化学和生物被整合为科学，历史、地理被整合为历史与社会，美术、音乐被整合为艺术，这三个科目皆属于综合课程的范畴；此外，品德与生活、品德与社会以及综合实践活动作为高度整合的综合课程在课程计划中都占有一席之地。显然，在新的基础教育课程结构中，综合课程已经成为学校课程体系的重要组成部分，不仅如此，国家积极倡导各地实施以综合课程为主的课程计划。综合课程的开设将会有力地改变现行课程科目过多或缺乏整合的现状。从实践层面讲，实施综合课程一定要以综合的观念为指导，真正发挥综合课程的价值和作用。

第三，增设综合实践活动。如上所说，这是一门高度综合的课程，是本次课程改革的一个亮点。为此，我们特别提出来加以强调。从本质上讲，这是一门非学科领域，是基于生活实践领域的课程，它是基于学习者的直接经验，密切联系学生自身生活和社会生活，体现对知识的综合运用的实践性课程。综合实践活动课程的起点是学生而不是教师，学生从自身经验中形成问题，从经验中去获得解决问题的途径与方法。其内容主要包括：信息技术教育、研究性学习、社区服务与社会实践以及劳动与技术教育等。

课程结构的选择性是针对地方、学校与学生的差异而提出的，它要求学校课程要以充分的灵活性适应于地方社会发展的现实需要，以显著的特色性适应于学校的办学宗旨和方向，以选择性适应于学生的个性发展。由此可见，课程结构的选择性主要涉及各级地方教育主管部门、学校（校长与教师）、学生如何选择课程，以及我们的教育能给地方、学校与学生提供多少课程以供选择。选择性的集中体现是新课程适当减少了国家课程在学校课程体系中所占的比重。在义务教育阶段，将10%～12%的课时量给予了地方课程和校本课程的开发与实施，从而形成了国家课程、地方课程和学校课程三级课程并行的层次结构。这无疑能够激发地方和学校在课程开发与实施上的主动性，也有助于真正实现学校课程的多样化，从而体现地方特色、学校特色。选择性还体现在国家课程的变通性上。就课程类型而言，国家提供套餐式方案，供地方和学校根据自身的需要做出选择；就课时比例而言，国家划定范围，供地方和学校选定；就课程内容而言，国家制定课程标准，在保证义务教育基本要求的前提下，反映地方经济、社会文化特点。教育面对的是一个个具有独特个性的学生，教育应促进每一位学生的个性发展，为此，课程结构的选择性最终必须落实到每个学生的个性差异上，这就要求地方和学校必须加强选修课程的建设。新的课程计划倡导适当减少必修课程的比重，增加选修课程的比重。

11．这次课程改革是怎样整体设置九年一贯的义务教育课程的？

《纲要》第三条明确规定：“整体设置九年一贯的义务教育课程。”设置义务教育课程应体现义务教育的基本性质，遵循学生身心发展规律，适应社会进步、经济发展和科学技术发展的要求，为学生的全面发展和终身发展奠定基础。基于此，本次课程改革将义务教育作为一个整体，九年一贯地进行课程设置。实际上，这也正是新课程结构的均衡性、综合性和选择性的体现。“整体”指将各类课程按横向关系组织起来，通过课程的横向组织，使各门课程在差异得以尊重的前提下互相整合起来，消除以往学科本位所造成的学科之间彼此孤立甚至壁垒森严的对立局面，使各门课程、各个学科产生合力，使学习者的学习产生整体效应，从而促进学生人格整体发展。“一贯”指将各类课程按纵向的发展序列组织起来。就一门课程而言，要强调“连续性”，使课程内容在循环中加深、拓展，并不断得到强化、巩固；就各门课程关系而言，要强调“顺序性”，使不同课程有序地开设，前后相互连贯，同时使课程门类由低年级到高年级逐渐增加，从而使学习者的学习产生累积效应，促进学生可持续发展。

DI ER ZHANG 第二章 课程结构

基于“整体”和“一贯”而设置的九年义务教育新课程方案如表 2.1、表 2.2 所示。

表 2.1　　义务教育课程设置表

<table>
<tr><th colspan="10">年　级</th></tr>
<tr><th rowspan="11">课程门类</th><th>一</th><th>二</th><th>三</th><th>四</th><th>五</th><th>六</th><th>七</th><th>八</th><th>九</th></tr>
<tr><td colspan="2" rowspan="3">品德与生活</td><td colspan="4" rowspan="2">品德与社会</td><td>思想品德</td><td>思想品德</td><td>思想品德</td></tr>
<tr><td colspan="3">历史与社会（或选用历史、地理）</td></tr>
<tr><td colspan="4">科学</td><td colspan="3">科学（或选用生物、物理、化学）</td></tr>
<tr><td>语文</td><td>语文</td><td>语文</td><td>语文</td><td>语文</td><td>语文</td><td>语文</td><td>语文</td><td>语文</td></tr>
<tr><td>数学</td><td>数学</td><td>数学</td><td>数学</td><td>数学</td><td>数学</td><td>数学</td><td>数学</td><td>数学</td></tr>
<tr><td colspan="2"></td><td>外语</td><td>外语</td><td>外语</td><td>外语</td><td>外语</td><td>外语</td><td>外语</td></tr>
<tr><td>体育</td><td>体育</td><td>体育</td><td>体育</td><td>体育</td><td>体育</td><td>体育</td><td>体育</td><td>体育</td></tr>
<tr><td colspan="9">艺术（或选择音乐、美术）</td></tr>
<tr><td colspan="2"></td><td colspan="7">综合实践活动</td></tr>
<tr><td colspan="9">地方与学校编制的课程</td></tr>
</table>

第二章 DI ER ZHANG

课程结构

表 2.2　　义务教育课程设计及比例

<table>
<tr><td rowspan="11">课程门类</td><td colspan="9">年　　级</td><td rowspan="2">九年课时总计（比例）</td></tr>
<tr><td>一</td><td>二</td><td>三</td><td>四</td><td>五</td><td>六</td><td>七</td><td>八</td><td>九</td></tr>
<tr><td>品德与生活</td><td>品德与生活</td><td>品德与社会</td><td>品德与社会</td><td>品德与社会</td><td>品德与社会</td><td>思想品德</td><td>思想品德</td><td>思想品德</td><td>7%～9%</td></tr>
<tr><td></td><td></td><td></td><td></td><td></td><td></td><td colspan="3">历史与社会（或选择历史、地理）</td><td>3%～4%</td></tr>
<tr><td></td><td></td><td>科学</td><td>科学</td><td>科学</td><td>科学</td><td colspan="3">科学（或选择生物、物理、化学）</td><td>7%～9%</td></tr>
<tr><td>语文</td><td>语文</td><td>语文</td><td>语文</td><td>语文</td><td>语文</td><td>语文</td><td>语文</td><td>语文</td><td>20%～22%</td></tr>
<tr><td>数学</td><td>数学</td><td>数学</td><td>数学</td><td>数学</td><td>数学</td><td>数学</td><td>数学</td><td>数学</td><td>13%～15%</td></tr>
<tr><td></td><td></td><td>外语</td><td>外语</td><td>外语</td><td>外语</td><td>外语</td><td>外语</td><td>外语</td><td>6%～8%</td></tr>
<tr><td>体育</td><td>体育</td><td>体育</td><td>体育</td><td>体育</td><td>体育</td><td>体育与健康</td><td>体育与健康</td><td>体育与健康</td><td>10%～11%</td></tr>
<tr><td colspan="9">艺　术（或选择音乐、美术）</td><td>9%～11%</td></tr>
<tr><td colspan="2"></td><td colspan="7">综合实践活动</td><td>6%～8%</td></tr>
<tr><td></td><td colspan="9">地方与学校开发或选用的课程</td><td>10%～12%</td></tr>
<tr><td>周总课时数</td><td>26</td><td>26</td><td>30</td><td>30</td><td>30</td><td>30</td><td>34</td><td>34</td><td>34</td><td>274</td></tr>
<tr><td>学年总课时</td><td>910</td><td>910</td><td>1 050</td><td>1 050</td><td>1 050</td><td>1 050</td><td>1 190</td><td>1 190</td><td>1 122</td><td>9 522</td></tr>
</table>

注：1．表格内为各门课的周课时数，九年总课时按每学年 35 周上课时间计算。

2．综合实践活动主要包括：信息技术教育、研究性学习、社区服务与社会实践以及劳动与技术教育。

DI ER ZHANG 第二章
课 程 结 构

第二节 分科课程与综合课程

12. 新课程体系中现行的分科课程有什么变化发展?

分科课程是一种单学科的课程组织模式，它强调不同学科门类之间的相对独立性，强调一门学科的逻辑体系的完整性。从课程开发来说，分科课程坚持以学科知识及其发展为基点，强调本学科知识的优先性；从课程组织来说，分科课程坚持以学科知识的逻辑体系为线索，强调本学科自成一体。因此，分科课程具有以下优点：第一，有助于突出教学的逻辑性和连续性，它是学生简捷有效地获取学科系统知识的重要途径；第二，有助于体现教学的专业性、学术性和结构性，从而有效地促进学科尖端人才的培养和国家科技的发展；第三，有助于组织教学与评价，便于提高教学效率。但是，分科课程容易导致轻视学生的需要、经验和生活，容易导致忽略当代社会生活的现实需要，容易导致将学科与学科彼此之间割裂，从而限制了学生的视野，束缚了学生思维的广度。应该承认现行的分科课程这些缺点是比较突出的。

为此，本次课程改革在改变课程结构过于强调学科本位、科目过多和缺乏整合的前提下，根据新课程的理念，对分科课程本身进行了改革，使分科课程得以改善。新课程中的分科课程具有以下特点。

第一，在课程目标上，强调知识与技能、过程与方法以及情感态度与价值观三个方面的整合，摒弃了以往分科课程片面强调知识与技能的倾向，从而使分科课程的目标也实现了由知识本位向学生发展本位的转向。这是课程目标和教育价值观的重大改变。

第二，在课程内容的选择和组织上，注重体现基础性、时代性、实用性和综合性。各学科都力求精选终身学习必备的最基础的知识和最基本的技能作为课程主干内容；各学科在保留传统课程内容中仍有价值的基础知识的同时，特别强调从当代科学的最新成果中吸取新的基础知识，增加新的具有时代性的内容，体现时代特色，剔除陈旧过时的知识；各学科都注重与社会生活的联系，努力面向生活实际并服务于生活实际，从而使课程内容与社会生活实践形成互动的关系；各学科都力求与相关学科相互融合，使课程内容跨越学科之间的鸿沟，最大限度地体现知识的“整体”面貌。总之，新分科课程内容呈现出崭新的面貌，从而与课程内容存在繁、难、偏、旧和过于注重书本知识的传统分科课程有显著区别。

13．本次课程改革设置了哪些综合课程？实施综合课程要注意哪些问题？

综合课程与分科课程相对应，综合课程是一种双学科或多学科的课程组织模式，它强调学科之间的内在联系性，强调不同学科的相互整合。单从学科本身的发展来看，分科课程与综合课程两种课程组织形式各有其存在价值，因为学科的发展呈现分化和综合并驾齐驱的趋势。

本次课程改革在义务教育阶段设置的综合课程如下。

（一）《品德与生活》（1～2 年级），它从低年级儿童的生活经验出发，其内容涵盖了品德教育、劳动教育、社会教育和科学教育；提倡通过儿童的自主实践活动，学习健康安全地生活，愉快积极地生活，有责任感地生活，有创意地生活，并养成良好的行为习惯，为学生适应学校生活和未来参与社会生活打下基础。

（二）《品德与社会》（3～6 年级），它根据学生社会生活范围不断扩大的实际，从学生品德形成、社会认识的需要出发，以人与他人、人与社会、人与自然为主线，将爱国主义和集体主义教育、品德教育、行为规范和法制教育、历史和地理教育、国情教育以及环境教育等融为一体，为学生成长为富有爱国心、社会责任感和良好品德行为习惯的现代公民奠定基础。

（三）《科学》（3～6 年级），课程的培养目标是：通过小学科学课程的学习，知道与周围常见事物有关的浅显的科学知识，并能应用于日常生活，逐渐养成科学的行为习惯和生活习惯；了解科学探究的过程和方法，并尝试应用于科学探究活动，逐步学会科学地看问题、想问题；保持和发展对周围事物的好奇心与求知欲，形成大胆想像、尊重证据、敢于创新的科学态度和爱科学、爱家乡、爱祖国的情感；亲近自然，欣赏自然，珍爱生命，积极参与资源和环境的保护，关心科技的新发展。

（四）《历史与社会》（7～9年级），旨在对学生进行公民教育和人文素质教育，培养创新精神、社会实践能力和社会责任感，促进学生的社会性发展，为学生成为社会主义现代化国家的合格公民奠定基础。该课程将给予学生必要的人文社会科学基础知识和技能，在学习中引导学生体验探究的过程和方法，帮助学生树立正确的人生信念和社会理想，使他们能够正确面对人生和社会发展的各种问题，成为社会主义中国的合格公民。

（五）《科学》（7～9年级），课程以提高每个学生的科学素养为总目标。通过本课程的学习，使学生保持对自然现象的好奇心和求知欲，养成与自然界和谐相处的生活态度；了解或理解基本的科学知识，初步形成对自然界的整体认识，学会或掌握一定的基本技能，并能用它们解释常见的自然现象，解决一些实际问题；增进对科学探究的理解，初步养成科学探究的习惯，培养创新意识和实践能力；形成崇尚科学、反对迷信、以科学的知识和态度解决个人问题的意识；理解科学技术是第一生产力，初步形成可持续发展的观念，并能关注科学、技术与社会的相互影响。

（六）《艺术》（1～9年级），课程的培养目标是：了解各艺术学科基本的艺术语言和表达方式，运用多种工具材料进行艺术表现和艺术创造；获得艺术感知、艺术欣赏和艺术评价的能力，体验视觉、听觉、动觉等活动带来的愉悦，丰富审美经验；通过艺术活动发展个人潜能，提高生活情趣，健全人格，使艺术能力与人文素养得到综合发展。

（七）《体育与健康》（7～9年级），课程以促进学生身体、心理和社会适应能力整体健康水平的提高为目标，构建了技能、认知、情感、行为等领域并行推进的课程结构，融合了体育、生理、心理、卫生保健、环境、社会、安全、营养等诸多学科领域的有关知识，真正关注学生的健康意识、锻炼习惯和卫生习惯的养成，将增进学生健康贯穿于课程实施的全过程，确保“健康第一”思想落到实处，使学生健康成长。

第二章 DI ER ZHANG

课 程 结 构

设置综合课程是本次课程改革的重要特征，实施综合课程要注意以下几个问题。

第一，知识的琐碎化问题。在分科课程中，一个教师只需要处理某一学科领域中的问题；而在综合课程中，一个教师必须根据活动或任务的需要，选择许多学科领域中的知识并加以整合。这对习惯于传统分科教学的教师而言是很难适应的。经常出现的情况是东鳞西爪，把许多知识信息机械地甚至牵强地拼合起来，从而导致知识的琐碎化。

第二，教师的知识和经验问题。成功地实施综合课程需要教师掌握相关学科的知识，如果教师缺乏相关学科领域的知识技能，就不可能将这些知识技能成功地整合起来，这样就很可能导致综合课程形同虚设。另外，如果教师本人从未体验过综合课程，那么他们实施综合课程的难度将更大。这就要求师范教育的课程必须进行相应的调整，以使未来的教师对分科课程和综合课程都具有充分的理论理解和实践体会，这是实施综合课程的必要条件。当务之急是综合课程的师资培训要到位，要帮助教师从理论到实践两方面认识和解决综合课程的诸多问题，提高教师对综合课程的理解和信任。

第三，管理的问题。要在工作量计算、教学质量评估和学生学业考试上充分考虑综合课程的特点，营造有利于实施综合课程的外部环境。

第三节 综合实践活动

14. 综合实践活动的性质、特点是什么？

《纲要》在规定新课程的结构时做出了如下阐述。

从小学至高中设置综合实践活动并作为必修课程，其内容主要包括：信息技术教育、研究性学习、社区服务与社会实践以及劳动与技术教育。强调学生通过实践，增强探究和创新意识，学习科学研究的方法，发展综合运用知识的能力。增进学校与社会的密切联系，培养学生的社会责任感。在课程的实施过程中，加强信息技术教育，培养学生利用信息技术的意识和能力。了解必要的通用技术和职业分工，形成初步技术能力。

由此看来，在我国基础教育新课程体系中，“综合实践活动”课程是一门与各学科课程有着本质区别的新的课程，是我国基础教育课程体系的结构性突破。那么，综合实践活动到底是一门什么性质的课程？对应于分科课程，它是一门综合课程；对应于学科课程，它是一门经验课程。概括起来说，综合实践活动是基于学生的直接经验、密切联系学生自身生活和社会生活、体现对知识的综合运用的课程形态。这是一种以学生的经验与生活为核心的实践性课程。综合实践活动是新的基础教育课程体系中设置的必修课程，自小学 3 年级开始设置，每周平均 3 课时。

综合实践活动不是其他课程的辅助或附庸，而是具有自己独特功能和价值的相对独立的课程，它与其他课程具有互补性。与其他课程相比，综合实践活动具有如下特性。

一、整体性

综合实践活动具有整体性。综合实践活动主题的选择范围包括学生本人、社会生活和自然世界。对任何主题的探究都必须体现个人、社会、自然的内在整合，体现科学、艺术、道德的内在整合。综合实践活动必须立足于人的个性的整体性，立足于每一个学生的健全发展。

二、实践性

综合实践活动具有实践性。综合实践活动以学生的现实生活和社会实践为基础发掘课程资源，而非在学科知识的逻辑序列中构建课程。综合实践活动以活动为主要开展形式，强调学生的亲身经历，要求学生积极参与到各项活动中去，在“做”“考察”“实验”“探究”等一系列的活动中发现和解决问题，体验和感受生活，发展实践能力和创新能力。

三、开放性

综合实践活动具有开放性。综合实践活动面向每一个学生的个性发展，尊重每一个学生发展的特殊需要，其课程目标具有开放性。综合实践活动面向学生的整个生活世界，它随着学生生活的变化而变化，其课程内容具有开放性。综合实践活动关注学生在活动过程中所产生的丰富多彩的学习体验和个性化的创造性表现，其评价标准具有多元性，因而其活动过程与结果均具有开放性。

四、生成性

综合实践活动具有生成性。这是由综合实践活动的过程取向所决定的。每一个班级、每一所学校都有对综合实践活动的整体规划，每一个活动开始之前都有对活动的周密设计，这是综合实践活动计划性的一面。但是，综合实践活动的本质特性却是生成性，这意味着每一个活动都是一个有机整体，而非根据预定目标的机械装配过程。随着活动的不断展开，新的目标不断生成，新的主题不断生成，学生在这个过程中兴趣盎然，认识和体验不断加深，创造性的火花不断迸发，这是综合实践活动生成性的集中表现。对综合实践活动的整体规划和周密设计不是为了限制其生成性，而是为了使其生成性发挥得更具有方向感、更富有成效。

五、自主性

综合实践活动充分尊重学生的兴趣、爱好，为学生的自主性的充分发挥开辟了广阔的空间。学生自己选择学习的目标、内容、方式及指导教师，自己决定活动结果呈现的形式，指导教师只对其进行必要的指导，不包揽学生的工作。

15．综合实践活动的主要内容是什么？

综合实践活动的主要内容包括以下几个方面。

一、研究性学习

研究性学习是指学生基于自身兴趣，在教师指导下，从自然、社会和学生自身生活中选择和确定研究专题，主动地获取知识、应用知识、解决问题的学习领域。研究性学习强调学生通过实践，增强探究和创新意识，学习科学方法，发展综合运用知识的能力。学生通过研究性学习活动，形成一种积极的、生动的自主、合作、探究的学习方式。

二、社区服务与社会实践

社区服务与社会实践是指学生在教师指导下，走出教室，参与社区和社会实践活动，以获取直接经验、发展实践能力、增强社会责任感为主旨的学习领域。通过该学习领域，可以增进学校与社会的密切联系，不断提升学生的精神境界、道德意识和实践能力，使学生人格臻于完善。

三、劳动与技术教育

劳动与技术教育是以学生获得积极劳动体验、形成良好技术素养为主的，以多方面发展为目标，且以操作性学习为特征的学习领域。它强调学生通过人与物的作用、人与人的互动来从事操作性学习，强调学生动手与动脑相结合。通过该领域使学生了解必要的通用技术和职业分工，形成初步的技术意识和技术实践能力。

四、信息技术教育

信息技术不仅是综合实践活动有效实施的重要手段，而且是综合实践活动探究的重要内容。信息技术教育的目的在于帮助学生发展适应信息时代需要的信息素养。这既包括发展学生利用信息技术的意识和能力，还包括发展学生对浩如烟海的信息的反思和辨别能力，形成健康向上的信息伦理。

以上四个方面是国家为了帮助学校更好地落实综合实践活动而特别指定的几个领域，而非综合实践活动内容的全部。四大指定领域在逻辑上不是并列的关系，更不是相互割裂的关系。“研究性学习”作为综合实践活动的基础，倡导探究的学习方式，这一方式渗透于综合实践活动的全部内容之中。另一方面，“社区服务与社会实践”“信息技术教育”“劳动与技术教育”则是“研究性学习”探究的重要内容。所以，在实践过程中，四大指定领域是以配合的形态呈现的。

除上述指定领域以外，综合实践活动还包括大量非指定领域，如：班团队活动、校传统活动（科技节、体育节、艺术节）、学生同伴间的交往活动、学生个人或群体的心理健康活动等等，这些活动在开展过程中可与综合实践活动的指定领域相结合，也可以单独开设，但课程目标的指向是一致的。

总之，指定领域与非指定领域互为补充，共同构成内容丰富、形式多样的综合实践活动。

在新的基础教育课程体系中，综合实践活动与各学科领域形成一个有机整体。二者既有其相对独立性，又存在紧密的联系。具体说来，综合实践活动与各学科领域存在以下三方面的联系：第一，学科领域的知识可能在综合实践活动中延伸、综合、重组与提升；第二，综合实践活动中所发现的问题、所获得的知识技能可以在各学科领域的教学中拓展和加深；第三，在某些情况下，综合实践活动也可以和某些学科教学打通进行。因此，妥善处理综合实践活动与各学科领域的关系，既是一个意义重大的课题，又是一个富有创造性和艺术性的课题。

16．实施综合实践活动须遵循哪些原则？

综合实践活动是教师与学生合作开发与实施的。教师和学生既是活动方案的开发者，又是活动方案的实施者。有效实施综合实践活动须遵循下列原则。

一、正确处理学生的自主选择、主动实践与教师的有效指导的关系

倡导学生对课题的自主选择和主动实践是实施综合实践活动的关键。第一，学生要形成问题意识，善于从日常生活中发现自己感兴趣的问题。第二，学生要善于选择自己感兴趣的课题。第三，在课题的展开阶段，可以采取多种多样的组织方式，主要包括：个人独立探究的方式、小组合作探究的方式、班级合作探究的方式、跨班级与跨年级合作探究的方式、跨学校合作探究的方式、跨地区合作探究的方式等。第四，在课题的探究过程中要遵循“亲历实践、深度探究”的原则，倡导亲身体验的学习方法，引导学生对自己感兴趣的课题进行持续、深入的探究，防止浅尝辄止。

教师要对学生的活动加以有效的指导。在指导内容上，综合实践活动的指导在根本上是创设学生发现问题的情境，引导学生从问题情境中选择

适合自己的探究课题，帮助学生找到适合自己的学习方式和探究方式。在指导方式上，综合实践活动倡导团体指导与协同教学。不能把综合实践活动的指导权只赋予某一学科的教师，或班主任或专门从事综合实践活动指导的教师，而应通过有效的方式将所有教师的智慧集中起来，对综合实践活动进行协同指导。

总之，教师既不能“教”综合实践活动，也不能推卸指导的责任、放任学生，而应把自己的有效指导与鼓励学生自主选择、主动实践有机结合起来。

二、恰当处理学校对综合实践活动的统筹规划与活动具体展开过程中的生成性目标、生成性主题的关系

综合实践活动要集中体现学校的特色，学校应对综合实践活动进行统筹规划。建议每一所学校根据本校和本校所在社区的特色推出三类相互衔接的计划，即“学校综合实践活动计划”“年级综合实践活动计划”以及“班级综合实践活动计划”。

随着活动过程的展开，学生在与教育情境的交互作用过程中会产生出新的目标、新的问题、新的价值观和新的对结果的设计，有效实施综合实践活动要求教师首先要认识到这些生成性目标与生成性主题产生的必然性，肯定其存在价值，并加以运用，从而将活动引向新的领域。

各学校对综合实践活动的统筹规划不能限制其生成性，而应当使其生成性发挥得更具方向感和更富有成效。

三、课时集中使用与分散使用相结合

综合实践活动要求的课时安排应是弹性课时制，即将每周 3 课时的综合实践活动时间根据需要灵活安排，做到集中使用与分散使用相结合。例如，可以将每周的时间集中在一个单位时间使用，也可将几周的时间集中在一天使用，亦可根据需要将综合实践活动时间与某学科打通使用，等等。

四、整合校内课程与校外课程

综合实践活动要打破学校、教室的框束，把校内课程与校外课程整合

起来，把正规教育与非正规教育融合起来，积极鼓励学校和学生利用双休日、节假日等开展综合实践活动。

五、以融合的方式设计和实施四大指定领域

研究性学习、社区服务与社会实践、劳动与技术教育、信息技术教育四大指定领域以融合的方式设计与实施是综合实践活动的基本要求。各学校要根据地方和学校的课程资源，以综合主题或综合项目的形式将四者融合在一起实施，使四大领域的内容彼此渗透，达到理想的整合状态。

六、把信息技术与综合实践活动的内容和实施过程有机整合起来

综合实践活动要把信息技术有机地融入综合实践活动的内容与实施过程之中。首先，信息技术领域是综合实践活动的重要探究内容，要做到信息技术内容与综合实践活动的其他内容有机整合。其次，在综合实践活动的实施过程中要积极运用网络技术等信息手段，以拓展综合实践活动的时空范围，提升综合实践活动的实施水平。再次，信息技术手段的设计与运用要致力于为学生创造反思性的、自主合作探究的学习情境和问题情境，防止陷入纯粹的技能训练。

17. 作为学习方式的“研究性学习”与作为课程的“研究性学习”，二者是什么关系?

作为一种学习方式，“研究性学习”是指教师不把现成结论告诉学生，而是学生自己在教师指导下自主地发现问题、探究问题、获得结论的过程。“研究性学习”是与“接受性学习”相对的一个概念。就人的发展而言，“研究性学习”与“接受性学习”这两种学习方式都是必要的，在人的具体认识活动中，二者常常相辅相成、结伴而行。所以本次课程改革强调“研究性学习”，并不是因为“接受性学习”不好，而是因为我们过去过多倚重了“接受性学习”，把“接受性学习”置于中心，而“研究性学习”则被完全忽略或退居边缘。强调“研究性学习”的重要性是想找回

DI ER ZHANG 第二章

课程结构

“研究性学习”在课程中的应有位置，而非贬低“接受性学习”的价值。作为一种学习方式，“研究性学习”是渗透于学生的所有学科、所有活动之中的。

作为一种课程形态，“研究性学习”课程是为“研究性学习方式”的充分展开所提供的相对独立的、有计划的学习机会。具体地说，是在课程计划中规定一定的课时数，以更有利于学生从事“在教师指导下，从学习生活和社会生活中选择和确定研究专题，主动地获取知识、应用知识、解决问题的学习活动”。

既然“研究性学习方式”已经渗透于学生的所有学科、所有活动之中了，为什么还要设置专门的“研究性学习”课程？由于我国基础教育长期以来习惯于分科课程和“讲解式教学”“接受性学习”，教师往往把教学理解为讲解知识、技能、概念、原理，学生往往把学习理解为背诵、模仿和做题，这种被不断强化的习惯势必会成为“研究性学习方式”有效渗透的强大阻力。为使“研究性学习方式”尽快深入人心，有必要设置专门的“研究性学习”课程。再者，即使各门学科有效渗透了“研究性学习方式”，也有必要设置“研究性学习”课程。这是因为：

第一，学科中的研究性学习具有学科性，往往局限于一门学科的狭隘视野，研究性学习课程则属于经验课程的范畴，它基于学生的直接经验，面向学生自身的生活和火热的社会生活实践，强调操作与体验，强调综合运用学生的所有知识。

第二，学科中的研究性学习具有手段的、辅助的性质，往往服从于学生掌握系统学科知识的需要；而研究性学习课程则把研究性学习本身视为直接的目的，它强调学生需要的优先性，强调对学生独特经验的尊重，强调学生从自己的立场与世界交互作用出发，建构自己的意义。

当然，学科中的研究性学习与研究性学习课程也有内在联系：二者都强调研究性学习这种学习方式；二者的终极目的都指向学生的个性发展，尽管直接目的有别。研究性学习课程是学科中的研究性学习的归纳、整合、开拓、提升；学科中的研究性学习则可从学科领域细化、深化生活中的主题。

第二章 DI ER ZHANG

课 程 结 构

18. 实施“研究性学习”课程要注意哪些问题?

研究性学习课程的设置无疑是我国基础教育课程体系的结构性突破。然而，它的成熟与发展需要一个过程，在实施过程中还提出了诸多令人困惑的问题。

一、研究性学习课程是科技类活动课程吗

研究性学习课程研究些什么，学些什么？这是一个很重要的问题。研究性学习课程不仅关注“怎么学”，还关注“学什么”。以学生个性发展为目的的研究性学习课程面向学生的整个生活世界与科学世界，把生活世界与科学世界融合起来考虑课程内容。

当前，我国基础教育中存在一种倾向：把研究性学习等同于“科学研究”，把研究性学习课程等同于科技类活动课程，把学生引向运用理科知识探究科技类问题的轨道。首先，这种倾向会造成研究性学习课程内容的窄化。研究性学习课程所涉及的知识不仅包括科学，还包括艺术与道德；所涵盖的内容不仅包括自然，还包括社会与自我，自然、社会、自我作为课程开发的三个向度应当在研究性学习课程中达到均衡与整合。其次，这种倾向还会把研究性学习的方法局限于只注重沿袭获得科学结论需要遵循的程序和方法，从而封杀了学生个性化的探究方式。学生的研究性学习与科学家的研究性学习有本质的区别，无视这种区别会导致新的机械学习和另一种形式的灌输教育。所以，我国开展研究性学习课程必须防止惟科学主义倾向。

二、研究性学习课程是优等生的专利吗

研究性学习课程有一种深层的教育民主的追求。研究性学习课程绝不以所谓“优等生”为尺度，也不试图建立作为评价标准的常模，而是面向每一位学生，尊重每一位学生的独特性和具体性。

当前，我国基础教育对研究性学习课程存在种种误解：把研究性学习课程理解为是培养小科学家的课程，是面向少数“尖子”学生的课程，大

多数普通学生只配做“观众”；研究性学习课程是城市学生的课程，广大农村学生无法实施等。这些观点背后都隐藏着精英主义价值观。这种精英主义价值观是阻碍研究性学习课程传播与推广的重要根源。研究性学习课程植根于儿童的本性，尊重每个儿童的个性与具体性，因此，它必然是面向全体学生，而不是少数“尖子”学生的；它必然秉持多元价值标准，而不是划一标准。研究性学习课程体现每一所学校的特点、每所学校所在社区的特点，所以，它具有很强的地域性，每一个地方都可以因地制宜地开展研究性学习课程。研究性学习课程的开展一定要体现学生所在地域的特殊性，而不是机械模仿别人的模式。研究性学习课程具有浓郁的人文精神，它尊重每个学生活生生的现实生活。因此，只有带着平常心走向大众化的时候，研究性学习课程才能有效推广，发挥应有的价值。

三、研究性学习课程一定要在课堂里进行吗

研究性学习课程面向学生的整个生活世界与科学世界。“自然即课程”“自我即课程”“生活即课程”，这是研究性学习课程信奉的基本理念。研究性学习课程内含了一种校外课程的理念。因此，打破学校教室的框框，把校内课程与校外课程整合起来，把正规教育与非正规教育融合起来，这是研究性学习课程的内在要求。

四、研究性学习课程一定要在固定课时中进行吗

由于研究性学习课程倡导学生对课题的自主选择与主动探究，因此，那种每周某几天安排固定内容的固定课时制，显然已不适合研究性学习课程的要求了，最适应研究性学习课程要求的课时安排，应该是弹性课时制。

弹性课时制意味着将每周一定的研究性学习课程时间，根据需要灵活安排、集中使用。例如，可以将每周的时间集中在一个单位时间里使用，也可将几周的时间集中在一天使用，亦可根据需要将研究性学习课程的时间与某学科打通使用等等。

五、研究性学习课程一定要有专人来教吗

教师的有效指导是研究性学习课程成功实施的基本条件。从指导内容

而言，研究性学习课程的指导在根本上是创设儿童发现问题的情境，引导儿童从问题情境中选择适合自己的探究课题，帮助儿童找到适合自己的学习方式和探究方式，与儿童共同展开探究过程。从指导方式而言，研究性学习课程倡导团体指导与协同教学。不能把研究性学习课程的指导权只赋予某一学科的教师，或班主任或专门从事研究性学习课程指导的教师，而应通过有效方式将所有教师的智慧集中起来，对研究性学习课程进行协同指导。这是研究性学习课程整体性的内在要求。

总之，教师既不能“教”研究性学习课程，也不能推卸指导的责任、放任学生，而应把自己的有效指导与鼓励学生自主选择、主动探究有机结合起来。

六、研究性学习课程一定要用考试来评价吗

研究性学习课程要求新的评价理念与评价方式。它反对通过考试等量化手段对学生进行分等划类的评价方式。它主张采用自我参照标准，引导学生对自己在活动中的各种表现进行自我反思性评价。建立一种以“自我反思性评价”为核心的新的评价体系，是研究性学习课程实施的基本要求。

19．社区服务与社会实践的基本目标和主要内容是什么？

社区服务与社会实践是指学生在教师的指导下，走出教室，参与社区和社会实践活动，以获得直接经验、发展实践能力、增强社会责任感为主旨的学习领域。它与研究性学习、劳动与技术教育以及信息技术教育共同构成我国基础教育新课程体系中的综合实践活动课程。

作为综合实践活动课程的一部分，社区服务与社会实践服从于综合实践活动课程的总目标。同时更为注重学生的社会适应能力、社会参与意识、公民责任感及创新意识的培养。它的基本目标是拓展知识，增长经验，增进学生的社会适应与创新能力；融入生活，获得感受，形成学生健康、进取的生活态度；主动参与社会实践，增强学生公民意识和责任感；使学生自觉服务社会，对他人、对社会富有爱心；让学生亲近、关爱自然，懂得与自然和谐相处；促进学生自我了解，肯定自我价值，发展兴趣与专长。

社区服务与社会实践的内容是开放的、灵活的、多样化的，各地可结合自己的实际选择，为了方便教师操作，一般来讲，可从以下五个方面组织课程内容。

一、服务社区

通过服务社区的活动，使学生熟悉社区在地理环境、人文景观、物产特色、民间风俗等方面的特点，继而萌生亲切感、自豪感，并懂得爱惜、保护它们；使学生经常留意社区中人们关注、谈论的问题，并能学会综合而灵活地运用自己的知识加以解决，从而掌握基本的服务社区的本领，形成建立良好生活环境的情感和态度；使学生在服务的过程中学会交往、合作，懂得理解和尊重，形成团队意识和归属感，增强服务意识和责任感。

二、走进社会

通过进入社会情境，接触社会现实，参与各种社会活动等途径，使学生理解社会基本运作方式、人类生活的基本活动，积累社会生活经验；理解社会规范的意义，并能自觉遵守、维护社会规范与公德；在社会实践活动中形成并增进法制观念、民主意识；在实践中发展社会参与能力，形成参与意识和较强的公民意识。通过观察、考察和探究，懂得科学技术与日常生活、社会发展的关系，形成正确的科学观。通过接触不同国家、不同民族、不同地区的文化，懂得理解、尊重文化的多样性。

三、珍惜环境

通过和自然的接触，领悟自然的神奇与博大，懂得欣赏自然的美，对自然充满热爱之情。通过观察、考察身边的环境，领悟到自己的生活与环境息息相关，加深珍惜环境的情感。通过保护环境的活动，懂得人们的生产、生活对环境的各种影响，熟悉环境保护的常识，掌握基本的技能，并能综合运用所学的知识解决环保中的一些问题，自觉地从身边小事开始，关注周围、社区、国家乃至世界性的环境问题，并养成随时随地保护环境的意识和习惯。

四、关爱他人

通过和他人的接触、交流，学会理解他人的生活习惯、个性特点、职业情况，懂得尊重人、体谅人。通过体验个人与群体的互动关系，懂得他人和社会群体在个人生存与发展方面的重要性，体验关怀的温暖，对他人的帮助心存感激。通过与人交往、合作，形成团结、合作的精神。经常留意身边需要帮助的人，自觉而乐意地为他们服务，掌握志愿服务的有关知识和技能，对他人富有爱心，使学生在与那些由于他们的帮助而从中获益的人的接触中，获得深刻体验、感受和满足。

五、善待自己

通过各种活动感悟生命的奥秘、意义与价值。发现自己的优点与弱点，知道如何发挥优势、弥补短处。能够了解自己的情绪，并学会用适当的方法控制和调节自己的情绪，进一步适应各种社会角色，正确理解个人价值。通过各种锻炼活动，掌握安全生活的常识，能够在危难中自救与求救，养成对自己生命高度负责的态度。懂得自己的权利与义务，能够学会用法律保护自己。在生活中养成良好的生活习惯、健康乐观的生活态度，愿意为创造更美好的生活而不懈努力。

20. 如何理解新课程中的劳动与技术教育？

劳动与技术教育是以学生获得积极劳动体验，形成良好技术素养为主要目标，且以操作性学习为主要特征的国家指定性学习领域。在我国基础教育课程体系中，它与信息技术教育、研究性学习、社区服务与社会实践共同构成综合实践活动，自小学3年级起开设。它的开设，对于贯彻落实党的教育方针，对于深入推进以创新精神和实践能力为重点的素质教育，对于培养当代社会发展需要的建设人才，具有重要的意义。

在这次课程改革中，已有的劳技课程在形态和名称上发生了较大的变化。这是顺应时代发展潮流，体现课程综合化趋势、与时俱进的一种改革尝试。“劳动与技术”的名称与以前的“劳动技术”名称相比中间加了一个“与”字，这一方面表明了“劳动”与“技术”二者的联系，另一方面又表明“劳动”与“技术”二者的区别，同时，“劳动与技术”作为一个整体出现，又体现了综合的特征，是一种课程内部的“小综合”。这种区分，有助于我们正确认识和有效实施作为我国基础教育优秀传统的劳动教育和日益受到世界各国青睐的技术教育。

劳动教育是我国基础教育的优秀传统，是素质教育中一个极其重要的方面，对培养学生劳动观念，磨练意志品质，树立艰苦创业的精神以及促进学生多方面的发展具有重要作用。在实践中，有一段时间把学生参加体力劳动当成对学生进行劳动教育的主要方式，只关注它的德育功能和对人的改造作用，忽视了劳动教育所蕴含的丰富的教育价值。《劳动与技术教育实施指南》（国家制定的《综合实践活动指导纲要》的一个组成部分，以下简称《指南》）立足于时代的发展，强调劳动教育中学生丰富的情感体验，强调学生劳动观念、劳动态度、劳动习惯的养成，以关注学生发展为本，以劳树德、以劳增智、以劳健体、以劳益美、以劳促创新的多方面的功能实现和劳动教育的多途径实施与多学科渗透。

劳动与技术教育中所内含的技术教育，既不是传统意义上的职业技术教育，也不是专科院校所开办的高度专门化的技术教育，它是指普通基础教育阶段进行的技术教育。我们的学生生活在科学技术瞬息万变的时代，不断变化的新技术对人类生产和生活的影响将更加广泛、深刻和迅猛。国际社会普遍认为，技术教育是未来社会成员基本素养的教育，是开发人的潜能、促进人的思维发展的教育，是人人都必须接受和经历的教育。它是区别传统教育与现代教育的一个重要标志，是现代教育具有“现代性”的重要支柱。揭开技术的神秘面纱，我们可以看到，技术世界蕴藏着丰富的教育价值。一项完美的技术作品本身就是世界观和方法论的统一，是历史与逻辑的统一，是科学、道德、审美，也就是真善美的统一，也是人类认识世界和改造世界的统一。因此，技术教育对中小学生的发展有着广泛而又独到的教育价值。

新课程中的劳动与技术教育具有以下几个特点。

第二章 DI ER ZHANG

课程结构

（一）形成了综合形态的课程设置。过去，小学的劳动课、初中的劳动技术课是独立设置的一门课程。新课程计划中，劳动与技术教育是被列为综合实践活动中的一个国家指定性学习领域，这是课程形态上的重大变化。劳动与技术教育是跨学科的学习领域，具有内在的综合特征。它综合运用了数学、物理、化学、地理、语文、艺术、社会等学科的基本知识，同时也融合了经济、法律、伦理、审美、环保等方面的教育视野。对学生来说，劳动与技术教育不仅是已有知识的综合应用，而且也是新的知识与新的能力的综合学习。在目前国际性的课程综合化的趋势中，劳动与技术教育综合形态的推出，无疑是顺应潮流的改革尝试，它必将使劳动与技术教育的综合性能和实践品质得到展示。当然，在实施过程中还会遇到一些困难，还会有一些理念的碰撞，这有待实践中进一步探索和完善。

（二）进行了课程内容的结构性重组。劳动与技术教育是最具开发潜力、最易受科技发展影响、最应该体现时代特征的开放性学习领域。在国际上，作为诸多国家基础教育课程之一的技术课程已经成为一个包括劳作、手工、设计、家政、农业技术、工业技术、商业、职业准备等科目在内的庞大学科群。考虑到社会发展的进步趋势、现实生活的客观需要、学科发展的内在逻辑和学生身心的发展规律，《指南》在劳动与技术教育的内容结构上确立了劳动、家政、技术、职业准备等方面的教育内容，形成了既相互联系又相互区别，既有一定独立性又有一定渗透性的内容结构。同时，根据初中和小学的性质、特点，进行了课程内容的学段定位，如在技术方面，小学确立为“技术初步”，初中确立为“技术基础”；在职业准备方面，小学确定为“职业了解”，初中设计为“职业引导”。这充分反映了劳动与技术教育在内容上的现代性和开放性。

（三）建构了富有弹性的目标体系。《指南》提出了目标与内容分成基础性和拓展性两部分。基础性内容是完成各阶段劳动与技术教育目标的主要载体，体现了劳动与技术教育在内容上的结构性，对不同地区也具有条件上的普适性。而拓展性目标和内容是供各地选择的，实施条件相对较高，有些内容体现了技术发展的方向性。不同取向的教育目标的提出，使得各地方、各学校以及学校中的教师和学生作为课程内容的选择主体成为可能。

（四）拓展了劳动与技术的学习空间。《指南》首次将简易的技术设计、技术产品说明书的阅读、简单的技术作品评价，正式引入九年制义务教育阶段劳动与技术教育的学习内容，农业技术的学习内容也从传统的作物栽培和动物饲养向品种改良、技术试验、产品贮存与加工、市场调研与营销等方面扩展。劳动与技术教育学习内容在范围上的拓展，必将丰富学生的学习经历和改变学生的传统学习方式，将在培养学生的创新精神和实践能力中发挥积极作用。

（五）确立了旨在促进学生发展的评价体系。劳动与技术教育的考核与评价一直是课程实施中的难题。《指南》根据劳动与技术教育的特点提出了旨在促进学生发展的过程评价与结果评价相结合的评价体系。《指南》指出，在初中实行劳动与技术学习的“合格证书”制度（在农村初中，应与“绿色证书”结合起来）。

（六）注重了学校、家庭和社会在劳动与技术教育中的功能区分。由于劳动与技术教育的特殊性，家庭和社区在劳动与技术教育过程中不仅是潜在的教育资源，而且也是负有一定教育使命的教育主体，但我们往往忽视它们的功能定位和功能区分，以至形成了劳动与技术教育中学校教育功能的扩大化甚至泛化。《指南》注重了这种不同主体在劳动与技术教育中的功能定位，并在教育内容的选择、教育资源的开发和利用、教育设施和教育基地的建设管理等方面做出了必要的区分。

21．信息技术教育的主要任务是什么？

信息化是当今世界经济和社会发展的大趋势，20 世纪 80 年代以来，科学技术特别是信息技术和生命科学的不断突破，对世界政治、经济、文化生活将产生更加深刻的影响。在教育领域，一方面，以互联网和多媒体技术为核心的信息技术已成为教学和学习的重要工具，另一方面，知识经济时代，信息素养已成为科学素养的重要基础，这对基础教育的培养目标提出新的挑战，尤其是对学生的信息技术素养提出了新的要求。也就是说，信息化社会的合格基础教育毕业生应具备迅速地筛选和获取信息、创造性地加工和处理信息并利用信息解决问题的能力，而且，学生掌握和运用信息技术的能力应与读、写、算并列，作为基础教育应培养的学生终身有用的基础能力。

面对世界教育信息化发展提出的挑战，我国政府决定在中小学大力发展信息技术教育，在基础教育课程改革中把培养学生应用信息技术的能力放在重要的位置。我国信息技术教育的目标是通过提高教师和学生的信息技术素养，进而推进信息技术与其他学科教学的整合，帮助教师和学生有效地利用信息技术提高教学和学习效果。我国基础教育中的信息技术教育面临三个相互承接的任务。

第一，加强中小学信息基础设施和信息资源建设。

中小学充足而配置合理的信息基础设施以及面向中小学教学和学习的丰富的信息化课程资源，是实现信息技术教育跨越式发展的必需的物质基础。我国已经开始全面实施中小学“校校通”工程，计划用 5～10 年时间，加强我国中小学的信息基础设施和信息资源建设，使全国 90%左右独立建制的中小学校能够上网，使中小学师生都能共享网上教育资源，提高中小学的教育教学质量。具体目标是：

——2005 年前，争取使东部地区县以上、中西部地区中等以上城市的中小学都能上网，这些地区的中小学生都能够学会使用网上资源，学会运用基于网络技术的现代远程教育资源进行自主学习；使更多的教师能够利用网上教育资源，利用现代信息技术手段进行教学，提高教育教学质量。在西部地区及中部边远贫困地区的县和县以下的中学及乡镇中心小学普遍建立远程教育接收站，通过中国教育卫星宽带网接收系列的优秀教学课和丰富的课程资源，使这些地区的广大中小学生能够接受到高质量的基础教育。

——2010 年前，争取使全国 90%以上的独立建制的中小学校都能上网，不具备上网条件的少数中小学校也可配备多媒体教学设备和教学资源。

第二，开设信息技术必修课程，迅速全面地提高学生的信息技术素养。

当前，我国中小学的信息技术必修课的目标是在最短的时间内全面提高中小学生的信息技术素养，即帮助学生掌握基本的信息技术知识与技能，使学生具有获取信息、传输信息、处理信息和应用信息解决问题的能力，培养学生形成对信息技术积极的态度和价值观，进而使学生能有效利用信息技术作为支持其他学科的学习和终身学习的工具。我国教育部于2000年11月14日颁布的《中小学信息技术课程指导纲要（试行）》中规定的小学信息技术课的必修模块为“信息技术初步”“操作系统简单介绍”“用计算机作文”，选修模块为“网络的简单应用”“用计算机制作多媒体作品”；初中信息技术课的必修模块为“信息技术简介”“操作系统简介”“文字处理的基本方法”“网络基础及其应用”，选修模块为“用计算机制作多媒体作品”“计算机系统的硬件和软件”；高中信息技术课的必修模块为“信息技术基础”“操作系统简介”“文字处理的基本方法”“网络基础及其应用”“程序设计方法”“计算机硬件结构及软件系统”，选修模块为“数据库初步”“用计算机制作多媒体作品”。

我国在中小学开设信息技术必修课的规划是：2001年底前，全国普通高级中学和大中城市的初级中学都要开设信息技术必修课。2003年底前，经济比较发达地区的初级中学开设信息技术必修课。2005年前，所有的初级中学以及城市和经济比较发达地区的小学开设信息技术必修课，并争取尽早在全国90%以上的中小学校开设信息技术必修课。

第三，加快信息技术教育与其他课程的整合。

在中小学具备充足的信息基础设施，教师和学生具备必需的信息技术素养的基础上，我国的基础教育课程改革将大力推进信息技术在教学过程中的普遍应用。正在组织力量研究信息技术与课程以及各学科领域教学和学习的有效整合模式，逐步实现教学内容的呈现方式、学生的学习方式，以及教学过程中师生互动方式的变革，充分发挥信息技术的优势，为学生的学习和发展提供丰富多彩的教育环境和信息化课程资源以及有力的学习工具。

第四节 “绿色证书”教育

22．农村普通中学试行“绿色证书”教育及其他技术培训的指导思想和基本原则是什么？

改革开放二十多年来，我国经济社会迅速发展，产业结构发生了深刻的变化。但是还应该看到，我国还是一个农业大国，80％的人口在农村，农业问题、农村问题和农民问题仍然是关系国家经济社会发展和全民族素质提高的举足轻重的大问题。为了发展农村生产力，提高广大农民的文化科技意识和水平，推进农村两个文明建设，早在20世纪80年代末，国家农业部、科委、教委、林业部和中国农业银行就联合发出了“关于农科教结合，共同促进农村、林业人才开发与技术进步的意见”的通知，提出了农（业）科（技）教（育）相结合，基础教育、职业技术教育、成人教育“三教统筹”，在农村实行以普及农业科技为主要内容的“绿色证书”教育。但由于长期以来受应试教育的制约，农村“绿色证书”教育还主要通过农业部门和科委系统组织的“燎原计划”和农村职业技术教育及电视大学、电视中专等成人教育渠道实施，农村中小学除开设少量农技课外，并没有真正把“绿色证书”教育整合到基础教育课程中去。本次课程改革明确提出了：“农村中学课程要为当地社会经济发展服务，在达到国家课程基本要求的同时，可根据现代农业发展和农村产业结构的调整因地制宜地设置符合当地需要的课程，深化“农科教相结合”和“三教统筹”等项改革，试行通过“绿色证书”教育及其他技术培训获得“双证”的做法。所以试行“绿色证书”教育及其他技术培训是改革农村普通中学课程结构的重要组成部分。

农村普通中学试行“绿色证书”教育的指导思想是贯彻中共中央、国务院有关文件的精神，做到有利于普及九年义务教育，提高农村学校学生的巩固率和毕业率；有利于学生创新意识和实践能力的培养，适应农村经济和社会发展的需求，适应学生发展的需要；有利于把农业技术、经营和管理等内容纳入教育内容，形成农村基础教育新的模式。在实施过程中，必须遵循的基本原则是：①应在达到九年义务教育的基本要求前提下，坚持为本地经济和社会发展服务，为学生的发展打好基础。②应以学生的全面发展为目标，引导和帮助学生树立终身学习的观念，加强通用技能、职业意识、创业精神的培养，避免过早职业化。③要依据当地的地理条件以及农业经济、科技、主导产业等情况，并考虑当地农民的意愿，因地制宜地选择"绿色证书"教育的具体内容。④严禁增加学生的课业负担和经济负担。

农村普通中学试行"绿色证书"教育及其他技术培训，是本次课程改革的一个重大举措，充分体现了新课程的综合性、实践性、针对性和时代性。作为一门综合性的课程，它强调多学科的渗透，包含了生物、物理、化学和环境科学等自然学科以及经济学、管理学等多方面的知识。作为一门实践性的学科，它决不能局限于课堂的教学和知识的灌输，而要把实际操作摆在十分重要的位置，二者的课时比例一般以6:4为宜。在课程内容选择上，要十分注意适应当地的需要和反映当今农业科技发展的新成果。作为一门针对性、实践性很强的综合课程，它可以作为地方课程或校本课程来开发，也可以融入综合实践活动中的劳动与技术教育的学习领域中去，以避免增加学生的课业负担。

第三章

新课程标准

课程标准是国家课程的基本纲领性文件，是国家对基础教育课程的基本规范和质量要求。本次课程改革将我国沿用已久的教学大纲改为课程标准，反映了课程改革所倡导的基本理念。基础教育各门课程标准的研制是基础教育课程改革的核心工作。经过近 300 名专家的共同努力，18 种课程标准实验稿正式颁布，标志着我国基础教育课程改革进入新的阶段。

DI SAN ZHANG 第三章

新课程标准

第一节　新课程标准的意义和功能

23. 课程标准的意义和功能是什么？

《纲要》指出：国家课程标准是教材编写、教学、评估和考试命题的依据，是国家管理和评价课程的基础。应体现国家对不同阶段的学生在知识与技能、过程与方法、情感态度与价值观等方面的基本要求，规定各门课程的性质、目标、内容框架，提出教学建议和评价建议。从以上规定中可以看出，课程标准包括以下内涵：

☆ 它是按门类制定的；

☆ 它规定本门课程的性质、目标、内容框架；

☆ 它提出了指导性的教学原则和评价建议；

☆ 它不包括教学重点、难点、时间分配等具体内容；

☆ 它规定了不同阶段学生在知识与技能、过程与方法、情感态度与价值观等方面所应达到的基本要求。

由于课程标准规定的是国家对国民在某方面或某领域的基本素质要求，因此，它毫无疑问地对教材、教学和评价具有重要指导意义，是教材、教学和评价的出发点与归宿。因为无论教材还是教学，都是为这些方面或领域的基本素质的培养服务的，而评价则是重点评价学生在这些方面或领域的表现如何，是否达到了国家的基本要求。因此，无论教材、教学还是评价，出发点都是为了课程标准中所规定的那些素质的培养，最终的落脚点也都是这些基本的素质要求。

可以说，课程标准中规定的基本素质要求是教材、教学和评价的灵魂，也是整个基础教育课程的灵魂。这也正是各国极其重视课程改革，尤其是极其重视课程标准研制工作的重要原因。现在英美等国纷纷组织全国最强的力量、投入大量物力经费研制各科课程标准，表现出他们对国家课程标准的日益重视。无论教材怎么编，无论教学如何设计，无论评价如何开展，都必须围绕着这一基本素质要求服务，都不能脱离这个核心。

但是，课程标准是教材、教学和评价的基本依据，并不等于课程标准是对教材、教学和评价方方面面的具体规定。课程标准对某方面或某领域基本素质要求的规定，主要体现为在课程标准中所确定的课程目标和课程内容，因此，课程标准的指导作用主要体现在它规定了各科教材、教学所要实现的课程目标和各科教材教学中所要学习的课程内容，规定了评价哪些基本素质以及评价的基本标准。但对教材编制、教学设计和评价过程中的具体问题（如教材编写体系、教学顺序安排及课时分配、评价的具体方法等），则不做硬性的规定。

24. 课程标准与教材的关系如何?

《纲要》第七条指出：国家课程标准是教材编写的依据；第十二条指出：教材内容的选择应符合课程标准的要求。教材与课程标准的关系究竟如何?

（一）教材编写必须依据课程标准，教材编写者必须领会和掌握本学科课程标准的基本思想和各部分的内容，并在教材中予以充分体现。课程标准是教材的编写指南和评价依据，教材又是课程标准最主要的载体。教材的编写思路、框架、内容不能违背课程标准的基本精神和要求。教材的内容要达到标准的基本要求，同时又不能无限制提高难度，教材内容设计呈现方式要有利于改善学生学习方式。

（二）义务教育的课程标准应适应普及义务教育的要求，让绝大多数学生经过努力都能达到。也就是说课程标准只是一个最低限度的要求，是一个基本性的要求，这为编写多样化的教科书提供了广阔的空间。

（三）教材是对课程标准的一次再创造、再组织。不同版本的教材具有不同的编写体例、切入视角、呈现方式、内容选择及图像系统。不同地区经济发展、自然条件、文化传统有很大差异，教材的编写者要努力体现本地域经济发展、文化特点的特殊发展的需求，要考虑本地区教育发展水平、儿童身心发展水平及特殊需要，充分利用本地区具有特色的丰富课程资源，开发出既符合课程标准又能体现当地实际、各具特色、丰富多样的教材。例如经济发达地区和欠发达地区、东部和西部、城市与农村，在经济条件、自然条件、文化传统方面都有差异，教育水平和学生需求也各不相同，教材的开发应充分考虑这些实际。在教材内容选择、难度及印制质量等方面要符合当地的水平。长期以来，由于种种原因，90％的地区只有一套教材，在很大程度上阻碍了教育质量的提高。

只有坚持实行多样化的教材管理政策，才能真正贯彻课程标准，避免“以本代纲”的现象发生。对我们这个拥有两亿中小学生的发展不平衡的国家来说，只有多样化，才会有真正的高质量。一套教材质量再高，也不可能适用所有地区和所有学生。对于地方和学校而言，只有符合当地实际和学生需要的教材才是最好的教材。

（四）教材的编写和实验可以检验课程标准的合理性。一方面，教材编写可以检验课程标准的可行性和合理性；另一方面，可以通过使用教材不断检验完善教材和课程标准。在本次课程改革过程中，为了验证和完善课程标准，教育部组织课程标准组编写课程标准实验教材，并在全国38个实验区进行实验。通过使用新教材，实验区的教师可以更加深刻地了解课程改革的理念和课程标准的实质，同时又为进一步完善和丰富课程标准奠定基础。

25．为什么本次课程改革将教学大纲改成课程标准？

本次课程改革中，将教育工作者熟悉的“教学大纲”改成了“课程标准”。这是不是仅仅是名称的变化，“课程标准”与以前的“教学大纲”到底有什么区别？

实际上，“课程标准”并不是一个新词，早在1912年中国南京临时政府教育部就颁布了《普通教育临时课程标准》，此后，“课程标准”一词在中国一直沿用了40年。建国初期，我国颁布了小学各科和中学个别科目的课程标准（草案）。1952年后，改用教学大纲。这是我国学习前苏联教育模式的一个重要表现。现行的教学大纲明显存在以下弊端：从目标上，只规定了知识方面的要求；内容偏难、偏深、偏窄，对绝大多数学生来说，要求过高；只强调教学过程，忽视课程的其他环节；“刚性”太强，缺乏弹性和选择性。

基于我国“教学大纲”的种种弊端以及本次课程改革所倡导的基本理念及改革目标，本次课程改革中以“课程标准”代替目前的“教学大纲”，这不仅仅是一个简单的词语置换，至少应包括以下三方面的理解和考虑。

第一，课程价值趋向从精英教育转向大众教育。

1996年教育部组织对我国义务教育实施状况的调研表明，我国现行教学大纲要求过高，教学内容存在繁、难、偏、深、旧、窄的情况，90%的学生不能达到教学大纲规定的要求。与世界各国相比，我国同一学段教学大纲所规定的内容知识面较窄，同一知识深度较深。同时，对各科教学的内容、教学要求做了统一的硬性的规定，缺乏弹性和选择性。这种现状导致大多数学生负担过重，学生辍学率增加，不利于学生的全面发展。

义务教育课程标准是国家制定的某一学段共同的、统一的基本要求，而不是最高要求，它应是大多数儿童都能达到的标准。因此，课程标准是一个“最低标准”，是一个绝大多数儿童都能达到的标准。接受义务教育是每一个儿童的基本权利，义务教育不是精英教育，应面向每一个儿童，着眼于全体儿童的发展。

第二，课程目标着眼于学生素质的全面提高。

现行的教学大纲关注的是学生在知识和技能方面的要求，而课程标准着眼于未来社会对国民素质的要求。基础教育的目标是培养未来的建设者，随着21世纪科学技术的迅猛发展、经济的全球化，未来社会对人的素质提出了新的要求。作为国家对未来国民素质的基本要求的纲领性文件，各学科或领域学生素质的要求应成为课程标准的核心部分。

本次课程改革以促进学生发展为宗旨，确立了知识与技能、过程与方法、情感态度与价值观三位一体的课程目标。加强课程的目标意识，是各国课程改革的共同趋势。目前，即便仍沿用教学大纲的国家，其内涵也发生了很大的变化。

第三，从只关注教师教学转向关注课程实施过程。

教学大纲顾名思义是各学科教学工作的纲领性文件，教师教学是教学大纲关注的焦点，缺乏对课程实施特别是学生学习过程的关注。

第四，课程管理从刚性转向弹性。

我国现行的教学大纲对各科教学工作都做出了十分具体细致的规定，以便对教师的教学工作真正能够起到具体直接的指导作用。教学大纲便于教师学习和直接运用，但是“刚”性太强，不利于教师创造性的发挥，没有给教材特色化和个性化发展留下足够的空间，不利于教材多样化的实现，无法适应全国不同地区的学校发展极不平衡的状况。

与之相比，国家课程标准是国家对学生在某一方面或领域应该具有的素质所提出的基本要求，是一个面向全体学生的标准。国家课程标准对教学目标、教学内容、教学实施、评价及教材编写做出了一些指导和建议。但与教学大纲相比，这种影响是间接的、指导性的、弹性的，给教学与评价的选择余地和灵活空间都很大。同时，本次课程改革把实施三级管理政策作为重要目标，给地方和学校创造性地执行国家课程提供了政策保障。

第二节　新课程标准的结构

26．课程标准的基本框架是什么？

首次颁布的义务教育阶段 17 个学科的 18 种课程标准，尽管各有特色，但结构基本上是一致的，大致包括前言、课程目标、内容标准、实施建议、附录等各部分。在目标的陈述上，都包括了知识与技能、过程与方法以及情感态度与价值观三个方面。这与过去的教学大纲有着显著的区别。

第三章 DI SAN ZHANG

新课程标准

表 3.1　　课程标准与教学大纲的框架结构比较

课程标准		教学大纲
前　言	课程性质	
	课程基本理念	
	标准设计思路	
课程目标	知识与技能	教学目的
	过程与方法	
	情感态度与价值观	
内容标准	学习领域、目标及行为目标	教学内容及要求
实施建议	教学建议	教学建议 ☆ 课时安排 ☆ 教学中应注意的问题 ☆ 考核与评价
	评价建议	
	教材编写建议	
	课程资源开发与利用建议	
附录	术语解释	
	案例	

DI SAN ZHANG

第三章

新课程标准

【案例】 《物理课程标准》的框架结构

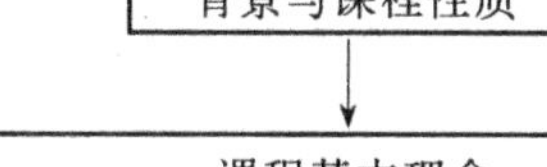

背景与课程性质

↓

课程基本理念

注重学生发展，改变学科本位

从生活走向物理，从物理走向社会

注重科学探究，提倡学习方式多样化

构建新的评价体系

↓

课程目标

知识与技能

过程与方法

情感态度与价值观

↓

内容标准（含样例和活动建议）		
提出问题 猜想与假设 制定计划与设计实验 进行实验与收集数据 分析与论证 评估 交流与合作	物质	物质的形态与变化、物质的属性、物质的结构与物体的尺寸、新材料及其应用
	运动和相互作用	多种多样的运动样式、机械运动和力、声和光、电和磁
	能量	能量、能量转化与转移，机械能，内能，电磁能，能量守恒，能源和可持续发展

↓

实施建议

教学建议　　教科书编写建议

课程资源开发和利用建议　　学生学习评价建议

第三章 DI SAN ZHANG

新课程标准

下面我们就课程标准的框架结构各部分做一简要分析。

（一）课程标准的前言部分对课程的性质、价值与功能做了定性的描述，阐述了本课程领域改革的基本理念，并对课程标准设计的思路做了详细的说明。

【案例】　《物理课程标准》

课程基本理念：

1．注重学生发展，改变学科本位；

2．从生活走向物理，从物理走向社会；

3．注重科学探究，提倡学习方式多样化；

4．注意学科渗透，关心科技发展。

（二）课程标准中确立了知识与技能、过程与方法以及情感态度与价值观三位一体的课程目标。把过程与方法作为课程目标之一是课程标准的突出特点。

【案例】　《科学（7～9年级）课程标准》

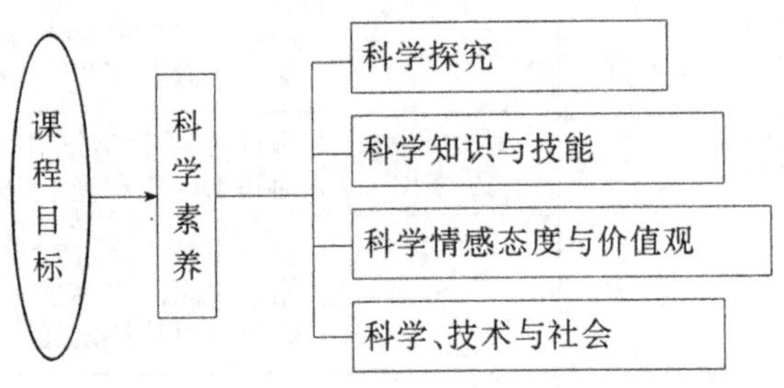

【案例】　《数学课程标准》（1～9年级）

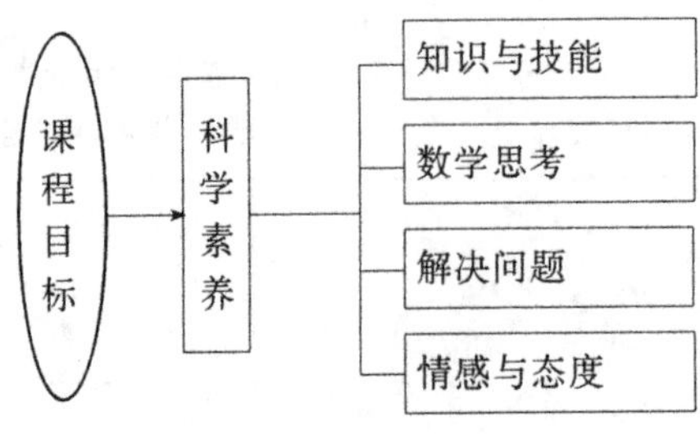

（三）课程标准中的内容标准部分，按照学习领域或主题组织学习内容，例如《生物课程标准》中包含如下内容：科学探究、生物体的结构层次、生物与环境、生物圈中的绿色植物、生物圈中的人、动物的运动和行为、生物的生殖发育与遗传、生物的多样性、生物技术、健康地生活。用尽可能清晰的行为动词从知识与技能、过程与方法以及情感态度与价值观三方面对学生的学习结果进行描述。

（四）课程标准中的内容部分和实施建议均提供了典型案例，便于使用者（教师、教材编写人员、教育管理者等）准确理解课程标准，减少课程标准在实施过程中的落差。

（五）课程标准的附录部分对课程标准中出现的一些主要术语进行解释和说明，便于使用者能更好地理解与把握。

这种课程标准框架，是经过学习和借鉴各国的课程标准，并结合我国的教育传统及教师的理解和接受水平，反复研究所形成的，将课程目标、内容及要求、课程实施放在同等重要的地位。

27. 义务教育阶段各门课程标准是怎样制定的？

课程标准的研制工作是基础教育课程改革的核心工作，从2000年初项目申报到2001年7月义务教育阶段课程标准（实验稿）正式颁布，历时一年零七个月。义务教育阶段17个学科的18种课程标准是由几百名大学科研人员、各地教研人员和一线教师组成的研制专家组不舍昼夜地辛勤劳动的成果，它凝聚了专家们的心血，是集体智慧的结晶。

国家义务教育阶段课程标准的研制工作是教育部以项目形式公开向师范大学及相关单位发布了项目概览，然后对各单位申报的方案经过公开申请、初审、复审等一系列环节的反复论证，组合各项目组后正式形成各标准研制专家组；2000年7月，有300多名专家参加的课程标准研制工作正式启动。课程标准的研制工作采取分散和集中相结合的方式，专家工作组与各项目标准组7次集中在北京校长大厦召开国家基础教育课程改革核心成员会议，集体攻关，通过反复研讨、修改、完善，形成了各学科标准的征求意见稿。

义务教育课程标准的研制工作自始至终坚持民主、开放的原则。在研制过程中，教育部基础教育司、各课程标准组以各种形式向社会各界包括企业界代表征求意见，并于 2001 年 5 月，教育部基础教育司组织召开"义务教育课程标准审议会"，邀请近百名著名学者（其中包括 10 多名两院院士）、特级教师等对 18 种课程标准征求意见稿进行审议，得到了专家们的高度肯定。各课程标准组充分重视社会各界的意见和建议，及时将各种合理化建议吸收到课程标准中去。

中央和教育部领导十分关心义务教育阶段课程标准的研制工作。陈至立部长和王湛副部长分别听取了课程标准研制报告，并做出重要指示。教育部向一直非常关心课程改革工作的李岚清副总理汇报了课程改革工作，部分学科标准组专家参加并向李岚清副总理汇报了课程标准研究思路和进展情况，并得到充分肯定。

2001 年 7 月，经教育部同意，18 种课程标准（实验稿）正式颁布，由北京师范大学出版社出版。

28．本年度颁行的全日制义务教育课程标准(实验稿)有哪些?

表 3.2　　全日制义务教育课程标准（实验稿）

名　称	适用范围(年级)	牵头单位
《语文课程标准》	1～9	华东师范大学
《数学课程标准》	1～9	北京师范大学
《科学(3～6 年级)课程标准》	3～6	南京师范大学
《科学(7～9 年级)课程标准》	7～9	华东师范大学 北京师范大学
《历史课程标准》	7～9	北京师范大学 华东师范大学 西北师范大学

续表

名　称	适用范围(年级)	牵头单位
《历史与社会课程标准(一)》	7～9	北京师范大学
《历史与社会课程标准(二)》	7～9	人民教育出版社
《物理课程标准》	7～9	西南师范大学 人民教育出版社
《化学课程标准》	9	北京师范大学 浙江教育学院
《生物课程标准》	7～9	北京师范大学 南京师范大学
《地理课程标准》	7～9	北京师范大学 华东师范大学
《艺术课程标准》	1～9	中国社会科学院 北京师范大学
《音乐课程标准》	1～9	首都师范大学
《美术课程标准》	1～9	首都师范大学
《体　育(1～6 年级)　课程 体育与健康(7～12 年级)标准》	1～6 7～12	华东师范大学 北京师范大学
《英语课程标准》	1～12	北京外国语大学 北京师范大学
《日语课程标准》	7～9	人民教育出版社 北京师范大学
《俄语课程标准》	7～9	华中师范大学
《幼儿园教育纲要》		北京师范大学

第三章 DI SAN ZHANG

新课程标准

29. 各课程标准是如何描述课程目标的?

课程标准作为衡量教育质量的基本依据，课程目标是最核心的部分。课程目标的描述应具体明确、可操作性强。下面我们通过列举目标描述的行为动词来看一下课程标准在目标描述时的变化。

表 3.3

学习水平	常用行为动词	举例	
		语文	数学
知识	1.了解——说出、背诵、辨认、回忆、选出、举例、列举、复述、描述、识别、再认等	会写、读准、认识、学习、学会、把握、了解、写下、熟记	读、写、会用、认识、说出、识别、了解、辨认、描述
	2.理解——解释、说明、阐明、比较、分类、归纳、概述、概括、判断、区别、提供、猜测、预测、估计、推断、检索、收集、整理等	理解、展示、扩展、使用、分析、区分、判断、获得、表现、扩大、拓展	知道、表示、会画、确定、找出、获得、读懂
	3.应用——应用、使用、质疑、辩护、设计、解决、撰写、拟定、检验、计划、总结、推广、证明、评价等	评价、掌握、运用、懂得、联系上下文	分类、选择、比较、排列、理解、解释、判断、预测、推断、估计、设计、检验、运用、掌握、处理、推导、证明
技能	1.技能——模拟、重复、再现、例证、临摹、扩展、缩写等 2.独立操作——完成、表现、制定、解决、拟定、安装、绘制、测量、尝试、试验等 3.迁移——联系、转换、灵活运用、举一反三、触类旁通等	讲述、表达、阅读、复述、诵读、写出、倾听、观察、朗读、推想、揣摩、想像、转述、讲述、选择、扩写、续写、改写、发现、借助、捕捉、提取、收集、修改	口算、计算、测量、观察、操作、实验、调查、笔算
过程与方法	经历、感受、参加、参与、尝试、寻找、讨论、交流、合作、分享、参观、访问、考察、接触、体验等	感受、尝试、体会、参加、发表意见、提出问题、讨论、积累、体验、策划、交流、制定计划、收藏、分享、合作、探讨、沟通、组织	体验、感受、交流、解决问题、经历、发现、探索、感知、交换意见

续表

学习水平	常用行为动词	举　例	
		语　文	数　学
情感态度与价值观	1. 反应——遵守、拒绝、认可、认同、承认、接受、同意、反对、愿意、欣赏、称赞、喜欢、讨厌、感兴趣、关心、关注、重视、采用、采纳、支持、尊重、爱护、珍惜、蔑视、怀疑、摒弃、抵制、克服、拥护、帮助等	喜欢、有……的愿望、体会、乐于、敢于、抵制、有兴趣、欣赏、感受、愿意、体味、尊重、理解(别人)、抵制、辨别(是非)、品味、关心	体会、欣赏、感受
	2. 领悟——形成、养成、具有、热爱、树立、建立、坚持、保持、确立、追求等	养成、领悟	养成、树立

从以上行为动词的使用可以形象、具体地反映出课程理念的变化。了解和研究目标描述可以我们理解课程改革的本质和各课程标准有很大帮助，并可作为教师设计教学目标、衡量学生学习水平时参考的依据。

30. 新颁布的课程标准有哪些主要特点?

一、努力将素质教育的理念切实体现在课程标准的各个部分

新颁布的课程标准力图在“课程目标”“内容标准”和“实施建议”等方面全面体现“知识与技能、过程与方法以及情感态度与价值观”三位一体的课程功能，从而促进学校教育重心的转移，使素质教育的理念切实体现到日常的教育教学过程中。例如：

•收集过去的一些购物票证，如布票、粮票、油票、副食本等，感受市场经济给人们生活带来的巨大变化。(《历史课程标准》)

•认识世界气候的地区差异，初步学会分析影响气候的主要因素，认识气候与人类生产、生活的相互关系，形成保护大气环境的意识，养成收听、收看天气预报的习惯。(《地理课程标准》)

•通过统计家庭每天丢弃垃圾袋的数量，学生经历数据收集、处理、呈现的过程，体会塑料垃圾对人类生活可能产生的危害。(《数学课程标准》)

•知道科学技术给人类与社会发展会带来好处，也可能产生负面影响，乐于用学到的科学知识改善生活。(《科学课程标准》)

•在唱歌、绘画、制作的过程中，共同分享创作的乐趣和喜悦，体会怎样表达对祖国、对亲人的爱。(《艺术课程标准》)

二、突破学科中心

新颁布的课程标准关注学生的兴趣与经验，精选学生终身学习必备的基础知识和技能，努力改变课程内容繁、难、偏、旧的现状，密切教科书与学生生活以及现代社会、科技发展的联系，打破单纯地强调学科自身的系统性、逻辑性的局限，尽可能体现义务教育阶段各学科课程应首先服务于学生发展的功能。例如：

•加大语文阅读量和口语交际环节，重视培养语感，降低对语法、修辞、逻辑的要求。(《语文课程标准》)

•通过主题的方式，让学生具体地感受历史，把握历史发展脉络，而不要求学生死记硬背繁杂的历史知识。(《历史课程标准》)

•增加对日常生活和社会生活中图形与空间、统计与概率等现实问题的探究，降低对运算速度、证明技巧的训练。(《数学课程标准》)

•加强地理基础知识与人口、资源、环境的密切联系。(《地理课程标准》)

•反映现代生物技术的发展，削弱传统生物学按群详细介绍生物体外部形态和内部结构的知识。(《生物课程标准》)

•加强化学与社会技术生活相联系的内容，降低化学计算（化学方程式配平、浓度计算等）的要求。(《化学课程标准》)

三、改善学习方式

各学科课程标准结合本学科的特点，加强过程性、体验性目标，引导学生主动参与、亲身实践、独立思考、合作探究，从而实现学生学习方式的变革，改变单一的记忆、接受、模仿的被动学习方式，发展学生搜集和处理信息的能力、获取新知识的能力、分析和解决问题的能力，以及交流与合作的能力。例如：

• 组织学生拟定调查提纲，对经历过“大跃进”“文化大革命”的长辈进行访谈，并在课堂上交流、讨论，认识这段历史的原因及危害。(《历史与社会课程标准（二)》)

• 组织学生观看《林则徐》《鸦片战争》《甲午风云》等影片，感受中国人民反抗侵略的斗争精神，并运用所学历史知识说明影片的历史背景，讲述历史故事。(《历史课程标准》)

• 组织学生通过各种途径调查、收集生物圈的相关资料，模拟召开“国际生物圈”研讨会，结合本地实际讨论如何保护生物圈。(《生物课程标准》)

• 分组调查一个民族不同地区的艺术，并将艺术形式与该地区的建筑、服饰、方言等联系起来，全班分享调查结果。(《艺术课程标准》)

四、体现评价促进学生发展的教育功能，评价建议有更强的操作性

各学科课程标准力图结合本学科的特点提出有效的策略和具体的评价手段，引导学校的日常评价活动更多地指向学生的学习过程，从而促进学生的和谐发展。课程标准中建议采取多种方法进行评价，例如：

• 成长记录与分析；
• 测验与考试；
• 答辩；
• 作业（长周期作业、短周期作业)；
• 集体评议……

特别值得一提的是，其中“成长记录与分析”提倡学生不断反思并记录自己的学习历程：最好的作业、最满意的作品、最感兴趣的一本课外书、最难忘的一次讨论……通过记录并反思学生的成长历程，激发学生的学习兴趣和自信心，发展学生的自我意识，为全面而客观地评价学生积累素材。

此外，不少学科课程标准还提供了可资借鉴的案例，例如：

通过活动——

• 设计实验，探究哪些垃圾可能被自然降解，哪些垃圾不能被自然降解。

• 在家长的帮助下收集和称量每天垃圾的重量，估算一个城市或一个乡镇每周生活垃圾的总量。

• 组织学生设计问卷，调查每个家庭对生活垃圾中可再生利用的垃圾的处理方式，写出调查报告。

考察学生在这一活动中的表现：

☆ 能否实事求是地分析调查活动的数据。

☆ 能否积极主动地完成收集一周垃圾的任务。

☆ 能否独立思考，提出与他人不同的见解。

☆ 是否在调查报告中表现出对社区垃圾污染环境问题的忧虑。

☆ 能否在调查报告中积极提出垃圾处理方式的建议。

五、为课程的实施提供了广阔的空间

课程标准重视对某一学段学生所应达到的基本标准的刻画，同时对实施过程提出了建设性的意见；而对实现目标的手段与过程，特别是知识的前后顺序，不做硬性规定。这是课程标准和教学大纲的一个重要区别，从而为教材的多样性和教师教学的创造性提供了广阔的空间，为体现并满足学生发展的差异性创造了比较好的环境。例如，

《语文课程标准》：

• 1～2 年级——认识常用汉字 1 600～1 800 个；课外阅读总量不少于 5 万字。

• 7～9 年级——认识常用汉字 3 500 个；课外阅读总量不少于 260 万字。

《体育课程标准》：

• 5～6 年级（水平三）——达到该水平目标时，学生将能够：初步

掌握多项球类运动中的多种动作技能；初步掌握一两套徒手体操或轻器械体操；初步掌握一套舞蹈或韵律活动动作……

课程改革的目标是围绕着人的发展目标来设计和确定的。国家课程标准（实验稿）力求改变课程过于注重知识传授的倾向，强调形成积极主动的学习态度，使获得基础知识与基本技能的过程同时成为学会学习和形成正确价值观的过程；改变课程结构过于强调学科本位、科目过多和缺乏整合的现状；加强课程内容与学生生活以及现代社会和科技发展的联系，关注学生的学习兴趣和经验，精选终身学习必备的基础知识和基本技能……

经过近两年的努力，义务教育阶段 17 个学科的 18 种课程标准已于 2001 年 7 月以实验稿的方式向社会正式公布。根据教育部的部署，从 2001 年秋季起在全国 27 个省市 38 个实验区开始了课程标准的实验，2002 年还将进一步扩大实验。随着实验工作的开展，将不断发现新的问题，同时广大的教育实践工作者也将创造出更为丰富多彩的经验，所有这一切都将为 2003 年前后组织修订课程标准，以及在全国范围内推进新课程奠定坚实的基础。

第三节　新课程标准与现行大纲的比较

31．新课程标准与现行大纲在目标和内容框架上有什么区别和突破？

课程标准是国家课程的基本纲领性文件，是国家对基础教育课程的基本规范和质量要求。本次课程改革将我国沿用已久的教学大纲改为课程标准，反映了课程改革所倡导的基本理念。18 种课程标准实验稿的正式颁布，标志着我国基础教育课程改革进入了一个新的阶段。为了便于广大课程实施者更好地理解新颁布的课程标准，下面以表格的形式将新课程标准与现行大纲作一比较。

表 3.4　　《语文课程标准》与现行大纲的比较

	大　纲	标　准	突　破
课程性质	语文是最重要的交际工具，是人类文化的重要组成部分	语文是最重要的交际工具，是人类文化的重要组成部分。工具性与人文性的统一，是语文课程的基本特点	摆脱长期以来关于语文学科性质的争论，正面论述语文的学科性质和地位，指出语文课程应致力于学生语文素养的形成与发展。语文课程的多重功能和奠基作用，决定了它在九年义务教育阶段的重要地位
课程理念	没有专门的课程理念论述	1. 全面提高学生的语文素养 2. 正确把握语文教育的特点 3. 积极倡导自主、合作、探究的学习方式 4. 努力建设开放而有活力的语文课程	致力于课程内容的革新，强调课程的现代性和创新性，强调从本课程的特点出发实施语文教育 致力于教学方式的革新，大力倡导自主、合作、探究的学习方式 重视语文课程的综合性，突出跨领域的综合性学习

续表

	大　纲	标　准	突　破
课程目标	明确提出语文教学的目的，指出小学语文教学应立足于促进学生的发展，为他们的终身学习、生活和工作奠定基础 小学语文教学应培育学生热爱祖国语言文字和中华优秀文化的思想感情，指导学生正确地理解和运用祖国语文，丰富语言的积累，使他们具有初步的听说读写能力，养成良好的语文学习习惯。在教学过程中，使学生受到爱国主义、社会主义思想品德教育和科学思想方法的启蒙教育，培养学生的创造力，培养爱美的情趣，发展健康的个性，养成良好的意志品质。没有再把语文教学目的机械地分成语言文字训练方面和思想教育方面	明确提出了九年义务教育语文课程的总目标 总目标分 10 个方面，渗透语文课程的基本理念	根据“知识与能力”“过程与方法”“情感态度与价值观”三个维度设计课程目标。总目标和各阶段目标不只是“知识、能力”的达成度。三个维度的要求具体地、有层次地体现在各个阶段目标中
内容框架（以小学为例）	☆ 汉语拼音 ☆ 识字与写字 ☆ 阅读 ☆ 写话/习作 ☆ 口语交际 ☆ 课文 ☆ 语文实践活动	☆ 识字与写字（含汉语拼音） ☆ 阅读 ☆ 写话/习作/写作 ☆ 口语交际 ☆ 综合性学习	单独提出综合性学习的要求，重视语文课程的综合性，重视语文和其他课程的联系

表 3.5　　义务教育阶段《数学课程标准》与大纲的比较

	大　纲	标　准	突　破
基本理念	从小给学生打好数学的初步基础，发展思维能力，培养创新意识、实践能力和学习数学的兴趣，养成良好的学习习惯，对于贯彻德、智、体全面发展的教育方针，培养有理想、有道德、有文化、有纪律的公民，提高全民族的素质，具有十分重要的意义 初中数学是学习物理、化学、计算机等学科以及参加社会生活、生产和进一步学习的基础，对学生良好的个性品质和辩证唯物主义世界观的形成有积极作用。因此，使学生受到必要的数学教育，具有一定的数学素养，对于提高全民族素质，为培养社会主义建设人才奠定基础是十分必要的	义务教育阶段的数学课程应突出体现基础性、普及性和发展性，使数学教育面向全体学生，实现： ☆ 人人学有价值的数学 ☆ 人人都能获得必需的数学 ☆ 不同的人在数学上得到不同的发展	标准明确地提出数学课程的基础性、普及性和发展性，发展性强调每个人在数学上都将有所发展，并且发展是具有个性化的

DI SAN ZHANG 第三章

新课程标准

续表

	大　纲	标　准	突　破
总体目标	小学阶段 ☆ 使学生理解、掌握数量关系和几何图形的最基础的知识 ☆ 使学生具有进行整数、小数、分数四则计算的能力，培养初步的思维能力和空间观念，能够探索和解决简单的实际问题 ☆ 使学生具有学习数学的兴趣，树立学好数学的信心，受到思想品德教育 初中阶段 ☆ 使学生学好当代社会中每一个公民适应日常生活、参加生产和进一步学习所必需的代数、几何的基础知识与基本技能，进一步培养运算能力，发展思维能力和空间观念，使他们能够运用所学知识解决简单的实际问题，并逐步形成数学创新意识。培养学生良好的个性品质和初步的辩证唯物主义的观点	☆ 使学生获得适应未来社会生活和进一步发展所必需的重要数学知识（包括数学事实、数学活动经验）以及基本的数学思想方法和必要的应用技能 ☆ 使学生初步学会运用数学的思维方式去观察、分析现实社会，去解决日常生活中和其他学科学习中的问题，增强应用数学的意识 ☆ 使学生体会数学与自然及人类社会的密切联系，了解数学的价值，增进对数学的理解和学好数学的信心 ☆ 使学生具有初步的创新精神和实践能力，在情感态度和一般能力方面都能得到充分发展	标准不仅强调基础知识与基本技能的获得，更强调：让学生经历数学知识的形成过程，了解数学的价值，增强应用数学的意识，充分发展学生的情感态度和一般能力
内容框架	学制分“五·四”与“六·三”两种，小学按年级设立教学目标，初中设立一个教学目标 知识内容分为：代数、几何、统计初步、应用题、实践活动	学制是九年一贯制，分三个学段设立内容标准 知识内容分：数与代数、空间与图形、统计与概率、实践与综合应用	在几何方面削弱了对证明技巧的要求，强调学生数学公理化思想的培养 取消了单立的应用题，强调知识的形成过程以及综合应用，重视学生的情感态度和一般能力方面的充分发展

第三章 DI SAN ZHANG

新课程标准

表 3.6　《科学(3～6 年级)课程标准》与现行大纲的比较

	大纲	标准	突破
目标	指导学生获得一些浅显的自然科学基础知识,同时培养他们的科学志趣,以及爱科学、用科学的能力,使他们受到科学自然观、科学态度、爱家乡、爱祖国、爱大自然等思想品德教育,促进他们身心健康发展	通过科学课程的学习,知道与周围常见事物有关的浅显的科学知识,并能应用于日常生活,逐渐养成科学的行为习惯和生活习惯;了解科学探究的过程和方法,尝试应用于科学探究活动,逐步学会科学地看问题、想问题;保持和发展对周围世界的好奇心与求知欲,形成大胆想像、尊重证据、敢于创新的科学态度和爱科学、爱家乡、爱祖国的情感;亲近自然、欣赏自然、珍爱生命,积极参与资源和环境的保护,关心科技的新发展	突破主要表现在四个方面:1.更加注重学到知识的学以致用,强调应用于日常生活,并养成习惯。2.强调用"科学探究式"的学习方法学会科学探究。3.从保护和发展小学生的好奇心与求知欲出发培养他们的科学态度与情感,而不是简单地归属于思想品德教育。4.提出了人与自然和谐相处、保护环境资源、关心科技新发展等现代科技价值观方面的要求
内容体系	按知识的内在联系和学生的认识规律由易到难、由近到远、由具体到抽象地分为低、中、高三个年级段,每一段都分为生物,人体,水、空气,力、机械,声、光、热,电、磁,地球,宇宙八个单元;知识要点按了解、知道、理解三级水平,观察、实验、操作按初步学会、学会两级水平提出要求	内容标准从体系上分为科学探究、情感态度与价值观、科学知识三大领域,其中科学知识领域又分为生命世界、物质世界、地球与宇宙三块,总共五部分。每部分都有一个主要概念结构框图,给出这一部分的内容主题,再围绕这些内容主题展开具体内容标准,并在具体内容标准后面给出有关的活动建议	与大纲相比,这部分的突破主要表现为:1.列出了科学探究与情感态度价值观的具体内容标准,更加有利于这两部分课程目标的落实和检测。2.每一部分通过主要概念框图的形式,给出了内容主题之间的相互联系,便于从整体上把握知识结构。3.每一条具体内容标准都是以学生为第一人称,用他们的学习结果方式表述,是可以检测的。4.配以相关的活动建议,有利于教师更好地理解与贯彻这些标准

续表

	大 纲	标 准	突 破
内容案例	(无)	内容案例主要从两方面提出，一方面是紧跟在具体内容标准后面的活动建议，另一方面是在附录部分的案例，包括科学探究的案例、教学设计的案例、科学游戏的案例和学生课业作品的案例，另外在教学建议和评价建议部分也有少量的例子。这些案例可以帮助教师更好地理解课程标准中的一些新理念，并作为他们实际教学中的参考	由于在本次新课程标准的制定中贯穿了以科学探究为主的思想，在标准的呈现方式、教学建议、评价建议、课程资源的开发与利用、教材编写、教师队伍建设、教学设备和教室要求等方面都提出了不少新的理念，与以往的教学大纲相比有很大的不同。因此通过案例的示范作用，可以提高教师对标准的理解，有利于他们更好地实施

表 3.7　《科学(7~9 年级)课程标准》与现行大纲的比较

	大　纲	标　准	突　破
目标	传统的分科理科课程，主要目标是掌握学科知识，具体表现为两个维度：基本知识与基本技能。在教学实践中，以下诸现象普遍存在：偏重书本知识，轻视实践活动；偏重学科本位，忽视社会、学生发展的需求；偏重模仿，忽视创新；偏重教师的传授，忽视学生的主动学习；偏重统一要求，忽视个性发展；偏重个人学习，忽视合作与交流等现象 传统的综合理科，注重了学科知识的相关性，注重知识结构平衡，但仍然是以学科为本位，缺乏对科学的整体把握	提高每个学生的科学素养。具体表现在四个维度：科学探究(过程、方法与能力)；科学知识与技能；科学态度、情感与价值观；对科学、技术与社会之间关系的理解 整体设计科学课程，全面提高学生科学素养 体现科学本质，注重学生发展，突出科学探究 加强科学、技术与社会教育 强调用统一的观点来认识和理解科学 强调通过探究的方式来经历和体验科学过程，从而实现对科学的理解和掌握	从学科中心到科学本质与教育本质的统一 从知识本位到科学知识、科学过程、科学文化的统一 从精英教育到大众教育与精英教育的统一 在学习方式上，强调学生主体性学习，强调过程体验、探究式学习、合作学习、校内校外结合

续表

	大 纲	标 准	突 破
内容框架	传统的分科理科课程的内容框架是以学科体系为线索进行组织的，明显的是以学科为本位。传统综合理科，强调知识层面的综合，仍然是学科本位的。传统分科理科，以生物学为例： ☆ 植物的形态、结构、分类 ☆ 细菌、真菌、病毒 ☆ 动物的形态、结构、分类 ☆ 人体解剖与生理卫生 ☆ 遗传、进化、生态	新的科学课程内容包括五个领域： ☆ 科学探究（过程、方法与能力） ☆ 生命科学 ☆ 物质科学 ☆ 地球、宇宙和空间科学 ☆ 科学、技术与社会的关系 虽然在课程标准中它们是分别表述的，但在实施中是融合在一起的 强调从科学整体出发，注重科学探究，注重科学本质和教育本质的统一性。例如，新的科学课程中的生命科学领域分为五个主题： ☆ 生命系统的构成层次 ☆ 生物的新陈代谢 ☆ 生命活动的调节 ☆ 生命的延续和进化 ☆ 人、健康与环境	内容选取的原则：增加贯穿于科学的概念与原理，删除陈旧内容，关注现实生活与科技发展前沿 生命科学，删除了占原初中生物教材大约40%篇幅的动植物各论，关注健康与生命科学发展前沿问题 地球、宇宙与空间科学。地学内容大幅度调整，突出各自然地理环境要素的基本特征和相互关系。增加了天文学和空间科学，内容安排宽而浅

表 3.8 《历史课程标准》与现行大纲的比较

	大　纲	标　准	突　破
目标	知识目标:了解重要历史事件、历史人物、历史现象及历史发展的基本线索,理解重要的历史概念,认识人类社会不同历史时期的主要特征及其发展趋势	知识与能力:掌握基本的历史知识;初步具备阅读、理解和通过多种途径获取并处理历史信息的能力,形成用口头和书面语言等形式陈述历史问题的表达能力;形成丰富的历史想像力和知识迁移能力;初步形成在独立思考的基础上得出结论的能力等	把学习的过程与方法作为课程目标提出来,注重学生学习历史方式的突破
	能力目标:培养历史思维能力;增强自主学习能力;培养创新意识;培养与他人合作和参与社会实践活动的能力	过程与方法:认识到历史学习是一个感知历史到积累历史知识、从积累历史知识到理解历史的过程;能够对历史现象进行初步的归纳、比较和概括;注重探究式学习,勇于从不同角度提出问题;乐于同他人合作,共同探讨问题等	在思想教育目标中突破了以往单纯政治教育的层面,注重人文素养和科学精神的培养,把历史教育的社会教育功能与人的发展教育功能结合起来
	思想教育目标:形成正确的历史意识;树立民族自尊心和自信心;形成正确的国际意识;形成积极进取的品格和健全的人格,为树立正确的价值观和人生观打下基础	情感态度与价值观:逐步了解国情,形成对祖国历史与文化的认同感,初步树立对国家、民族的历史责任感和历史使命感;形成健全的人格和健康的审美情趣;逐步形成崇尚科学精神的意识,确立求真、求实和创新的科学态度;不断强化民主与法制意识;逐步形成面向世界、面向未来的国际意识等	目标明确,比大纲更具操作性

续表

	大　纲	标　准	突　破
内容体系	较完整的历史学科体系 古代中国的历史仍是王朝史体系 课程内容仍显繁琐	构建了学习主题式的课程体系，把课程内容分为中国古代史、中国近代史、中国现代史、世界古代史、世界近代史、世界现代史六个学习板块；每个学习板块又分为若干学习主题	兼顾历史发展的时序性与学习内容的内在联系，力求改变“繁、难、偏、旧”的现象
内容案例	中国古代史 一、原始时代 1. 我国最早的人类 2. 黄河流域和长江流域的文化遗存 3. 炎帝、黄帝和尧、舜、禹的传说 二、夏、商、西周 1. 我国第一个王朝——夏 2. 商朝的建立与繁荣 3. 西周的兴衰 三、春秋战国的纷争 1.“春秋五霸” 2.“战国七雄” 3. 商鞅变法 4. 社会经济的发展	中国古代史 一、中华文明的起源 【内容标准】 1. 以元谋人、北京人等早期人类为例，了解中国境内原始人类的文化遗存 2. 简述河姆渡遗址、半坡遗址等原始农耕文化的特征 3. 知道炎帝、黄帝和尧、舜、禹的传说，了解传说和史实的区别 【教学活动建议】 1. 利用板报建立“历史学习园地” 2. 根据教学用图，想像原始人的一天是怎样度过的 二、国家的产生和社会变革 【内容标准】 1. 简述夏朝建立的史实，知道禅让制到王位世袭制的演变 2. 了解夏、商、西周三代的更替 3. 说出西周分封制的主要内容 4. 知道春秋争霸和战国七雄的史实 5. 通过商鞅变法等史实，认识战国时期的社会变革 【教学活动建议】 1. 认识春秋战国形势图，学习识读历史地图的基本技能 2. 以“商鞅变法的失败与成功”为题，组织讨论会	学习主题明确 学生不仅明白要学习什么，而且明白要学会什么 具体内容标准的提出，有利于教学评价 关注学习方式的转变，提出了可操作的教学活动建议

表 3.9 《历史与社会课程标准(一)》与历史、地理现行大纲的比较

	大 纲	标 准	突 破
目标	知识方面 ☆ 了解重要的历史事件、历史人物、历史现象及历史发展的基本线索,理解重要的历史概念,认识人类社会不同历史时期的主要特征及其发展趋势 ☆ 使学生掌握日常生活、生存发展和继续学习所需要的地理知识,包括了解家乡、祖国和世界的地理概况,了解地理环境的变化,了解人类所面临的人口、资源、环境、发展等重大问题,知道协调人地关系和实现可持续发展的重大意义	知识 ☆ 了解青少年的身心发展特征,认识个体发展与社会环境的关系 ☆ 学习经济、政治、文化方面的基本知识,了解参与社会生活的方式和途径 ☆ 学习与区域发展相关的知识,认识人口、资源、环境与社会发展的关系 ☆ 了解中国和世界历史发展的基本线索,知道中国和世界文明的主要成果,了解历史与现实的联系 ☆ 了解近现代中国人民奋斗的曲折历程和取得的重要成就,汲取历史经验和教训	突破了大纲只注重史实、史论两类知识,视野限定在过去的局限。将历史知识作为今后工作、生活的经验支持,把学习知识的出发点和归宿点都定位在学生未来的需求上 突破了大纲只注重静态地理知识描述,着重地理事实、现象罗列的框架。将地理知识的学习作为认识现实世界、适应未来生活的经验准备。地理知识内容的选取,以与学生现实生活联系密切的人口、资源、环境和区域社会发展等重大主题为中心,强调运用性强的概念、原理的学习,舍弃了大量的纯记忆性的知识内容。特别强调在区域发展中,尤其是学生居住地中,从身边的生活事例具体地认识和理解人口、资源、环境与发展的关系

续表 1

	大　纲	标　准	突　破
目标	能力方面 ☆ 要指导学生初步学会按时间顺序观察历史的发展和变化；引导学生学会收集、整理和运用相关的历史学习材料；启发学生对历史事物进行想像、联想和初步的分析、综合、比较、概括等认知活动，对有关的历史问题进行简要的评述，培养学生的历史思维能力；增强学生自主学习的能力；注重培养学生的创新意识，以及与他人合作和参与社会实践活动的能力 ☆ 使学生初步掌握贯彻地理图像和地理环境的基本方法，初步学会阅读和使用常用的地图，能够进行简单的地理观测和调查统计，能够绘制简单地图和运用适当手段获取地理信息 ☆ 使学生逐步发展对地理图象和地理事物的思维能力、想像能力和理解能力；逐步发展分析和解决一定地理问题的能力；提高地理实践活动，逐步发展实践能力、团结协作和社会交往能力，并在学习过程中不断培养创新精神	技能、能力 ☆ 发展感受、观察、体验、参与社会生活的能力 ☆ 能够独立思考、提出疑问和进行反思 ☆ 学会收集、处理、运用社会信息和历史材料的方法和技能 ☆ 运用分析、比较、综合等方法，解释一般社会现象和历史问题 ☆ 有条理地表达对社会和历史现象的想法与观点	大纲只注重发展学生学科学习能力，而课程标准则将发展学生多方面能力作为目标。例如，课程标准强调“感受、观察、体验、参与社会生活能力”，还强调“解释一般社会现象和历史问题的能力”等等 标准比较强调描述、评价一个区域的环境特征和资源状况的能力。这是学生今后进一步学习地理知识，认识和解决现实问题的基本能力

续表 2

	大　纲	标　准	突　破
目标	思想情感方面 ☆ 要向学生进行社会发展规律的教育，使学生初步形成正确的历史意识；要对学生进行爱国主义教育、社会主义教育、国情教育、革命传统教育和民族团结教育，使学生继承和发扬中华民族的优秀文化传统，树立民族的自尊心和自信心，具有为祖国社会主义建设而奋斗的历史责任感；要引导学生尊重其他国家和民族所创造的文明成果，正确看待国际社会的发展和变化，初步形成正确的国际意识；要使学生学习和继承人类的传统美德，从人类历史发展的曲折历程中理解人生的价值和意义，逐步形成真诚善良、积极进取的品格和健全的人格，以及健康的审美意识和情趣，为树立正确的价值观和人生观打下良好的基础 ☆ 使学生初步形成地区差异观点、因地制宜观点、人地关系观点和可持续发展观点，初步具有全球意识和环境意识，增强对家乡和祖国的热爱，培养爱国主义、集体主义和社会主义观念，对国家和民族的命运具有责任感，增强对全球环境和资源的保护意识，尊重其他国家和民族的文化传统，对自然美和环境美具有一定的感受力、想像力、判断力和创造力，初步养成健康的情感、积极的态度、正确的价值观和法制观念，并能够遵守社会主义道德准则和行为规范	情感态度与价值观 ☆ 激发关注和参与社会生活的热情，热爱社会主义，培养集体主义意识，具有强烈的社会责任感和历史使命感 ☆ 珍惜生命价值，形成自尊、自信、尊重他人、合作、进取、乐观向上的人生态度 ☆ 注重社会实践，增强历史意识，树立可持续发展的观念 ☆ 领会现代社会尊重人权的意义，增强民主和法制观念 ☆ 关心祖国和人类的命运，培养爱国主义情感和开放的世界意识	大纲主要根据历史学科的知识体系，设置了思想、政治、道德方面的目标；课程标准根据初中学生的认识水平，更倾向态度和价值观目标。大纲较注重如何传承优秀历史传统，课程标准强调学生如何适应未来时代的价值要求

续表 3

	大纲	标准	突破
内容体系	中国古代史以朝代更替为历史线索，每一朝代又兼顾同一时期政治、经济、文化等方面的联系。中国近代史也依据时间脉络，详细交待历史发展过程。世界史则按原始社会、奴隶社会、封建社会、近代和现代社会的历史发展顺序交待各阶段的历史发展概况。总之，中国史和世界史都以时间为编写依据，不间断地叙述各时间链条上的历史事件和现象等问题，形成了连续不断的历史学科系统	打破了原有学科的体系，主要整合了原有初中历史、人文地理和思想政治课的部分内容，以及与初中学生生活密切联系的一些人文学科知识，围绕学生解决现实问题的需要，以专题形式呈现，重建了新的体系。为帮助学生了解中国历史与文化，增强学生民族认同感和民族自尊心；为培养学生自信而开放的世界意识，使新时代公民能够适应全球化的时代趋势，课程标准在历史知识领域内共设置了“中国历史与文化”和“世界历史与文化”两个主要专题。在前一个主题下，又分设了“古史演进”“古代文明”“近代探索”和“现代巨变”4个二级主题和36个子问题。在后一个主题下，分设了“古代文明”“近代变迁”“20世纪的世界”和“机遇与挑战”4个二级主题和19个子问题。课程标准以问题为中心，建构了新的体系	由于打破了原有学科的体系，综合各学科知识，形成以研究主题为中心的新体系，所以使学习内容大大简化，解决了多年来历史教学内容过多、线索过繁这一困扰学科教学改革的问题。学习内容简化，为学生参与、学生活动和教学改革提供了较多的时间和空间，所以，课程标准在学习目标、内容标准之后都设置了活动建议，以发展学生主体参与意识和主体学习的能力。课程标准使学习内容专题化，更有利于发挥历史知识对解决现实问题的系统功能

续表 4

	大　纲	标　准	突　破
内容体系	以人地关系观点和可持续发展观点为核心,以人类活动与环境、资源和发展的协调为主线,在具体的内容安排上,区域发展的内容以地理的分区逐一介绍的方式展开,形成了以空间分布组织内容的传统区域地理学科体系	从产业分布、经济差异(发达国家与发展中国家)、文化差异(民族、语言、宗教)三个角度认识世界的区域发展特点 以大体符合中国目前经济发展的状况的东、中、西部三大经济地带,粗线条地展示了中国由沿海向内地的经济和社会发展总体水平的梯度变化态势	打破了在具体小区域中认识具体环境问题的体系,从居住地、中国、世界三个不同层次区域了解环境问题。将居住地的资源、环境、发展问题明确地提到课程的主要位置上。而不是在大纲中的乡土地理或实践活动要求等部分中。目的是更有效地,同时结构更紧凑地促使学生从身边的生活中认识环境问题产生的原因,探求解决问题的途径,为探究性学习提供切入点,更有利于发挥地理解决现实问题的功能。同时又能使学生既关注自己周围局部的环境问题,又能够认识到环境问题的全球性,树立正确的环境观,培养开放的世界意识(全球意识) 区域地理知识体系大大简化和压缩,有利于解决长期困扰地理发展的难题——"地名+物产+生产部门"死记硬背,更好地研究问题,了解社会,为培养学生参与能力和地理教学注重能力培养留有余地 增加了与现实社会生活联系密切的国际组织和区域性组织等内容

续表 5

	大　纲	标　准	突　破
内容案例	由于照顾历史学科的严密体系，教学内容比较繁琐。以中国古代史为例，仅这一部分的教学内容就有 21 个一级标题，73 个二级子标题，有些二级标题下还有三级标题，涉及内容十分庞杂。可以说，中学教材就是一个大学课本的缩编	由于采用了以问题为中心的新体系，所以几千年的中国王朝史只用一个专题集中论述，使历史脉络更加清晰。课程标准还增加了有助于理解现实问题的专题，如：中国古代生态环境、中国古代妇女生活、中国近代社会生活变化和现代科学在揭开人类起源之谜方面的进展等问题	课程标准不再强调掌握历史发展的细节，而更注重通过每一个专题的学习，得到更多的历史启示，为解决现实生活问题获得实在的帮助。课程标准中每一个内容标准中既有具体史实标准，也有认识标准。例如，“世界历史与文化”第二部分“近代变化”中 2.3 中既要求“知道英国革命、美国独立战争、法国革命的标志性事件和代表性人物”，也要求“认识革命在社会发展中的作用”。扩展了历史学习的功能 地理部分内容的选择从两个方面体现了综合性的特征。一是从联系的角度将人口、资源、环境与区域发展结合在一起，体现了学科内综合的思想。二是从历史的维度认识人口迁移对区域发展的影响及人们对人地关系认识的发展演变过程，使课程内容具有历史纵深感，体现了历史、社会、地理多学科的交叉

《历史与社会课程标准(二)》与现行大纲的比较

以能力目标为主导,是课程标准组织和呈现教学内容的方法论基础。其核心是采取了行为目标陈述的方式。

表 3.10

	大　纲	标　准
教学内容的呈现方式	对教学内容的规范注重于表达"教什么"的精确性,而忽略了在能力发展方面提出具体要求 对教学内容的解释注重于"知识与技能"的要点,"过程与方法""情感态度与价值观"方面的要求不够明确,不够显著 对教学内容的呈现主要依赖罗列教学要点的指令方式,并不对内容目标的实施和操作提供具体指导,安排具体机会 表达教学内容采取浓缩教学要点的单一手段,并不对教学内容的侧重点做出明确的区分	在这种行为目标陈述的句式中,有四个基本要素:行为主体、行为动词、行为条件和表现程度。在我们看来,惟有综合了这四个要素的陈述方式,才能使有关内容的呈现,在把握其方向、程度和范围的意义上更为明确、具体 所谓"行为主体",特指学生而不是教师,因为判断教学是否有效,其直接依据是学生有没有获得实际的进步,而不是教师有没有完成任务 所谓"行为动词",必须是有具体操作过程的、有明确指向的,否则就无法进行个性化的评价 所谓"行为条件",是为了影响、导向学生应有的学习结果,而特设的限制或范围,也是评价必然要参照的依据 所谓"表现程度",是指学生学习之后预期应有的表现内容,并以此评估、测量学习过程或结果所达到的程度。

续表

	大 纲	标 准
教学内容的呈现方式	规定几条“处理教学内容的原则”，只具方向性，既没有可拓展的弹性，又缺乏可把握、可衡量、可遵循的准则	例如：“从积极和消极两个方面（条件），讨论（行为动词）当代市场经济与科技发展对个人和社会生活的影响（表现程度）” 行为目标陈述的方式，大体可以分为两类： ☆ 表达结果性目标的方式，即明确告诉学生学习的结果是什么，所采用的行为动词要求有个性、能区分。这种方式指向可以结果化的内容目标，主要应用于“知识与技能”的维度 ☆ 采用表现性目标的方式，即描述学生自己的心理感受、体验或安排学生表现的机会，其行为动词往往是体验性的、过程性的，这种方式指向无须结果化或难以结果化的内容目标，主要应用于“过程与方法”“情感态度与价值观”的维度 当我们进行“内容目标”的陈述时，这两类基本方式往往是混用的。例如：列举（行为动词）与日常生活密切相关的规则或制度（条件），体察（行为动词）它们各自的作用（表现程度）

由能力目标来主导教学内容，在组织方式上呈现为“网络化”。所谓网络化，是指内容和目标相交织，“课程目标”“专项目标”“内容目标”三个层级相交织的整合方式。作为内容目标体系，它的内在关系具有显著的特点。

表 3.11

呈现方式	大　纲	标　准
教学内容的整合	遵循学科分类体系的逻辑或层次	按照学习的主题或专题进行规划 按照综合能力目标的分解和细化，组织课程内容的逻辑和层次结构
教学内容的展现	知识点的罗列	学科知识是构成和支撑课程内容的基础，但不是建构学科体系、引导学生进入学科领域的要素
教学内容的规范	标准答案的展示	对有关内容的教学提出具体建议，在指导教学要点和方式的同时，也为内容目标的弹性实施提供了前所未有的空间 为了达到规定的内容目标，可以选择不同的路径，凭借不同的学科知识，采取不同的组织方式

D I SAN ZHANG 第三章

新课程标准

由能力目标来主导教学内容，在操作方式上呈现为“行为化”。所谓行为化，是指对内容目标的具体操作提出行为要求和指导，以操作行为的实施与否作为衡量的标准。

表 3.12

大　纲	标　准	特点和优点
市场的概念和作用	根据个人家庭理财经验，领会合理安排收入、支出的意义	行为化是把握行为目标陈述方式的基本点。其实际意义是个性化、外显化。即提出操作过程中的特殊要求，使有关内容的把握在方向、程度和范围上有所限定，并通过学生外显的行为表现出来
规则和制度	列举与日常生活密切相关的规则或制度，体察它们各自的作用	
收入和支出	观察和了解我们需要的商品和服务是如何供给的，感受市场的作用	这种方式具有便于操作的特点。就目标陈述而言，它是综合性的，包含了三个维度；就水平要求而言，它是具体的、可把握的。因为在目标实施的过程中，无论哪类目标要素的隐性要求，都是以个性化的具体行为这种外显方式表现出来的
人类活动与自然环境的关系	列举环境变化的实例，说明历史上人类活动对自然环境的影响	
合理利用资源	描述资源与我们生活的关系，说明合理利用资源的重要意义	这种方式便于测评的特效。把“了解”“理解”“运用”这类抽象的要求，转化为具体的、有个性、有限定的操作行为，并通过这一行为的完成，来表征或证明学生在能力、年级、学科三方面的水平。所以它是可检测的，能够为评价提供客观的尺度
民主政治的含义	讨论本地特别关注的问题，体验公民的主动参与对推进民主政治建设的重要作用	

表 3.13　　《物理课程标准》与现行大纲的比较

	大　纲	标　准	突　破
理念	未对课程理念进行专门的叙述	☆ 注重全体学生的发展,改变学科本位的观念 ☆ 从生活走向物理,从物理走向社会 ☆ 注重科学探究,提倡学习方式多样化 ☆ 注意学科渗透,关心科技发展 ☆ 改建新的评价体系 从以上五个方面阐述了课程的基本理念	对义务教育阶段的物理教育有了基本定位,即:提高全体学生的科学素养 在学习方式上有了观念上的转变 强调了学科间的渗透,全面发展学生的科学素养 改革传统的评价体系
目标	引导学生学习物理学的初步知识及其实际应用,了解物理学在科学技术和社会发展中的重要作用 培养学生初步的观察、实验能力,初步的分析、概括能力和应用物理知识解决简单问题的能力 培养学生学习物理的兴趣、实事求是的科学态度、良好的学习习惯和创新精神,结合物理教学对学生进行辩证唯物主义教育、爱国主义教育和品德教育	保持对自然界的好奇,发展对科学的探索兴趣,在了解和认识自然的过程中有满足感和兴奋感 学习一定的物理基础知识,养成良好的思维习惯,在解决问题或作决定时能尝试应用科学原理或科学研究方法 经历基本科学探究过程,具有初步的科学探究能力,乐于参与和科学技术有关的社会活动,在实践中有依靠自己的科学素养提高工作效率的意识 具有创新意识,能独立思考,勇于有根据地怀疑,养成尊重事实、大胆想像的科学态度和科学精神 关心科学发展前沿,具有可持续发展的意识,树立正确的科学观,有振兴中华、将科学服务于人类的使命感与责任感	确定了义务教育物理课程的总目标 重视了科学探究的教育作用,强调了过程和方法的学习 强调了课程在情感态度与价值观方面的教育功能 加强了科学、技术、社会的教育

续表

	大纲	标准	突破
内容体系	☆ 教学目标 ☆ 教学内容 ☆ 教学中应该注意的问题 ☆ 关于教学要求的说明 ☆ 教学内容和教学要求 ☆ 考核与评价 ☆ 课时安排 ☆ 附录 其中:教学内容和教学要求分项列出,教学内容基本按学科结构展示,并分别有"知道""理解"两个层次的要求,而实验要求则用"会"表述	☆ 前言 ☆ 课程目标 ☆ 内容标准 ☆ 实施建议 ☆ 附录 其中:内容标准又分为科学探究、科学内容两部分。在科学探究部分明确提出了对科学探究能力的基本要求。科学内容则按主题的形式呈现,即:物质、运动和相互作用、能量	将科学探究与科学内容放在并列的位置,充分强调了学习过程和学习方法的重要性 淡化了学科中心,为教材多样化、教学方式的多样化创造了条件
内容案例	速度 要求:理解速度的概念和公式 物体的惯性 要求:知道惯性定律,知道惯性现象 温度和温度计 要求:知道温度表示物体的冷热程度,知道摄氏温度,会使用液体温度计	速度 标准:能用速度描述物体的运动。能用速度公式进行简单计算 惯性 标准:通过实验探究,理解物体的惯性,能表述牛顿第一定律 温度 标准:能说出生活环境中常见的温度值。了解液体温度计的工作原理。会测量温度。尝试对环境温度问题发表自己的见解	更便于评价 强调学习过程,重视通过科学探究进行学习 强调从生活走向物理,从物理走向社会。注重课程在情感态度与价值观方面的教育功能

表 3.14　　《化学课程标准》与现行大纲的比较

	大　纲	标　准	突　破
目标	学习一些化学基本概念、原理、基础知识、基本技能，初步认识化学在实际中的应用 激发兴趣，培养科学态度、科学方法、关心自然和社会的情感 培养能力和创新精神，初步学会运用化学知识解释简单现象、解决简单化学问题 进行辩证唯物主义和热爱社会主义祖国的教育	知识与技能（化学基本知识和重要的实验技能，化学与技术、社会发展相关的知识等） 过程与方法（知识的形成，科学探究的基本过程与方法，思维能力，信息获取和加工能力，交流和合作能力等） 情感态度与价值观（学习和探究兴趣，科学态度，社会责任感，爱国主义、创新精神等）	充分吸取了国际理科课程改革的成功经验，继承和发扬了我国基础教育的优良传统，更全面地体现了课程改革的理念和对初中学生科学素养的要求，具有前瞻性
内容体系	☆ 化学基本概念和原理 ☆ 元素化合物知识 ☆ 化学基本计算 ☆ 化学实验	☆ 科学探究 ☆ 身边的化学物质 ☆ 物质构成的奥秘 ☆ 物质的化学变化 ☆ 化学和社会发展	与大纲相比，五大学习主题改变了过分偏重学科知识的倾向，更加符合初中学生的认知特点和发展需要，有较强的时代感和现实性

DI SAN ZHANG 第三章

新课程标准

表 3.15　　《生物课程标准》与现行大纲的比较

	大　纲	标　准	突　破
目标	知识方面 ☆ 初步获得生物的生活习性、形态结构、生理功能、分类、遗传、进化和生态等基础知识，了解这些知识在生产、生活中的应用 ☆ 初步获得人体形态结构、生理功能和卫生保健的基础知识，养成良好的卫生习惯	知识 ☆ 获得有关生物体的结构层次、生命活动、生物与环境、生物进化以及生物技术等生物学基本事实、概念、原理和规律的基础知识 ☆ 获得有关人体结构、功能以及卫生保健的知识，促进生理和心理的健康发展 ☆ 知道生物科学技术在生活、生产和社会发展中的应用及其可能产生的影响	要求不仅知道知识的应用，而且要求知道"可能产生的影响"
	能力方面 ☆ 能够对生命现象进行观察、记录、整理和报告 ☆ 能够正确使用生物实验中常用工具和仪器，具备一定的生物实验操作功能 ☆ 初步学会科学探究的一般方法，能够运用所学知识、技能分析和解决一些身边的生物学问题 ☆ 初步具有进一步获取课本以外的生物学信息的能力	能力 ☆ 正确使用显微镜等生物学实验中常用的工具和仪器，具备一定的实验操作能力 ☆ 初步具有收集和利用课内外的图文资料及其他信息的能力 ☆ 初步学会生物科学探究的一般方法，发展学生提出问题、做出假设、制定计划、实施计划、得出结论、表达和交流的科学探究能力。在科学探究中发展合作能力、实践能力和创新能力 ☆ 初步学会运用所学的生物学知识分析和解决某些生活、生产或社会实际问题	明确提出"科学探究"的内涵，并进一步提出发展合作能力、实践能力和创新能力

续表 1

	大 纲	标 准	突 破
目标	思想情感方面 ☆ 热爱大自然，热爱生命，形成保护生物多样性、保护环境的意识，增强爱国主义情感 ☆ 乐于探索生命的奥秘，具有一定的探索精神和创新意识 ☆ 初步形成生物学的基本观点，受到辩证唯物主义教育，能够以科学的态度去认识生命世界	情感态度与价值观 ☆ 了解我国的生物资源状况和生物科学技术发展状况，培养爱祖国、爱家乡的情感，增强振兴祖国和改变祖国面貌的使命感与责任感 ☆ 热爱大自然，珍爱生命，理解人与自然和谐发展的意义，提高环境保护意识 ☆ 乐于探索生命的奥秘，具有实事求是的科学态度、一定的探索精神和创新意识 ☆ 关注与生物学有关的社会问题，初步形成主动参与社会决策的意识 ☆ 逐步养成良好的生活与卫生习惯，确立积极、健康的生活态度	明确提出“理解人与自然和谐发展的意义”，“关注与生物学有关的社会问题，初步形成主动参与社会决策的意识”，“确立积极、健康的生活态度”
内容体系	现行大纲内容框架分为五大部分： ☆ 植物的形态、结构、分类 ☆ 细菌、真菌、病毒 ☆ 动物的形态、结构、分类 ☆ 人体生理卫生 ☆ 遗传、进化、生态	新标准内容框架分为 10 个一级主题： ☆ 科学探究 ☆ 生物体的结构层次 ☆ 生物与环境 ☆ 生物圈中的绿色植物 ☆ 生物圈中的人 ☆ 动物的运动和行为 ☆ 生物的生殖、发育与遗传 ☆ 生物的多样性 ☆ 生物的技术 ☆ 健康地生活	突破点表现在：改变了沿用多年的以“动物学”“植物学”和“生理卫生”等学科为中心的课程体系，以学生发展为中心，构建了以“人与生物圈”为主线的课程体系

续表 2

	大　纲	标　准	突　破
内容案例(1)	植物学内容：学科体系，难度较大 ☆ 植物的形态、结构、分类 ☆ 种子的结构和功能 ☆ 根的结构和功能 ☆ 叶的结构和功能 ☆ 茎的结构和功能 ☆ 花的结构和功能 ☆ 果实的结构和功能 ☆ 植物的类群：藻类、苔藓、蕨类 ☆ 裸子植物、被子植物（被子植物的分类）	植物学内容：生物圈体系，难度降低 ☆ 生物圈中的绿色植物 ☆ 绿色植物的一生 ☆ 绿色开花植物的光合作用和呼吸作用 ☆ 绿色植物在生物圈中的作用 植物的类群部分放在“生物的多样性”里	适当降低教学难度，面向全体学生，果断删除过去认为不能不学但对学生未必非常有用的知识
内容案例(2)	落实“形成保护生物多样性、保护环境的意识”教学目标达成的支撑明显欠缺： ☆ 生物与环境之间的相互关系 ☆ 生态系统的组成 ☆ 食物链、食物网 ☆ 保持生态平衡的重要意义 ☆ 人类活动对环境的影响 ☆ 生态农业 ☆ 保护生物多样性和建立自然保护区的意义 ☆ 保护植被的意义 ☆ 控制人口的意义 ☆ 鱼类资源的利用和保护 ☆ 保护鸟类的多样性 ☆ 保护哺乳动物的多样性	落实“形成保护生物多样性、保护环境的意识”教学目标达成的支撑明显强劲： ☆ 举例说出水、温度、空气、光等是生物生存的环境条件 ☆ 举例说明生物和生物之间有密切的联系 ☆ 概述生态系统的组成 ☆ 列举不同的生态系统 ☆ 描述生态系统中的食物链和食物网 ☆ 解释某些有害物质会通过食物链不断积累 ☆ 阐明生态系统的自我调节能力是有限的 ☆ 阐明生物圈是最大的生态系统 ☆ 确立保护生物圈的意识 ☆ 参加绿化家园的活动 ☆ 举例说明人对生物圈的影响 ☆ 拟定保护当地生态环境的行动计划 ☆ 关注我国特有的珍稀动植物 ☆ 说明保护生物多样性的重要意义	标准较好地把教学目标规定的知识、能力、情感态度与价值观的要求有机地融合。例如，大纲虽然也提出相关目标，但仅仅靠知识点难以达到目标要求 同时，又通过评价方式的改变，保证教学目标全面达成

表 3.16 《地理课程标准》与现行大纲的比较

	大 纲	标 准	突 破
目标	对地理知识的目标要求包括:使学生了解家乡、祖国和世界的地理概况,地理环境的变化情况,人类面临的人口、资源、发展的重大问题等 对技能和方法的目标要求包括:掌握观察地理图像和地理环境的方法,会使用常用的地图,具有一定分析和解决地理问题的能力以及实践能力等 对学生的情感、态度和价值观的教学目的包括:培养学生的地区差异观点、因地制宜观点、人地关系可持续发展观点、全球意识、环境意识,爱国主义、集体主义、资源保护意识等	使学生能够了解有关地球与地图、世界地理、中国地理和乡土地理的基本知识,了解环境与发展问题 获得基本的地理技能以及地理学习能力 使学生具有初步的地理科学素养和人文素养,养成爱国主义情感,形成初步的全球意识和可持续发展观念	以往的地理课程虽然也注意到要通过过程和方法的目标要求,培养学生的地理技能和方法,但是由于把能力要求和知识要求相互孤立和割裂,使得地理技能和方法的培养缺少载体,因而很难实现。新的地理课程则是采取以活动带知识和技能的方法,把地理知识和地理技能有机地结合在一起 除了培养学生求真、求实的科学态度,尊重不同的文化和传统,通过了解我国基本国情,增强学生的爱国主义情感等外,新地理课程突出强调要使学生树立正确的人地观、环境伦理观和可持续发展意识,养成关心和爱护人类环境的行为习惯

续表 1

	大　纲	标　准	突　破
结构	初中以区域地理为主要内容，高一以系统地理为主要内容，高三以中国地理为主要内容	7～9 年级以区域地理学习为主；10～12 年级以主题学习和部门地理学习两种方式并重	致力于在多层面、全方位地构建一个开放的地理课程体系，增加标准的弹性，教材编写者、地方、学校、教师的能动性，共同建设好地理课程
	初中地理中包含具有一定深度的地理成因、机制问题，这一直是初中地理学习的难点；而高中地理中一些问题仅停留在简单叙述上，缺乏深层次的分析	7～9 年级着重于使学生学习生活中有用的地理，并能在日常生活中应用所学的知识，原则上不涉及较深层次的地理成因问题；10～12 年级强调学生学习科学的地理，初步探究地理成因、机制和过程等理论问题	在 10 年级，所有学生均进行以可持续发展为主题的专题地理学习，通过综合分析与解决问题的研究方法加深对地理学基本原理的理解。11～12 年级则开设三个分科，内容各有侧重，便于学生在某一领域进行深入学习，为学生的长远发展奠定基础

续表 2

	大　纲	标　准	突　破
内容	初中地理基础知识由地球与地图、世界地理、中国地理(包括乡土地理)几部分组成	在内容框架上,标准将7～9年级课程内容分为四大部分:地球与地图、世界地理、中国地理、乡土地理。这与现行教学大纲没有明显差别	不追求学科体系的完整性
	比较注重学科的完整性。这样,涉及的方面杂、内容点相对较多	地理要素和要点内容采用单独列出和与区域地理结合两种方式,不使难点集中分布,也不求学科体系的完整性	为了体现地理课程的灵活性和选择性,课程标准对学习顺序不作规定。教材编写者和地理教师可以自行选择教材编写和授课的顺序
	在中国地理和世界地理的分区上,采用的是传统的分区方法,并且在各个区域内部,所选的地理要素大致相同,这使得区域地理的学习客观上成为区域地理知识的简单积累	无论是中国地理还是世界地理,均大幅度减少部门地理的内容,重点突出能够说明地理问题和实现区域地理教学目标的内容	世界地理和中国地理的分区部分,历来是地理课程改革的难点所在,也是地理课程内容旧、多问题最突出的部分,这次改革进行了全新的尝试,即只列出区域的基本地理要素和学习区域地理必须掌握的基础知识与基本技能,以及所选区域的尺度和必选区域的数量,而不再规定必须学习哪些区域。安排学习不同尺度区域的主要目的在于通过学生探究性的学习,使学生初步掌握学习和研究不同尺度区域的基本方法
		提倡把乡土地理作为综合性学习的载体。学生可以通过收集身边的资料,运用掌握的地理知识和技能,进行以环境与发展问题为中心的探究性实践活动	《地理课程标准》为地理课程的具体实施留有较大的自主选择空间,地方、学校以及教材编写人员和教师可充分利用标准的弹性空间,补充乡土地理,完善地理课程

续表 3

	大　纲	标　准	突　破
评价	仅给出了基础知识、德育、基本技能和能力的教学要求，并没有明确如何评价，这使得评价依据模糊，不易操作 强调结果评价而忽视了学生的长远发展	强调探究式的学习方式，强调学习结果和学习过程并重的评价方式 关注学习过程和实践过程中所表现出来的情感和态度变化 强调创设激励性的评价机制	在知识评价上，不局限于学生知识量的多少，而是把评价的重点放在学生的理解水平上 在能力评价方面，着重评价学生能否把现实生活中的问题抽象为地理问题，能否制定解决问题的方案，能否形成有效解决问题的思路，能否检验并解释结果 在评价学生解决地理问题的过程时，重点对学生在搜集整理以及分析地理信息资料过程中的表现进行评价 在对学生情感态度与价值观进行评价时，特别关注学生以下诸方面的变化与发展：对地理的兴趣和好奇心；对周围环境和地球上不同自然和人文特征的审美能力以及对社会和自然的责任感；热爱祖国的情感与行为；关心和爱护人类环境的意识和行为

第三章 DI SAN ZHANG

新课程标准

表 3.17　《艺术课程标准》与现行美术、音乐大纲的比较

	大　纲	标　准	突　破
目标	偏重对音乐和美术知识技能的掌握;以学科为中心	关注学生艺术能力和人文素养的整合发展;以人的发展为中心	从以往的纯知识技能转向人文素养与艺术能力的综合发展
内容体系	传授单一音乐或美术学科的内容 有繁、难、多、旧的倾向 较少关注与学生生活和情感的联系 学习枯燥	提供多学科的信息,美术、音乐、舞蹈、戏剧相互融合,感受、理解、反思相互渗透,注意拓展学生的艺术视野 学习内容与学生的生活、情感、文化背景、科学知识相联系,学习更有趣 其内容体系主要围绕以下四点: ☆ 艺术与生活 ☆ 艺术与情感 ☆ 艺术与文化 ☆ 艺术与科学	通过艺术与学生感兴趣的生活、情感、文化和科学的联系以及各不同艺术之间的联系,提高学生的探索、参与、感受和创造的积极性,强化学生的艺术通感,扩展了学生的艺术视野
内容案例		☆ 艺术与生活:艺术与家居生活、艺术与服装等 ☆ 艺术与情感:艺术与表情、艺术与崇高等 ☆ 艺术与文化:艺术与原始人、兵马俑、金字塔等 ☆ 艺术与科学:艺术与光的发现、艺术与梦、艺术与比例等	所有的案例都贴近学生的生活、感情和文化,易于操作,使艺术学习变得有趣和容易

表 3.18　　《音乐课程标准》与现行大纲的比较

	大　纲	标　准
课程性质	☆ 德、智、体、美全面发展 ☆ 实施美育的重要途径 ☆ 提高民族素质，建设精神文明 ☆ 义务教育小学阶段的必修课	☆ 人文学科的重要领域 ☆ 实施美育的主要途径之一 ☆ 基础教育阶段的一门必修课
课程价值	(未阐述)	☆ 审美体验价值 ☆ 创造性发展价值 ☆ 社会发展价值 ☆ 文化传承价值
基本理念	(未阐述)	☆ 以音乐审美为核心 ☆ 以兴趣爱好为动力 ☆ 面向全体学生 ☆ 注重个性发展 ☆ 重视音乐实践 ☆ 鼓励音乐创造 ☆ 提倡学科综合 ☆ 弘扬民族音乐 ☆ 理解多元文化 ☆ 完善评价机制
课程目标(教学目的)	☆ 培养“五爱”“四有”的社会主义接班人 ☆ 启迪智慧，陶冶情操，培养审美情趣 ☆ 掌握浅显的基础知识和简单的技能，认识简单乐谱 ☆ 了解民族民间音乐，初步接触外国优秀作品	体现在三个层面： (一)情感态度与价值观 ☆ 丰富情感体验，培养对生活的积极乐观态度 ☆ 培养音乐兴趣，树立终身学习愿望 ☆ 提高音乐审美能力，陶冶高尚情操 ☆ 培养爱国主义和集体主义精神 (二) 过程与方法 ☆ 体验 ☆ 模仿 ☆ 探究 ☆ 合作 ☆ 综合 (三)知识与技能 ☆ 音乐基础知识 ☆ 音乐基本技能 ☆ 音乐创作与历史背景 ☆ 音乐与相关文化

续表

<table>
<tr><th></th><th>大　纲</th><th>标　准</th></tr>
<tr><td rowspan="2">内容标准的教学领域（教学内容）</td><td>唱歌
唱游
器乐
欣赏
识谱知识和视唱听音</td><td>感受与鉴赏
表现
创造
音乐与相关文化</td></tr>
<tr><td colspan="2">二者的关系——教学内容的整合与拓展
唱歌　唱游　器乐　欣赏　识谱知识和视唱听音
感受与鉴赏　表现　（整合）
创造　音乐与相关文化　（拓展）</td></tr>
<tr><td>课程评价（学业考核）</td><td>学业考核的目的是检查教学效果

在平时考查的基础上评定成绩</td><td>建立综合评价机制：
☆ 不仅应关注学生情感态度价值观和知识与技能的指标，还应考察学习过程与方法的有效性，如：对音乐的兴趣爱好与情感反应，音乐实践活动的参与态度、参与程度、合作愿望及协调能力，音乐体验与模仿能力、表现能力，探究音乐的态度与创编能力等
☆ 对学生和教师的评价可采用自评的方式，以描述性评价和鼓励性评价为主。对学生评价的重点应放在自我发展的纵向比较上
☆ 善于在动态的教学过程中利用评价起到促进学生发展、提高教师教学水平和完善教学管理的作用</td></tr>
<tr><td colspan="3">课程标准的主要突破点
1.课程性质和价值观念的转变
2.学生学习方式的转变
3.重视音乐教育作用于人的创造性发展价值
4.丰富音乐教育的人文内涵
5.改进与完善课程评价机制</td></tr>
</table>

DI SAN ZHANG 第三章

新课程标准

表 3.19　　《美术课程标准》与现行大纲的比较

	大　纲	标　准	突　破
目标	通过美术教学，培养学生对美术的兴趣与爱好；学习美术的基础知识与基本技能；培养学生健康的审美情趣、初步的审美能力和良好的品德情操；提高学生观察能力、想像能力、形象思维能力和创造能力	学生以个人或集体合作的方式参与各种美术活动，尝试各种工具、材料和制作过程，学习美术欣赏和评述的方法，丰富视觉、触觉和审美经验，体验美术活动的乐趣，获得对美术学习的持久兴趣；了解基本的美术语言的表达方式和方法，表达自己的情感和思想，美化环境与生活。在美术学习过程中，激发创造精神，发展美术实践能力，形成基本的美术素养，陶冶高尚的审美情操，完善人格	从作为学习主体的学生的角度表述目标，突出了以学生为本的教育理念，强调学生自我学习和自我教育 表述中既注意了知识与技能的学习，还强调了学生在学习过程中体验学习方法和过程，学会学习，并逐步形成有益于个人和社会的情感态度与价值观 注重学生主动地参与美术活动，体验活动的乐趣，丰富视觉与触觉感受，发展美术实践能力，形成基本的美术素养
内容框架	（无分类）	分成四个学习领域： ☆ 造型·表现 ☆ 设计·应用 ☆ 欣赏·评述 ☆ 综合·探索	按学生美术学习活动方式划分学习领域 注意体用的结合，使静态的知识和动态的活动相统一 强调综合性学习和探究性学习

续表

	大　纲	标　准	突　破
内容案例	初中一年级 ☆ 欣赏中国优秀美术作品 ☆ 初步了解美术分类的知识 ☆ 学习平行、成角透视知识，用线条表现物体的结构，作简单的写生练习 ☆ 了解人体比例、结构知识，进行铅笔人物速写练习 ☆ 初步了解中国写意花鸟画的知识，进行花鸟小品临摹 ☆ 学习基础图案、平面构成知识，并进行练习 ☆ 利用粘土、石膏等材料进行小型雕塑制作	第四学段(7～9年级) ☆ 造型·表现：有意图地运用形、色、肌理、空间和明暗等美术语言，选择恰当的工具、材料，以绘画和雕塑等形式，探索不同的创作方法，发展具有个性的表现能力，传递自己的思想和情感 ☆ 设计·应用：了解主要的设计类别、功能，运用对比与和谐、对称与均衡、节奏与韵律、多样与统一等组合原理，利用媒材特性，进行创意和设计，美化生活，形成初步的设计意识 ☆ 欣赏·评述：多角度欣赏和认识自然美和美术作品的材质、形式和内容特征，获得初步的审美经验和鉴赏能力，初步了解中外美术发展概况，尊重人类文化遗产，能对美术作品和美术现象进行简短评述 ☆ 综合·探索：调查、了解美术与传统文化及环境的关系，用美术的手段进行记录、规划与制作；通过跨学科学习，理解共同的主题和共通的原理	改变了列知识点的方法，使硬性的规定变为弹性的选择 不但提出知识和技能的可选择性，也提出学习活动和方法的可选择性

DI SAN ZHANG 第三章

新课程标准

表 3.20　　　　《体育课程标准》与现行大纲的比较

	大　纲	标　准	突　破
目标	体育与健康课的教学以育人为宗旨,与德育、智育和美育相结合,促进少年儿童身心全面发展,为培养社会主义建设者和接班人做好准备	增强体能,掌握和应用基本的体育与健康知识和运动技能 培养运动的兴趣和爱好,形成坚持锻炼的习惯 具有良好的心理品质,表现出人际交往的能力与合作精神 提高对个人健康和群体健康的责任感,形成健康的生活方式 发扬体育精神,形成积极进取、乐观开朗的生活态度	课程标准确立了体育课程的目标体系,既有课程目标,又包括领域目标和水平目标,从而使课程目标更明确、更具体、更具操作性,避免了以往习惯用的套话
内容框架	☆ 必修:基本运动、游戏、基础知识、田径、体操、武术 ☆ 限选:球类、韵律体操和舞蹈、游泳 ☆ 任选:民族、民间传统体育项目;现代科学的健身方法,新兴体育项目;必修内容的提高与拓宽;由学校置换的其他内容	☆ 运动参与 ☆ 运动技能 ☆ 身体健康 ☆ 心理健康 ☆ 社会适应	课程标准突破了以往以竞技运动项目为主的内容体系,拓宽了体育课程的内容范畴,这有助于开发体育课程的多种功能和实现健康的目标

续表

	大 纲	标 准	突 破
内容案例(田径)	☆ 跑:学生自我设计,以发展快速和耐力跑为主要手段的各种跑的练习;在 40～60 米快速跑中跨过 3～4 个障碍或低栏;各种传接棒方法的不同距离的接力跑 ☆ 跳跃:跨越式跳高或蹬踞式跳远或其他方式的跳高、跳远 ☆ 投掷:用各种方法推、掷、抛实心球,提高定量的要求;原地或助跑投掷适当的投掷物;使用健身器发展各部位力量练习	基本掌握几项主要的田径运动技能	课程标准不规定田径的具体教学内容,这给学校和教师留有选择的空间和发展的余地,学校和教师完全可以根据本校的体育场地和设施情况以及学生的兴趣爱好,有选择地对田径项目进行教学 课程标准与教学大纲的主要区别之一是,课程标准不规定具体的教学内容,是一种目标管理,最重要的不是选择什么内容,而是所选择的内容要有助于激发学生的体育学习兴趣,有助于提高学生的身心健康水平

表 3.21　《英语课程标准》与现行大纲的比较

	大　纲	标　准	突　破
理念	对英语课程价值的认识以英语的工具性为基础，强调知识的学习和技能的培养	对英语课程价值的认识体现了更多的人文精神，即学习英语（或其他外语）是人的发展的一部分	对英语课程价值的认识更宏观、更全面，有利于克服英语学习中的功利主义思想和扭转应试教育的倾向
目标	根据学校开设英语课程的不同情况，提出两个级别的要求，分别针对 3 年制和 4 年制初中的要求	提出 1～5 级的目标体系，并与高中的 6～9 级相衔接	多级别的目标体系更具有灵活性和开放性，同时对英语课程实施过程的每个阶段都具有指导意义
	教学目标主要包括技能和知识（听、说、读、写等技能和语音、词汇、语法等语言知识）	课程目标包括技能、知识、情感态度、学习策略和文化意识等五个方面	把英语课程的目标从知识和技能两个方面扩展到五个方面，有利于真正实现素质教育，促进学生全面发展

续表

	大 纲	标 准	突 破
内容体系	把教学内容规定为日常交际用语、语音、词汇、语法、话题等，并明确指出，为了达到教学目标，应该教授以上几方面的内容 在教学目的和教学目标中都提及情感、策略、文化等，但在具体的内容体系和目标体系中没有描述	语言技能、语言知识、情感态度、学习策略和文化意识等五个方面既是英语课程的内容，也是课程的目标 对关键级别（2级、5级）中的情感、策略和文化目标有明确的描述	现行大纲把教学目标和教学内容割裂开来，而且教学目标以技能为主，教学内容以知识为主，无形之中把知识和技能割裂开来。新的课程标准则把语言知识和语言技能有机地结合起来，使英语课程中的内容体系更全面
内容案例	以对语法知识的要求为例： ☆ 能基本掌握所学单词的形态变化 ☆ 能掌握简单句的基本句型 ☆ 能积极运用所学的语言形式进行表达，并在书面表达中力求表述形式基本正确	以对语法知识的要求为例： ☆ 了解常用语言形式的基本结构和常用表意功能 ☆ 在实际运用中体会和领悟语言形式的表意功能 ☆ 理解和掌握描述人和物的表达方式 ☆ 理解、掌握比较人、物体及事物的表达方式	强调语言的功能而不是语言的形式；强调用语言做具体的事情，而不是一般的语言输出（表达）

表 3.22 《日语课程标准》与现行大纲的比较

	大纲	标准	突破
目标	使学生正确掌握语音、语调和词汇，了解必要的语法知识。通过言语实践训练，培养口头和书面的理解与表达能力，掌握正确的学习方法，形成良好的学习习惯，为继续学习日语打下一定的基础。同时，在教学过程中使学生受到思想品德教育	培养学生的综合语言运用能力，为学生的终身学习和身心健康发展奠定基础。综合语言运用能力的形成建立在学生的语言知识、语言技能、文化素养以及情感态度和学习策略等方面的综合发展基础之上	突出了综合日语运用能力的形成 突出了日语作为外语学习的工具性与人文性的结合 突出了日语学习对终身学习的作用 更为具体地体现素质教育的要求
内容标准	听、说、读、写、语音、语法、词汇	语言知识、语言技能、文化素养、情感态度、学习策略	突出工具性与人文性共同构成课程的内容标准，而大纲中关于人文内容没有成为课程的具体标准

续表

	大　纲	标　准	突　破
内容案例	一级水平的要求 1. 听 ①能听懂基本的课堂用语，并能做出相应的反应 ②能基本上听懂词汇、语法范围内的语言材料 2. 说 ①能就课文内容进行简单的回答 ②能简单复述课文大意 3. 读 ①能比较熟练地朗读课文 ②能阅读所学词汇、语法范围的语言材料，基本理解其大意 4. 写 ①培养良好的书写习惯，能较正确地使用标点符号 ②能运用所学词汇、语法和句型写出3～5句意思较通顺的句子 5. 语音 能正确读出所学词汇的语音，声调正确 6. 语法 了解部分语法知识，掌握一些基本的表达方式 7. 词汇 掌握450个常用词汇	一级的阶段目标 ☆ 能在教师的指导下做游戏，能唱简单的日语歌曲 ☆ 能用日语交换简单的个人信息，围绕日常生活、学习用品、家居、学校设施等话题开展课堂内外的学习活动。掌握问候、告别、感谢、道歉等最基本的日常寒暄表达方式 ☆ 能书写单词，能根据图片或提示写简单的句子 ☆ 对日语学习中接触的文化背景感兴趣，乐于了解异国文化 ☆ 对日语学习表现出兴趣，乐于学习、积极合作 ☆ 能在学习中主动请教，积极探索适合自己的学习方法	突出了对日语运用的行为要求，努力描述学了日语，能用它做什么，而不仅仅限于围绕教科书的知识与技能的掌握 体现了从侧重教师的“教”到侧重学生的“学”的转变

表 3.23　　《俄语课程标准》和现行大纲的比较

		大　纲	标　准	突　破
目标		“教学目的”包括实践(言语)目的、教育目的、教养目的,旨在使学生获得正确的学习方法,养成良好的学习外语的习惯,发展学生的思维能力和自学能力	“课程标准”包括“知识目标”“技能目标”“情感态度目标”“学习策略目标”和“文化素养目标”	首次提出了“情感态度目标”“学习策略目标”和“文化素养目标” 这些目标体现了以人为本、以学为本的教育思想与培养学生的人文素养和可持续发展的能力的要求
内容	内容标准 教学要求 教学内容	对以上内容描述简单或未提及	“内容标准”具体描述一至三级各项目标的详细内容,各目标的描述都以“主题活动”教学的需要为依据,描述简明	为教学、教材编写、学生学习、考级提出了具体要求,便于操作
	目标分级	以“学段”分级,共分为两个级别。从1年级起,学习两年达到第一级水平;学习三年或四年,达到第二级水平	以“目标”分级,中学阶段共分为七个级别,其中义务教育阶段三个级别,以体现俄语课程标准的整体性和灵活性	符合实际,便于操作,有利实施,促进与大学外语考级接轨

续表 1

		大　纲	标　准	突　破
内容	教学原则	☆ 寓思想教育于语言教学之中 ☆ 重视言语实践 ☆ 恰当使用本族语 ☆ 培养学生的兴趣与自觉性 ☆ 充分利用视听教学手段 ☆ 注意发展智力	☆ 树立符合素质教育要求的外语教育观 ☆ 体现学生的主体地位，发挥教师的主导作用 ☆ 突出语言的实践性，培养学生综合运用语言的能力 ☆ 正确处理语言技能训练和语言知识教学的关系 ☆ 积极开展课外活动，发展学生的语言兴趣 ☆ 树立旨在促进素质教育的评价观念 ☆ 重视现代化教学手段的使用	突出学生主体。在义务教育阶段，将学生的情感培育和技能训练放在学习俄语的首位 在生活中学习俄语。在义务教育阶段以主题活动课型为主，以初中学生所熟悉、感兴趣的主题为学习内容，努力创设真实的交际活动场景，让学生学之能用，以实用的技能带动学生对知识的掌握 主题为线。以“主题为线，句式为主，突出交际，螺旋式发展”为教学和教材编写的原则 语法隐形。按照“主题为线”的原则，让语法为主题活动服务，与主题情景相伴，让学生在大量的交际活动中感受语法，形成一定的语感，然后相对集中地讲解

续表 2

		大　纲	标　准	突　破
内容	词汇	"六三"学制要求学生学会 750 个词	建立词汇包。词汇包共 2 400 个词语左右，含 800 个必学词、1 600 个选学词、100 个左右固定结构。选学词供主题活动替换用	建构词汇包是为了给教材编写、教师教学、学生学习提供自主选择的空间
	评价	规定测试分为"日常、阶段、结业"三种。测试内容以考查学生综合运用语言材料的能力为主。测试分笔试、口试	建立多元评价体系，即形成性评价与终结性评价相结合。形成性评价的主要手段是建立"学力数据库"，考察学生的成长过程	建立以形成性评价为主的多元评价体系。形成性评价的主要手段为"学力数据库"
	附录 词汇表 课程实施建议		含主题、教学案例、常用句式、词汇包等，比大纲完善 "课程实施建议"是标准新增加的内容，包括"教学建议""评价建议""课程资源的开发与利用""教材编写与使用建议"	本标准提出了明确的教材编写原则，编写建议和使用建议，便于中学师生理解本标准课程理念，利于教材编写人员贯彻标准精神

第四章

新课程与教学改革

教学改革是课程改革的一个有机组成部分。教师教育观念的更新、学生学习方式的转变和学校教学管理制度的重建将是本次课程改革在实施过程中的标志性体现。

DI SI ZHANG 第四章

新课程与教学改革

第一节　教学改革的意义

32. 本次教学改革的特点和主要任务是什么?

教学，尤其是课堂教学（其中最基本的是必修课程的课堂教学），过去是、当今依然是我国中小学教育活动的基本构成部分，是实施学校教育的基本途径。教学改革因此成为教育改革中备受关注的主题，特别是在推进素质教育的要求下，教学改革日益被提到议事日程上来。事实上，自20世纪80年代以来，我国的教学改革已经在朝着实施素质教育的方向努力，许多学校在教育科研人员的指导下，对培养学生学会学习、对减轻学生学习负担过重、对确立学生在教学过程中的主体地位等问题，作了积极有益的探索和改革，在教学实践中涌现了一批重视学生生动、活泼、主动地学习，重视学生成功与发展的好的教改典型，有些经理论概括后形成新的教学模式。这是本次教学改革的起点和基础。

但从总的形势来看，由于应试教育观念和实践的深远影响，人才选拔机制的不完善，80年代以来所进行的教学改革中有许多仍没有摆脱应试教育的束缚，且以局部的、单项的改革和操作性的修修补补居多，局限性较大，尚未能构造出一种真正体现素质教育思想的教学新体系。这里，既有教学改革本身不够到位的原因，也有受课程制约的因素。因此，从总体上看，素质教育的成效还不够明显，尚未取得突破性的进展。长期以来一直困扰着我们的教学方式单一、学生被动学习、个性受到压抑等顽疾均未能从根本上得到有效的医治；教学实践中，过于强调接受学习、死记硬背、机械训练的状况普遍存在。这是本次教学改革要着力解决的主要问题。

本次教学改革，一方面因为有了80年代以来教学改革所取得的成效作为基础，因此可望在一个更高、更深、更全面的层次上展开；另一方面因为有了深刻的反思，有了对存在问题的检讨和共识，因此可望有针对性地、实实在在地展开。更为重要的是，本次教学改革是作为新一轮课程改

第四章 DI SI ZHANG

新课程与教学改革

革的一个有机组成部分而进行的，新课程、新教材既为教学改革提供了一个崭新的“平台”、一个很好的支撑点，又对教学改革提出了全新的要求，教学改革因此可望有实质性的、全方位的推进!

那么，本次教学改革究竟要改什么？其主要任务是什么？

首先，要改革旧的教育观念，真正确立起与新课程相适应的体现素质教育精神的教育观念。观念是行动的灵魂，教育观念对教学起着指导和统率的作用，一切先进的教学改革都是从新的教育观念中生发出来的；一切教学改革的困难都来自旧的教育观念的束缚；一切教学改革的尝试都是新旧教育观念斗争的结果。确立新的教育观念，是教学改革的首要任务。教育观念不转变，教学改革无从谈起；教育观念一转变，许多困难迎刃而解。当前中小学教学还没有摆脱应试教育阴影的笼罩，而在应试教育观念尚未获得根本转变的情形下，学校所实施的教学改革也因此变得缺乏成效或事倍功半。我们一定要在本次课程改革中，组织学习与培训，开展反思与讨论，提高认识，强化责任，来一次教育观念的“启蒙运动”，把教师的教育思想观念统一到素质教育的要求上来，统一到新课程的方向上来。教育观念的转变将会真正焕发出教学的生命力和创造力。

其次，要坚定不移地推进教学方式和学习方式的转变。先进的教育观念要通过先进的教育方式体现出来，此外，教育观念转变本身也要在教育方式转变中进行，二者是相辅相成的关系。观念不转变，方式转变就没有了方向，没有了基础；方式不转变，观念转变就失去了归宿，失去了落脚点。所以，教学改革既要重视观念改革的先导作用，又要重视方式改革的载体作用。本次教学改革不仅要改变教师的教育观念，还要改变他们每天都在进行着的习以为常的教学方式、教学行为。这几乎等于要改变教师习惯了的生活方式，其艰难性就不言而喻了。从这个角度讲，教学改革是场攻坚战。就教与学关系而言，教师教育观念、教学方式的转变最终都要落实到学生学习方式的转变上。学生学习方式的转变具有极其重要的意义，这是因为学习方式的转变将会牵引出思维方式、生活方式甚至生存方式的转变。学生的自主性、独立性、能动性和创造性将因此得到真正的张扬和提升。学生不仅将成为学习和教育的主人，而且还将成为生活的主人，成为独立的、积极参与社会的、有责任感的人。学习方式转变因此被看成是本次课程改革的显著特征和核心任务。

再次，要致力于教学管理制度的重建。在转变观念和方式的同时，重建制度，这同样是本次教学改革的重要任务。教育思想观念的更新、教学与学习方式的转变需要相应的教学管理制度为其保驾护航。就学校教育内部而言，观念更新、方式转变的最大阻力来自落后的教学管理和评价制度。用应试教育的模式来管理和评价教师，怎么可能让教师生发出素质教育的思想观念和行为方式呢？对于本次课程和教学改革，教师反映最强烈的也就是教学管理和评价问题。他们盼望、呼吁与新课程、新教学相适应的新管理、新评价。教学管理制度的重建具有核心性的意义，它将从根本上解决教育观念和行为问题。当然，教学管理制度的重建不可能是一蹴而就的，它本身需要在改革过程中不断完善起来，也可以说，它与观念更新、行为转变是互动的过程，二者相辅相成，互相推进。

第二节　教学观与学生观

33. 教学是课程传递和执行的过程，还是课程创生与开发的过程？

本次教学改革是在课程改革的背景下进行的，是对课程改革的呼应。所以，教学与课程的关系是本次教学改革首先必须摆正和处理好的一对关系。在这对关系中，课程是矛盾的主要方面，课程观是主导因素。课程观决定教学观，并因此决定教学改革的深度、广度。但是，课程究竟是教学的“枷锁”，还是“跳板”？是教学的“控制者”，还是“促进者”？在传统的教学论概念系统中，“课程”被理解为规范性的教学内容，而这种规范性的教学内容是按学科编制的，故“课程”又被界定为学科或各门学科的总和。这就意味着，“课程”只是政府和学科专家关注的事，教师无权也无须思考课程问题，教师的任务只是教学。课程和教学成为两个彼此分离的领域，课程是学校教育的实体或内容，它规定学校“教什么”，教学是

第四章 DI SI ZHANG

新课程与教学改革

学校教育的过程或手段，它规定学校“怎么教”；课程是教学的方向、目标或计划，是在教学过程之前和教学情境之外预先规定的，教学的过程就是忠实而有效传递课程的过程，而不应当对课程做出任何调整和变革。教师只是既定课程的阐述者和传递者，学生只是既定课程的接受者和吸收者。这就是传统课程所倡导的教学观。课程是“专制”的一方，课程成为一种指令、规定，教材成为圣经，而教学则成为被控制、被支配的一方，课程与教学走向对立，二者机械地、单向地、线性地发生关系。这样，课程不断走向孤立，走向封闭，走向萎缩，走向繁、难、偏、旧，而教学也不断变得死板、机械、沉闷，这种背景下的所谓教学改革只能是打外围战，“戴着镣铐跳舞”，师生的生命力、主体性不可能得到充分发挥。总之，这种教学改革最多只能在方法上、形式上做文章，而不可能有实质性的突破。

当课程由“专制”走向民主，由封闭走向开放，由专家研制走向教师开发，由学科内容走向学生经验的时候，课程就不只是“文本课程”（教学计划、教学大纲、教科书等文件），而更是“体验课程”（被教师与学生实实在在地体验到、感受到、领悟到、思考到的课程）。这意味着，课程的内容和意义在本质上并不是对所有人都相同的，在特定的教育情境中，每一位教师和学生对给定的内容都有其自身的理解，对给定内容的意义都有其自身的解读，从而对给定的内容不断进行变革与创新，以使给定的内容不断转化为“自己的课程”。因此，教师和学生不是外在于课程的，而是课程的有机构成部分，是课程的创造者和主体，他们共同参与课程开发的过程。这样教学就不只是课程传递和执行的过程，而更是课程创生与开发的过程。这是新课程所倡导的教学观。教学过程因此成为课程内容持续生成与转化、课程意义不断建构与提升的过程。这样，教学与课程相互转化，相互促进，彼此有机融为一体。课程也由此变成一种动态的、生长性的“生态系统”和完整文化，这意味着课程观的重大变革。在这种背景下，教学改革才能真正进入教育的内核，成为课程改革与发展的能动力量，成为教师与学生追寻主体性、获得解放与自由的过程。这正是新一轮

第四章
DI SI ZHANG

新课程与教学改革

课程改革所呼唤的教学改革！这是从课程层面上给教学带来的一种“解放”，这种“解放”将使教学过程真正成为师生富有个性化的创造过程。

34．教学是教师教学生学的过程，还是师生交往、积极互动、共同发展的过程?

教与学的关系问题是教学过程的本质问题，同时也是教学论中的重大理论问题。教学是教师的教与学生的学的统一，这种统一的实质是交往、互动。基于此，新课程把教学过程看成是师生交往、积极互动、共同发展的过程。没有交往、没有互动，就不存在或未发生教学，那些只有教学的形式表现而无实质性交往发生的“教学”是假教学。把教学本质定位为交往，是对教学过程的正本清源。它是对“把教学看成是教师有目的、有计划、有组织地向学生传授知识、训练技能、发展智力、培养能力、陶冶品德的过程”这一传统观点的重大突破。

在传统的教学中，教师负责教，学生负责学，教学就是教师对学生单向的“培养”活动，它表现为：一是以教为中心，学围绕教转。教师是知识的占有者和传授者，对于求知的学生来说，教师就是知识宝库，是活的教科书，是有学问的人，没有教师对知识的传授，学生就无法学到知识。所以教师是课堂的主宰者，所谓教学就是教师将自己拥有的知识传授给学生。教学关系成为：我讲，你听；我问，你答；我写，你抄；我给，你收。在这样的课堂上，“双边活动”变成了“单边活动”，教代替了学，学生是被教会，而不是自己学会，更不用说会学了。二是以教为基础，先教后学。学生只能跟着教师学，复制教师讲授的内容。先教后学，教了再学，教多少、学多少，怎么教、怎么学，不教不学。教支配、控制学，学无条件地服从于教，教学由共同体变成了单一体，学的独立性、独立品格丧失了，教也走向了其反面，最终成为遏制学的“力量”。教师越教，学生越不会学、越不爱学。总之，传统教学只是教与学两方面的机械叠加。

新课程强调，教学是教与学的交往、互动，师生双方相互交流、相互沟通、相互启发、相互补充，在这个过程中教师与学生分享彼此的思考、经验和知识，交流彼此的情感、体验与观念，丰富教学内容，求得新的发现，从而达到共识、共享、共进，实现教学相长和共同发展。交往昭示着教学不是教师教、学生学的机械相加，传统的严格意义上的教师教和学生学，将不断让位于师生互教互学，彼此将形成一个真正的“学习共同体”。在这个共同体当中，“学生的教师和教师的学生不复存在，代之而起的是新的术语：教师式学生和学生式教师。教师不再仅仅去教，而且也通过对话被教，学生在被教的同时，也同时在教。他们共同对整个成长负责。”对教学而言，交往意味着人人参与，意味着平等对话，意味着合作性意义建构，它不仅是一种认识活动过程，更是一种人与人之间平等的精神交流。对学生而言，交往意味着主体性的凸显、个性的表现、创造性的解放。对教师而言，交往意味着上课不仅是传授知识，而是一起分享理解，促进学习；上课不是单向的付出，而是生命活动、专业成长和自我实现的过程。交往还意味着教师角色定位的转换：教师由教学中的主角转向“平等中的首席”，由传统的知识传授者转向现代的学生发展的促进者。可以说，创设基于师生交往的互动、互惠的教学关系，是本次教学改革的一项重要内容。

35. 教学重结论还是重过程？

结论与过程的关系是教学过程中一对十分重要的关系，与这一关系相关的还有：学习与思考、学会与会学、知识与智力、继承与创新等关系。从学科本身来讲，过程体现该学科的探究过程与探究方法，结论表征该学科的探究结果（概念原理的体系）。二者是相互作用、相互依存、相互转化的关系。什么样的探究过程和方法论必然对应着什么样的探究结论或结果，概念原理体系的获得依赖于特定的探究过程和方法论。如果说，概念原理体系是学科的“肌体”，那么探究过程和探究方法就是学科的“灵魂”。二者有机结合才能体现一门学科的整体内涵和思想。当然，不同学科的概念原理体系不同，其探究过程和方法论也存在区别。但无论对哪一门学科而言，学科的探究过程和方法论都具有重要的教育价值，学科的概念原理体系只有和相应的探究过程及方法论结合起来，才能有助于学生形成一个既有肌体又有灵魂的活的学科认知结构，才能使学生的理智过程和精神世界获得实质性的发展与提升。

从教学角度来讲，所谓教学的结论，即教学所要达到的目的或所需获得的结果；所谓教学的过程，即达到教学目的或获得所需结论而必须经历的活动程序。毋庸置疑，教学的重要目的之一，就是使学生理解和掌握正确的结论，所以必须重结论。但是，如果不经过学生一系列的质疑、判断、比较、选择，以及相应的分析、综合、概括等认识活动，即如果没有多样化的思维过程和认知方式，没有多种观点的碰撞、论争和比较，结论就难以获得，也难以真正理解和巩固。更重要的是，没有以多样性、丰富性为前提的教学过程，学生的创新精神和创新思维就不可能培养起来。所以，不仅要重结论，更要重过程。基于此，新课程把过程方法本身作为课程目标的重要组成部分，从而从课程目标的高度突出了过程方法的地位。

重结论、轻过程的传统教学只是一种形式上走捷径的教学，把形成结论的生动过程变成了单调刻板的条文背诵，一切都是现成的：现成的结论、现成的论证、现成的说明、现成的讲解，它从源头上剥离了知识与智力的内在联系。重结论、轻过程的传统教学排斥了学生的思考和个性，把教学过程庸俗化到无需智慧努力，只需听讲和记忆就能掌握知识的那种程度，于是便有了掌握知识却不思考知识、诘问知识、评判知识、创新知识的“好学生”。这实际上是对学生智慧的扼杀和个性的摧残。重结论、轻过程，从学习的角度讲，也即重学会、轻会学。学会，重在接受知识，积累知识，以提高解决当前问题的能力，是一种适应性学习；会学，重在掌握方法，主动探求知识，目的在于发现新知识、新信息以及提出新问题，是一种创新性学习。进入知识经济时代，学生在学校获得的知识到社会上已远远不够用。人们只有不断更新知识，才能跟上时代的步伐。因此，让学生从学会到会学，就显得尤为重要和迫切。

现代教育心理学研究指出，学生的学习过程不仅是一个接受知识的过程，而且也是一个发现问题、分析问题、解决问题的过程。这个过程一方面是暴露学生产生各种疑问、困难、障碍和矛盾的过程，另一方面是展示学生发展聪明才智、形成独特个性与创新成果的过程。正因为如此，新课程强调过程，强调学生探索新知的经历和获得新知的体验。当然，强调探索过程，意味着学生要面临问题和困惑、挫折和失败，这同时也意味着学生可能花了很多时间和精力结果表面上却一无所获，但是，这却是一个人的学习、生存、生长、发展、创造所必须经历的过程，也是一个人的能力、智慧发展的内在要求，它是一种不可量化的“长效”、一种难以言说的丰厚回报，而眼前耗费的时间和精力应该说是值得付出的代价。

36. 教学关注学科还是关注人？

中小学教学是分学科进行的，学科教学的重心在学科还是在人？关注学科还是关注人反映了两种不同的教育价值观。过分关注学科，过分强调学科的独立性和重要性，是学科本位论的反映。学科本位论把学科凌驾于教育之上，凌驾于人之上，学科成为中心，成为目的，学校教育、课堂教学成为促进学科发展、培养学科后备人才的手段，这种只见学科不见人的教育观从根本上背离了基础教育特别是义务教育的基本性质和神圣使命。从实践层面讲，以学科为本位的教学是一种“目中无人”的教学，它突出表现为：

第一，重认知轻情感。以学科为本位的教学，把生动的、复杂的教学活动囿于固定、狭窄的认知主义的框框之中，只注重学生对学科知识的记忆、理解和掌握，而不关注学生在教学活动中的情绪生活和情感体验，正如苏联教学论专家斯卡特金所指出的：“我们建立了很合理的、很有逻辑性的教学过程，但它给积极情感的食粮很少，因而引起了很多学生的苦恼、恐惧和别的消极感受，阻止他们全力以赴地去学习。”教学的非情感化是传统教学的一大缺陷。

第二，重教书轻育人。以学科为本位的教学把教书和育人割裂开来，以教书为天职，以完成学科知识传授、能力培养为己任，忽视学生在教学活动中的道德生活和人格养成。《读者》上有一段利奥·巴恩格利亚先生写的话："我们整天在干些什么？我们如此忙于传授知识。如果我们没有教莉亚妮任何她真正需要知道的东西，譬如：如何快乐地生活着，如何有个人价值感和自尊心，而单教给她如何读书、写作、算题，这又有什么用呢？"教学过程不能成为学生道德提升和人格发展的过程，这是以学科为本位的教学的最大失职。总之，以学科为本位的教学在强化和突出学科知识的同时，从根本上失去了对人的生命存在及其发展的整体关怀，从而使学生成为被肢解的人，甚至被窒息的人。改革教学必须进行价值本位的转移，即由以学科为本位转向以人的发展为本位，学科本位论的错误不在于学科本身，而在于指导思想，学科教学依然要体现和重视学科知识的特点，遵循学科发展的规律，但是，学科教学一定要以人的发展为本，服从、服务于人的全面健康发展。

关注人是新课程的核心理念——"一切为了每一位学生的发展"在教学中的具体体现，它意味着：

第一，关注每一位学生。每一位学生都是生动活泼的人、发展的人、有尊严的人，在教师的课堂教学理念中，包括每一位学生在内的全班所有的学生都是自己应该关注的对象，关注的实质是尊重、关心、牵挂，关注本身就是最好的教育。

第二，关注学生的情绪生活和情感体验。孔子说过：知之者莫如好之者，好之者莫如乐之者。教学过程应该成为学生一种愉悦的情绪生活和积极的情感体验。学生在课堂上是兴高采烈还是冷漠呆滞，是其乐融融还是愁眉苦脸？伴随着学科知识的获得，学生对学科学习的态度是越来越积极还是越来越消极？学生对学科学习的信心是越来越强还是越来越弱？这一切必须为我们教师所关注，这种关注同时还要求我们教师必须用"心"施教，不能做学科体系的传声筒。用"心"施教体现着教师对本职的热爱，对学生的关切，体现着教师热切的情感。

第三，关注学生的道德生活和人格养成。课堂不仅是学科知识传递的殿堂，更是人性养育的圣殿。课堂教学潜藏着丰富的道德因素，"教学永远具有教育性"，这是教学活动的一条基本规律。教师不仅要充分挖掘和展示教学中的各种道德因素，还要积极关注和引导学生在教学活动中的各种道德表现和道德发展，从而使教学过程成为学生一种高尚的道德生活和丰富的人生体验，这样，学科知识增长的过程同时也就成为人格的健全与发展过程，伴随着学科知识的获得，学生变得越来越有爱心，越来越有同情心，越来越有责任感，越来越有教养。当然，这也要求教师一定要加强自身修养，不断完善自己。

37. 新课程倡导什么样的学生观?

怎么看待学生，把学生看成什么样的人，对学生采取什么态度（即学生观)，一直是教育理论和实践的重要问题。“一切为了每一位学生的发展”是新课程的最高宗旨和核心理念。那么，新课程倡导哪些具体的学生观呢?

一、学生是发展的人

把学生看成是发展的人，包含以下几个基本含义。

第一，学生的身心发展是有规律的。认识规律、遵循规律是做好工作的前提。它要求教师应努力学习，掌握学生身心发展的理论，熟悉不同年龄阶段学生身心发展的特点，并依据学生身心发展的规律和特点开展教育教学活动，从而有效促进学生身心健康发展。

第二，学生具有巨大的发展潜能。应该相信学生的确是潜藏着巨大发展能量的，坚信每个学生都是可以积极成长的，是有培养前途的，是追求进步和完善的，是可以获得成功的，因而对教育好每一位学生应充满信心。

第三，学生是处于发展过程中的人。作为发展的人，也就意味着学生还是一个不成熟的人，是一个正在成长的人。从教育角度讲，它意味着学生是在教育过程中发展起来的，是在教师指导下成长起来的。在一定的意义上，可以说，学生的生活和命运是掌握在学校和教师的手里。学生是不是能生活得很有趣味，是不是能学得很好，是不是能健康成长，是不是幸福欢乐，都和他们所在的学校和所遇到的教师有极大的关系。

二、学生是独特的人

把学生看成是独特的人，包含以下几个基本含义。

第一，学生是完整的人。学生并不是单纯的抽象的学习者，而是有着丰富个性的完整的人。在教育活动中，作为完整的人而存在的学生，不仅具备全部的智慧力量和人格力量，而且体验着全部的教育生活。要把学生作为完整的人来对待，就必须反对那种割裂人的完整性的做法，还学生完整的生活世界，丰富学生的精神生活，给予学生全面展现个性力量的时间和空间。

第二，每个学生都有自身的独特性。每个人由于遗传素质、社会环境、家庭条件和生活经历的不同，而形成了个人独特的“心理世界”，他们在兴趣、爱好、动机、需要、气质、性格、智能和特长等方面是各不相同、各有侧重的，“人心不同，各如其面”，独特性是个性的本质特征。珍视学生的独特性和培养具有独特个性的人，应成为我们对待学生的基本态度。独特性也意味着差异性，不仅要认识到学生的差异，而且要尊重学生的差异。差异不仅是教育的基础，也是学生发展的前提，应视为一种财富而珍惜开发，使每个学生在原有基础上都得到完全、自由的发展。

第三，学生与成人之间存在着巨大的差异。学生和成人之间是存在很大差别的，学生的观察、思考、选择和体验，都和成人有明显不同。所以，“应当把成人看做成人，把孩子看做孩子”。

三、学生是具有独立意义的人

把学生看成是具有独立意义的人，包含以下几个基本含义。

第一，每个学生都是独立于教师的头脑之外，不依教师的意志为转移的客观存在。因此，决不是教师想让学生怎么样，学生就会怎么样。学生既不是教师的四肢，可以由教师随意支配；也不是泥土或石膏，可以由教师任意捏塑。教师要想使学生接受自己的教导，首先就要把学生当做不依自己的意志为转移的客观存在，当做具有独立性的人来看待，使自己的教育和教学适应他们的情况、条件、要求和思想认识的发展规律。教师不但不能把自己的意志强加给学生，而且，连自己的知识也是不能强加给学生的。强加，不但加不进去，而且会挫伤学生的主动性、积极性，扼杀他们的学习兴趣，窒息他们的思想，引起他们自觉或不自觉的抵制或抗拒。

第二，学生是学习的主体。每个学生都有自己的躯体、自己的感官、自己的头脑、自己的性格、自己的意愿、自己的知识和思想基础、自己的思想和行动规律。正如每个人都只能用自己的器官吸收物质营养一样，每个学生也只能用自己的器官吸收精神营养。这是别人不能代替，也不能改变的。教师不可能代替学生读书，代替学生感知，代替学生观察、分析、思考，代替学生明白任何一个道理和掌握任何一条规律。教师只能让学生自己读书，自己感受事物，自己观察、分析、思考，从而使他们自己明白事理，自己掌握事物发展变化的规律。

第三，学生是责权主体。从法律、伦理角度看，在现代社会，学生在教育系统中既享有一定的法律权利并承担着一定的法律责任，是一个法律上的责权主体。同时，也承担一定的伦理责任和享受特定的伦理权利，也是伦理上的责权主体。学生是权利主体，学校和教师要保护学生的合法权利；学生是责任主体，学校和教师要引导学生学会对学习、对生活，对自己、对他人负责，学会承担责任。视学生为责权主体的观念，是建立民主、道德、合法的教育关系的基本前提。强化这一观念，是时代的要求。

38. 如何建立新型的师生关系？

“师生之间的关系决定着学校的面貌。”建立新型的师生关系既是新课程实施与教学改革的前提和条件，又是新课程实施与教学改革的内容和任务。师生关系包括师生伦理关系和师生情感关系。当前，在学校教学活动中存在的师生伦理关系方面的问题主要是：师生之间的权利义务关系比较混乱，学生权利经常得不到应有的保护。许多教师没有把学生作为一个有独立个人权利的社会人来对待，经常有意无意地侵犯学生的个人权利，特别是侵犯学生人身方面的权利和自由以及学生文化教育方面的权利。忽视、侵犯学生的权利，必然会导致师生之间权利义务关系的紊乱。师生之间权利义务关系的紊乱，还表现为在学校教育中，教师为学生筹划一切，包办代替。这从表面上看是教师事事关心，实质上是忽视学生的独立性，不让学生履行自己的义务。不论是侵犯学生权利还是包办代替，都不是恰当的师生伦理关系。

新课程的推进要致力于建立充分体现着尊重、民主和发展精神的新型师生伦理关系。为此，需要从以下几个方面努力。

第一，树立教育民主思想。民主平等是现代师生伦理关系的核心要求。民主思想首先要求教师承认学生作为“人”的价值。每个学生都有特定的权利和尊严，更有自己的思想感情和需要。其次要求教师尊重学生的人格。这种尊重既表现在对学生独特个性行为表现的接纳和需要的满足，又表现在创设良好的环境和条件，让学生自由充分发现自己，意识到自己的存在，体验到自己作为人的一种尊严感和幸福感。

第二，提高法制意识，保护学生的合法权利。法制意识淡薄，认识不到学生拥有神圣不可侵犯的权利，这是侵犯学生权利现象屡屡发生和广泛存在的内在原因。所以，教师一定要提高法制意识，明确师生的权利义务关系。同时，也要加强教育制度伦理建设，使师生之间的权利义务关系更加明晰并转化为具体的制度规定，切实保护学生的合法权利。

第三，加强师德建设，纯化师生关系。师生关系是一种教育关系，即一种具有道德纯洁性的特殊社会关系。我们教师应加强自身修养，提高抵御不良社会风气侵蚀的积极性和能力。同时，也要更新管理观念，树立以人为本的管理思想，从而为师生关系的纯化创造有利的教育环境。

总之，师生伦理关系是师生关系的有机组成部分，我们应面向新时代，努力创建民主、平等和促进个性发展的师生伦理关系，真正使师生关系焕发出迷人的光彩。这将成为本次课程改革最亮丽的风景线。

师生情感关系问题虽然比较受到人们的重视，并做了一些有效的探索，但是，从整体上说，师生情感关系的状况仍难以令人满意，师生之间情感冷漠、缺乏沟通的现象比比皆是。师生之间缺乏积极的情感联系，不仅使得一直为人们所珍视的师生情谊黯然失色，也使教学活动失去了宝贵的动力源泉。优化师生情感关系，重建温馨感人的师生情谊，是师生关系改革的现实要求。

那么，本次课程改革应追求一种什么样的师生情感关系呢？我们认为，新型的良好师生情感关系应该是建立在师生个性全面交往基础上的情感关系。它是一种真正的人与人的心灵沟通，是师生互相关爱的结果。它是师生创造性得以充分发挥的催化剂，是促进教师与学生的性情和灵魂提升的沃土。它是一种和谐、真诚和温馨的心理氛围，是真善美的统一体。创造这种新型的师生情感关系，需要从如下几个方面努力。

第一，教师要真情对待学生，关心爱护学生。要建立良好的师生情感联系，教师必须真情付出，关心爱护每一个学生，公平地对待学生，不能厚此薄彼，尤其是对于学业成绩不够理想的学生，教师要多鼓励、多关怀，相信他们的潜力，切实帮助他们。我们相信，教师的真情投入，必定会得到学生的真情回报。

第二，展现教学过程的魅力，品味教学成功的喜悦。通过联系学生生活实际，激发学生学习兴趣，增强学生情感体验，改进教学活动，使教学过程充满情趣和活力。展现教学过程的魅力，提高教学活动的吸引力，这是优化师生情感关系的重要策略。

第三，完善个性，展现个人魅力。教师要得到学生的爱戴，就得有内在的人格魅力。努力完善自己的个性，使自己拥有热情、真诚、宽容、负责、幽默等优秀品质，这是优化教师情感关系的重要保证。为此，教师要自觉提高自身修养，扩展知识视野，提高敬业精神，提升教育艺术，努力成为富有个性魅力的人。

总之，课程改革需要建立一种以师生个性全面交往为基础的新型师生情感关系，为此，需要教师全身心的真情投入，需要在完善教学活动和完善个性两个方面共同努力。

第三节 教师角色与教学行为

39．新课程中教师角色将发生哪些转变？

新课程不仅要求教师的观念要更新，而且要求教师的角色要转变。

DI SI ZHANG 第四章

新课程与教学改革

一、从教师与学生的关系看，新课程要求教师应该是学生学习的促进者

教师即促进者，指教师从过去仅作为知识传授者这一核心角色中解放出来，促进以学习能力为重心的学生整个个性的和谐、健康发展。教师即学生学习的促进者是教师最明显、最直接、最富时代性的角色特征，是教师角色特征中的核心特征。其内涵主要包括以下两个方面。

第一，教师是学生学习能力的培养者。强调能力培养的重要性，是因为：首先，现代科学知识量多且发展快，教师要在短短的几年学校教育时间里把所教学科的全部知识传授给学生已不可能，而且也没有这个必要，教师作为知识传授者的传统地位被动摇了。其次，教师作为学生惟一知识源的地位已经动摇。学生获得知识信息的渠道多样化了，教师在传授知识方面的职能也变得复杂化了，不再是只传授现成的教科书上的知识，而是要指导学生懂得如何获取自己所需要的知识，掌握获取知识的工具以及学会如何根据认识的需要去处理各种信息的方法。总之，教师再也不能把知识传授作为自己的主要任务和目的，把主要精力放在检查学生对知识的掌握程度上，而应成为学生学习的激发者、辅导者、各种能力和积极个性的培养者，把教学的重心放在如何促进学生“学”上，从而真正实现教是为了不教。

第二，教师是学生人生的引路人。这一方面要求教师不能仅仅是向学生传播知识，而是要引导学生沿着正确的道路前进，并且不断地在他们成长的道路上设置不同的路标，引导他们不断地向更高的目标前进。另一方面要求教师从过去作为“道德说教者”“道德偶像”的传统角色中解放出来，成为学生健康心理、健康品德的促进者、催化剂，引导学生学会自我调适、自我选择。

二、从教学与研究的关系看，新课程要求教师应该是教育教学的研究者

在中小学教师的职业生涯中，传统的教学活动和研究活动是彼此分离的。教师的任务只是教学，研究被认为是专家们的“专利”。教师不仅鲜

有从事教学研究的机会，而且即使有机会参与，也只能处在辅助的地位，配合专家、学者进行实验。这种做法存在着明显的弊端，一方面，专家、学者的研究课题及其研究成果并不一定为教学实际所需要，也并不一定能转化为实践上的创新；另一方面，教师的教学如果没有一定的理论指导，没有以研究为依托的提高和深化，就容易固守在重复旧经验、照搬老方法的窠臼里不能自拔。这种教学与研究的脱节，对教师的发展和教学的发展是极其不利的，它不能适应新课程的要求。新课程所蕴含的新理念、新方法以及新课程实施过程中所出现和遇到的各种各样的新问题，都是过去的经验和理论都难于解释和应付的，教师不能被动地等待着别人把研究成果送上门来，再不加思索地把这些成果应用到教学中去。教师自己就应该是一个研究者，教师即研究者意味着，教师在教学过程中要以研究者的心态置身于教学情境之中，以研究者的眼光审视和分析教学理论与教学实践中的各种问题，对自身的行为进行反思，对出现的问题进行探究，对积累的经验进行总结，使其形成规律性的认识。这实际上也就是国外多年来所一直倡导的"行动研究"，它是为行动而进行的研究，即不是脱离教师的教学实际而是为解决教学中的问题而进行的研究；是在行动中的研究，即这种研究不是在书斋里进行而是在教学的活动中进行的研究；是对行动的研究，即这种研究的对象和内容就是行动本身。可以说，"行动研究"把教学与研究有机地融为一体，它是教师由"教书匠"转变为"教育家"的前提条件，是教师持续进步的基础，是提高教学水平的关键，是创造性实施新课程的保证。

三、从教学与课程的关系看，新课程要求教师应该是课程的建设者和开发者

在传统的教学中，教学与课程是彼此分离的。教师被排斥于课程之外，教师的任务只是教学，是按照教科书、教学参考资料、考试试卷和标准答案去教；课程游离于教学之外：教学内容和教学进度是由国家的教学大纲和教学计划规定的，教学参考资料和考试试卷是由专家或教研部门编写和提供的，教师成了教育行政部门各项规定的机械执行者，成为各种教

学参考资料的简单照搬者。有专家经过调查研究尖锐地指出，现在有不少教师离开了教科书，就不知道教什么；离开了教参，就不知道怎么上课；离开了练习册和习题集，就不知道怎么出考卷。教学与课程的分离，使教师丧失了课程的意识，丧失了课程的能力。

新课程倡导民主、开放、科学的课程理念，同时确立了国家课程、地方课程、校本课程三级课程管理政策，这就要求课程必须与教学相互整合，教师必须在课程改革中发挥主体性作用。教师不能只成为课程实施中的执行者，教师更应成为课程的建设者和开发者。为此，教师要形成强烈的课程意识和参与意识，改变以往学科本位论的观念和消极被动执行的做法；教师要了解和掌握各个层次的课程知识，包括国家层次、地方层次、学校层次、课堂层次和学生层次，以及这些层次之间的关系；教师要提高和增强课程建设能力，使国家课程和地方课程在学校、在课堂实施中不断增值、不断丰富、不断完善；教师要锻炼并形成课程开发的能力，新课程越来越需要教师具有开发本土化、乡土化、校本化的课程的能力；教师要培养课程评价的能力，学会对各种教材进行评鉴，对课程实施的状况进行分析，对学生学习的过程和结果进行评定。

四、从学校与社区的关系来看，新课程要求教师应该是社区型的开放的教师

随着社会发展，学校渐渐地不再只是社区中的一座“象牙塔”而与社区生活毫无联系，而是越来越广泛地同社区发生各种各样的内在联系。一方面，学校的教育资源向社区开放，引导和参与社区的一些社会活动，尤其是教育活动。另一方面，社区也向学校开放自己的可供利用的教育资源，参与学校的教育活动。学校教育与社区生活正在走向终身教育要求的“一体化”，学校教育社区化，社区生活教育化。新课程特别强调学校与社区的互动，重视挖掘社区的教育资源。在这种情况下，相应地，教师的角色也要求变革。教师的教育工作不能仅仅局限于学校、课堂了。教师不仅仅是学校的一员，而且是整个社区的一员，是整个社区教育、科学、文化事业建设的共建者。因此，教师的角色必须从仅仅是专业型教师、学校型

教师，拓展为“社区型”教师。教师角色是开放型的，教师要特别注重利用社区资源来丰富学校教育的内容和意义。

40．新课程中教师的教学行为将发生哪些变化？

新课程要求教师提高素质、更新观念、转变角色，必然也要求教师的教学行为产生相应的变化。

一、在对待师生关系上，新课程强调尊重、赞赏

“为了每一位学生的发展”是新课程的核心理念。为了实现这一理念，教师必须尊重每一位学生做人的尊严和价值，尤其要尊重以下六种学生：①尊重智力发育迟缓的学生；②尊重学业成绩不良的学生；③尊重被孤立和拒绝的学生；④尊重有过错的学生；⑤尊重有严重缺点和缺陷的学生；⑥尊重和自己意见不一致的学生。

尊重学生同时意味着不伤害学生的自尊心：①不体罚学生；②不辱骂学生；③不大声训斥学生；④不冷落学生；⑤不羞辱、嘲笑学生；⑥不随意当众批评学生。

教师不仅要尊重每一位学生，还要学会赞赏每一位学生：①赞赏每一位学生的独特性、兴趣、爱好、专长；②赞赏每一位学生所取得的哪怕是极其微小的成绩；③赞赏每一位学生所付出的努力和所表现出来的善意；④赞赏每一位学生对教科书的质疑和对自己的超越。

二、在对待教学关系上，新课程强调帮助、引导

教怎样促进学呢？教的职责在于帮助：①帮助学生检视和反思自我，明了自己想要学习什么和获得什么，确立能够达成的目标；②帮助学生寻找、搜集和利用学习资源；③帮助学生设计恰当的学习活动和形成有效的学习方式；④帮助学生发现他们所学东西的个人意义和社会价值；⑤帮助学生营造和维持学习过程中积极的心理氛围；⑥帮助学生对学习过程和结果进行评价，并促进评价的内在化；⑦帮助学生发现自己的潜能和性向。

教的本质在于引导，引导的特点是含而不露，指而不明，开而不达，

引而不发；引导的内容不仅包括方法和思维，同时也包括价值和做人。引导可以表现为一种启迪：当学生迷路的时候，教师不是轻易告诉方向，而是引导他怎样去辨明方向；引导可以表现为一种激励：当学生登山畏惧了的时候，教师不是拖着他走，而是唤起他内在的精神动力，鼓励他不断向上攀登。

三、在对待自我上，新课程强调反思

反思是教师以自己的职业活动为思考对象，对自己在职业中所做出的行为以及由此所产生的结果进行审视和分析的过程。教学反思被认为是“教师专业发展和自我成长的核心因素”。新课程非常强调教师的教学反思，按教学的进程，教学反思分为教学前、教学中、教学后三个阶段。在教学前进行反思，这种反思能使教学成为一种自觉的实践；在教学中进行反思，即及时、自动地在行动过程中反思，这种反思能使教学高质高效地进行；教学后的反思——有批判地在行动结束后进行反思，这种反思能使教学经验理论化。教学反思会促使教师形成自我反思的意识和自我监控的能力。

四、在对待与其他教育者的关系上，新课程强调合作

在教育教学过程中，教师除了面对学生外，还要与周围其他教师发生联系，要与学生家长进行沟通与配合。课程的综合化趋势特别需要教师之间的合作，不同年级、不同学科的教师要相互配合，齐心协力地培养学生。每个教师不仅要教好自己的学科，还要主动关心和积极配合其他教师的教学，从而使各学科、各年级的教学有机融合、相互促进。教师之间一定要相互尊重、相互学习、团结互助，这不仅具有教学的意义，而且还具有教育的功能。

家庭教育的重要性是不言而喻的，教师必须处理好与家长的关系，加强与家长的联系与合作，共同促进学生的健康成长。首先，要尊重学生家长，虚心倾听学生家长的教育意见；其次，要与学生家长保持经常的、密切的联系；再次，要在教育要求与方法上与家长保持一致。

第四章 DI SI ZHANG

新课程与教学改革

第四节　学习方式

41. 为什么要致力于转变学生的学习方式?

学习方式的转变是本次课程改革的显著特征。改变原有的单一、被动的学习方式，建立和形成旨在充分调动、发挥学生主体性的多样化的学习方式，促进学生在教师指导下主动地、富有个性地学习，自然成为这场教学改革的核心任务。

学习方式较之于学习方法是更为上位的东西，二者类似战略与战术的关系：学习方式相对稳定，学习方法相对灵活，学习方式不仅包括相对的学习方法及其关系，而且涉及学习习惯、学习意识、学习态度、学习品质等心理因素和心灵力量。所以，学习方式的转变对促进学生发展更具有战略性的意义。

转变学生的学习方式在当前推进素质教育的形势下具有特别重要的现实意义。单一、被动和陈旧的学习方式，已经成为影响素质教育在课堂教学中推进的一大障碍。试想，如果一个在学校中度过 9 年或 12 年学习生活的孩子，整天处于被动地应付、机械训练、死记硬背、简单重复之中，对于所学的内容总是生吞活剥、一知半解、似懂非懂，那么，我们怎么能够想像和指望他会成为一个高素质的人？在他的一生中，如何能够具有创新的精神和创新的能力，能够成为幸福生活的创造者和美好生活的建设者?

转变学习方式究竟意味着什么?

传统学习方式把学习建立在人的客体性、受动性、依赖性的一面上，从而导致人的主体性、能动性、独立性的不断销蚀。转变学习方式就是要转变这种他主性、被动性的学习状态，把学习变成人的主体性、能动性、独立性不断生成、张扬、发展、提升的过程。这是学习观的根本变革，学习不是一种异己的外在的控制力量，而是一种发自内在的精神解放运动。基于此，本次课程改革提倡以弘扬人的主体性、能动性、独立性为宗旨的自主学习。

学生的学习方式一般有接受和发现两种。在接受学习中，学习内容是以定论的形式直接呈现出来的，学生是知识的接受者。在发现学习中，学习内容是以问题形式间接呈现出来的，学生是知识的发现者。两种学习方式都有其存在的价值，彼此也是相辅相成的关系。但是传统学习方式过分突出和强调接受与掌握，冷落和忽视发现与探究，从而在实践中导致了对学生认识过程的极端处理，使学生学习书本知识变成仅仅是直接接受书本知识（死记硬背书本知识即为典型），学生学习成了纯粹被动地接受、记忆的过程。这种学习窒息人的思维和智力，摧残人的学习兴趣和热情。它不仅不能促进学生发展，反而成为学生发展的阻力。转变学习方式就是要改变这种状态，把学习过程之中的发现、探究、研究等认识活动突显出来，使学习过程更多地成为学生发现问题、提出问题、分析问题、解决问题的过程。强调发现学习、探究学习、研究性学习，因此成为本次教学改革的一个重要特征。

转变学习方式，要以培养创新精神和实践能力为主要目的。换句话说，要构建旨在培养创新精神和实践能力的学习方式及其对应的教学方式。要注重培养学生的批判意识和怀疑精神，鼓励学生对书本的质疑和对教师的超越，赞赏学生独特性和富有个性化的理解和表达。要积极引导学生从事实验活动和实践活动，培养学生乐于动手、勤于实践的意识和习惯，切实提高学生的动手能力、实践能力。

由此可见，转变学习方式实质上是教育价值观、人才观和培养模式的变革。

42．现代学习方式的基本特征是什么？

转变学习方式从根本上说就是要从传统学习方式转向现代学习方式。但是现代学习方式不是特指某一具体的方式或几种方式的总和，从本质上讲，现代学习方式是以弘扬人的主体性为宗旨、以促进人的可持续性发展为目的，由许多具体方式构成的多维度、具有不同层次结构的开放系统。

第四章 DI SI ZHANG

新课程与教学改革

认识和把握现代学习方式的本质特征是我们创造性地引导和帮助学生进行主动的、富有个性的学习的重要保证。

一、主动性

主动性是现代学习方式的首要特征，它对应于传统学习方式的被动性，二者在学生的具体学习活动中表现为：我要学和要我学。我要学是基于学生对学习的一种内在需要，要我学则是基于外在的诱因和强制。学生学习的内在需要一方面表现为学习兴趣。兴趣有直接或间接之分，直接兴趣指向过程本身，间接兴趣指向活动结果。学生有了学习兴趣，特别是直接兴趣，学习活动对他来说就不是一种负担，而是一种享受、一种愉快的体验，学生会越学越想学、越爱学，有兴趣的学习事半功倍。相反，如果学生对学习不感兴趣，情况就大相径庭了，“强扭的瓜不甜”，学生在逼迫的状态下被动地学习，学习的效果必定是事倍功半。另一方面表现为学习责任。学习是谁的事情，谁应当对学习承担责任？教师当然应该对学生的学习负责，但是如果学生自己意识不到学习的责任，不能把学习跟自己的生活、生命、成长、发展有机联系起来，这种学习就不是真正的自我学习。只有当学习的责任真正地从教师身上转移到学生身上，学生自觉地担负起学习的责任时，学生的学习才是一种真正的有意义的学习。

二、独立性

独立性是现代学习方式的核心特征，它对应于传统学习方式的依赖性。如果说主动性表现为我要学，那么独立性则表现为我能学。每个学生，除有特殊原因外，都有相当强的潜在的和显在的独立学习能力，不仅如此，每个学生同时都有一种独立的要求，都有一种表现自己独立学习能力的欲望，他们在学校的整个学习过程也就是一个争取独立和日益独立的过程。低估、漠视学生的独立学习能力，忽视、压制学生的独立要求，从而导致学生独立性的不断丧失，这是传统教学的根本弊端。本次教学改革要求我们教师充分尊重学生的独立性，积极鼓励学生独立学习，并创造各种机会让学生独立学习，从而让学生发挥自己的独立性，培养独立学习的能力。值得强调的是，在基础教育阶段，对待学生的独立性和独立学习，还要有一种动态发展的观点，从教与学的关系来说，整个教学过程是一个“从教到学”的转化过程，也即从依赖到独立的过程。在这个过程中，教师的作用不断转化为学生的独立学习能力；随着学生独立学习能力的由弱到强、由小到大的增长和提高，教师的作用在量上也就发生了相反的变化，最后是学生基本甚至完全的独立。

三、独特性

每个学生都有自己独特的内心世界、精神世界和内在感受，有着不同于他人的观察、思考和解决问题的方式。也就是说，学生有着独特的个性，每个学生的学习方式本质上都是其独特个性的体现。实际上，有效的学习方式都是个性化的，没有放之四海皆有效的统一方式，对某个学生是有效的方式，对他人却未必如此。正如多元智力理论所指出的，每个人的智慧类型不一样，他们的思考方式、学习需要、学习优势、学习风格也不一样，因此每个人的具体学习方式是不同的。这意味着我们提倡转变学习方式，要尊重每一个学生的独特个性和具体生活，为每个学生富有个性的发展创造空间。独特性因此成为现代学习方式的重要特征。独特性同时也意味着差异性，学生的学习客观上存在着个体差异，不同的学生在学习同一内容时，实际具备的认知基础和情感准备以及学习能力倾向不同，决定了不同的学生对同样的内容和任务的学习速度和掌握它所需要的时间及所需要的帮助不同。传统教学忽视学生学习的个体差异，要求所有学生在同样的时间内，运用同样的学习条件，以同样的学习速度掌握同样的学习内容，并要求达到同样的学习水平和质量。这种“一刀切”“一锅煮”的做法，致使很多学生的学习不是从自己现有的基础出发，结果导致有些学生“吃不饱”，有些学生“吃不了”，有些学生根本不知从何“入口”。现代学习方式尊重学生的差异，并把它视为一种亟待开发和利用的教育教学资源，努力实现学生学习的个体化和教师指导的针对性。

四、体验性

体验是指由身体性活动与直接经验而产生的感情和意识。体验使学习进入生命领域，因为有了体验，知识的学习不再是仅仅属于认知、理性范畴，它已扩展到情感、生理和人格等领域，从而使学习过程不仅是知识增长的过程，同时也是身心和人格健全与发展的过程。体验性是现代学习方式的突出特征，在实际的学习活动中，它表现为：第一，强调身体性参与。学习不仅要用自己的脑子思考，而且要用自己的眼睛看，用自己的耳朵听，用自己的嘴说话，用自己的手操作，即用自己的身体去亲自经历，用自己的心灵去亲自感悟。这不仅是理解知识的需要，更是激发学生生命活力，促进学生生命成长的需要。基于此，本次课程改革特别强调学生参与，强调“活动”，强调“操作”，强调“实践”，强调“考察”，强调“调查”，强调“探究”，强调“经历”。第二，重视直接经验。重视直接经验，从课程上讲，就是要把学生的个人知识、直接经验、生活世界看成重要的课程资源；尊重“儿童文化”，发掘“童心”“童趣”的课程价值。从教学角度讲，就是要鼓励学生对教科书的自我解读、自我理解，尊重学生的个人感受和独特见解，使学习过程成为一个富有个性的过程。从学习角度来说，就是要把直接经验的改造、发展作为学习的重要目的，间接经验要整合、转化为儿童的直接经验，成为儿童素质的有机组成部分，否则，就会失去其教育意义和发展人的价值。

五、问题性

问题是科学研究的出发点，是开启任何一门科学的钥匙。没有问题就不会有解释问题和解决问题的思想、方法和知识，所以说，问题是思想方法、知识积累和发展的逻辑力量，是生长新思想、新方法、新知识的种子。学生学习同样必须重视问题的作用。现代教学论研究指出，从本质上讲，感知不是学习产生的根本原因（尽管学生学习是需要感知的），产生学习的根本原因是问题。没有问题也就难以诱发和激起求知欲，没有问题，感觉不到问题的存在，学生也就不会去深入思考，那么学习也就只能是表层和形式的。所以现代学习方式特别强调问题在学习活动中的重要性。一方面强调通过问题来进行学习，把问题看做是学习的动力、起点和贯穿学习过程中的主线；另一方面通过学习来生成问题，把学习过程看成是发现问题、提出问题、分析问题和解决问题的过程。这里需要特别强调的是问题意识的形成和培养。问题意识是指问题成为学生感知和思维的对象，从而在学生心里造成一种悬而未决但又必须解决的求知状态。问题意识会激发学生强烈的学习愿望，从而注意力高度集中，积极主动地投入学习；问题意识还可以激发学生勇于探索、创造和追求真理的科学精神。没有强烈的问题意识，就不可能激发学生认识的冲动性和思维的活跃性，更不可能激发学生的求异思维和创造思维。总之，问题意识是学生进行学习特别是发现学习、探究学习、研究性学习的重要心理因素。

显然，上述五点特性不是截然分开的，而是相互联系、相互包含的，它们虽是从不同的角度提出的，却是一个有机的整体。我们正是必须从整体的高度来全面把握现代学习方式的精神实质，惟其如此，才能有效地促进学生学习方式的转变。

第五节　学校教学管理制度的重建

43．面对新课程，学校教学管理制度应如何重建？

新课程的全面推进，教学改革的深入开展，没有一个相应的教学管理制度来支撑和保障，是难以想像的。因此，重建学校教学管理制度也自然成为本次课程改革的一项重要任务。反思现行的学校教学管理制度，我们不难发现其存在的弊端，突出表现在以下几个方面。

第一，以“分”为本，盛行分数管理。分数是评定学生学业成绩的重要工具，也是考查教师教学质量的重要指标。遗憾的是，在我们学校教育中，分数被绝对化了。分数从“促进教师工作和学生学习的一种强有力手段”异化为“控制教师工作和学生学习的一种极可怕的魔杖”。教师和学生在分数面前顶礼膜拜，成为分数的奴隶。学校管理和评价盛行分数主义，结果见分不见人，重分不重人。分数主义、分数管理严重扭曲了教学的价值取向，教学工作被蒙上了强烈的功利色彩，利益驱动代替了事业追求，在这样的背景下，即使有所谓的教学改革，也会被异化为追求高分的“遮羞布”。

第二，以“章”为本，形式主义泛滥。校章校制是学校办学经验的结晶和反映，它对于稳定学校秩序、提高教育质量起着保障作用。每个人都必须接受规章制度的制约。但是学校管理不能因此见章不见人，重章不重人。遗憾的是，目前不少学校变本加厉地在规章制度上做文章，把规章细则化、标准化，而且配合量化评分和经济制裁，简直把教师和学生当成管教的对象，把领导变成了监工，把依法治校变成了以罚治校。这种管理严重扭曲了教学的本性，教学过程被程序化、机械化、标准化了。管理变成了检查（教案检查、作业批改检查最为典型），教师疲于应付，在这样的背景下，即使有所谓的教学改革，也是做表面文章，搞形式主义。

第三，以“权”为本，权力至上。学校管理不能没有权力，没有权力就成为无政府了，学校就会陷入混乱状态，但是行政权力至上或权力主义，却与教育主旨和使命相背离，也与当代社会民主化进程相背离。权力至上必然滋生和助长长官意志，从而排斥教育民主化和教育科学化，师生的民主参与和学校的学术研究也因此没有了立足之地。与权力至上一脉相通的另一现象是权威主义，领导是权威，专家是权威，教科书是权威，教参是权威，崇尚权威泯灭了教师工作的独立性和创造性，斥退了教师的个性。学校需要权力，但这种权力只能服务于学校培养人、造就人、成全人的使命。偏离这一方向的任何权力都会摧残人、摧残精神和摧残文化。从校长角度来说，管理学校需要的也不仅仅是权力，更重要的是思想和精神。对此，苏霍姆林斯基早有精辟论述：“学校领导首先是教育思想的领导，其次才是行政领导。”遗憾的是，我们的学校管理最为缺乏的恰恰就是思想，在一个没有教育思想，崇尚权力、不崇尚学术的校园里，怎么可能有真正的教学研究和教学改革呢？

可见，学校教学管理制度的重建势在必行！一方面要坚决改变传统的落后管理模式和不合理的规章制度，另一方面要积极探索符合素质教育理念和体现新课程精神的新举措。当前，要特别强调和致力于：

第一，建立以校为本的教学研究制度。“谁看不到教师劳动的创造性，谁就是在根本上不理解教师的劳动；同样，不进行教育研究的教师，也不可能真正尝到当教师的乐趣，并成为真正出色的教师。”特别是新课程的推进，对教师提出转型要求，要求教师角色要由“教书匠”转变为“研究者”，教师必须学会反思、创新，成为实践的研究者。新课程的推进完全是一个开放性的探索过程，任何一所学校都应当承担起探索、创新的职责，有所作为，努力办出特色。学校进行教学研究必须以校为本，即要从学校教育教学实践中的问题出发，通过全体教师共同研究，达到解决问题、提高质量的目的，即“在学校中，通过学校，为了学校。”教学研究要在学校取得“合法”地位，并真正成为学校教学改革发展的永恒动力，必须进行制度化建设。同时通过制度化建设，在学校形成一种崇尚学术、崇尚研究的氛围，这是保证教学改革和教师专业化发展的最有力的内在机制。

第二，建立民主科学的教学管理机制。教师参与学校民主管理的状况，直接影响着教师民主化教学意识的养成。为此，学校必须改变以往“家长式”的管理方式，建立民主、科学的教学管理机制，建立健全由教师、学生、学生家长、教育专家或社会知名人士共同组成的校务委员会以及以教师为主的教职工代表大会制度，加强民主管理和民主监督，使广大教师有一种法定的形式和正常的渠道参与学校的管理工作。同时，还可以建立民主协商对话制度、民主评议和竞争上岗制度、班主任联席会、家长联席会、学生代表会等，让广大教师和学生真正成为学校的主人，在学校教学改革和教学管理中发挥主人翁作用。

第三，建立旨在促进教师专业成长的考评制度。对教师工作的考查、考核、评价、评定是学校管理的日常性工作，它对教师的观念和行为具有最为直接的导向、激励、控制作用。我们必须基于对传统考评制度的深刻反思，重建一种能够真正促进教师专业成长的考评制度。首先在考评内容和标准的制定上，要体现新课程的精神，反映教师创造性劳动的性质和角色转换的要求以及教学改革的方向。要把教师的教学研究、教改实验、创造性教学和校本课程开发以及师生关系引入考评的内容。其次在考评的组织实施上，要杜绝一切形式主义，努力使考评过程成为引导教师学会反思、学会自我总结的过程，从而进一步提高认识，更新观念。最后在考评结果的使用上，要防止片面化和绝对化，杜绝分数主义，要从教师专业成长的全过程来看待每次考评的成果，为教师建立成长档案袋，帮助教师全面了解自己，明确自己所处的成长阶段和进一步努力的方向。

学校教学管理制度的重建是一个十分艰难的过程，它涉及多方面的因素，但是，我们必须知难而进!

第六节　现代教学技术

44. 为什么要大力推进信息技术在教学过程中的普遍应用?

教学活动是借助于一定的手段、工具展开的。教学活动的具体过程、组织方式以及质量效益等都和教学活动中使用的工具密切相关。可以说，不断地把人类在社会生产与生活中创造出来的新技术、新设备加以改进并运用于教学活动中，这是人类教学进步的重要动力，是教学效率和效果得以不断提高的重要物质保证。纵观人类教育发展史，每一项新的教学技术的应用，都给教学活动提供了新的发展空间，使教学活动在整体上得到丰富和提升。从某种意义上说，随着社会发展而不断更新教学设备、优化教学技术，是教学发展的历史规律和客观要求。我们发展现代教学技术，应立足于教学发展的历史规律，深刻认识到教学技术更新对于教学活动整体进步的历史意义。当前人类正在步入一个全新的技术发展时期。正如联合国教科文组织国际21世纪教育委员会所指出的，“新技术使人类进入了信息传播全球化的时代；它们消除了距离的障碍，正十分有效地参与塑造明日的社会”，“这些新技术正在我们眼前引起一场真正的革命，这场革命既影响着与生产和工作有关的活动，又影响着与教学和培训有关的活动”。的确，以个人电脑、网络技术和多媒体技术为主要内容的现代信息技术革命的出现，为教学方式与教学模式的变革提供了新的物质基础。看不到现代信息技术为提高教学质量、扩大教学对象、变革教学方式提供的物质支撑，就很难有效地利用信息技术为教学发展服务，就很难在我们的教学活动中体现人类技术进步的成果。从这种意义上说，充分利用现代信息技术，是教学发展的时代要求。当前，世界各国都在研究如何充分利用信息技术提高教学质量和效益的问题，加强现代信息技术的教学应用已成为各国教学改革的重要方向。

基于这样的背景，《纲要》第十一条明确提出，"大力推进信息技术在教学过程中的普遍应用"，并对这种应用的立足点作了明确的阐述："促进信息技术与学科课程的整合，逐步实现教学内容的呈现方式、学生的学习方式、教师的教学方式和师生互动方式的变革"；"充分发挥信息技术的优势，为学生的学习和发展提供丰富多彩的教育环境和有力的学习工具。"这就要求我们既要认识到现代信息技术具有巨大的作用，又要看到它的工具本质。从而既防止技术至上主义，又避免陷入技术无用论（技术害怕论）的泥坑。我们一定要提倡以提高教学质量和效益为目的，以转变学生学习方式和促进学生发展为宗旨的教学技术应用观。同时要本着从实际出发、因地制宜的原则，挖掘和发挥传统的各种技术手段在教学中的积极作用，黑板、粉笔、挂图、模型等传统教学工具，录音机、幻灯机、放映机等传统的电化教学手段，在学校教学活动中同样具有独特的生命力。可以说，现实中存在和使用的教学手段，在教学中都有用武之地。当然，每种教学手段也都有其局限性和使用范围。总之，所有教学技术手段都有自身的价值和存在的意义。我们发展现代教学技术，并不是要抛弃一切传统的教学技术，而是要把现代教学技术和传统教学手段结合起来，努力挖掘所有教学技术手段的使用价值，积极促进各种技术手段之间的协同互补，从而促进教学技术体系整体协调发展。

第五章

新课程评价

新一轮课程改革倡导“立足过程，促进发展”的课程评价，这不仅仅是评价体系的变革，更重要的是评价理念、评价方法与手段以及评价实施过程的转变。新课程强调建立促进学生全面发展、教师不断提高和课程不断发展的评价体系，在综合评价的基础上，更关注个体的进步和多方面的发展潜能。新课程倡导成长记录袋、学习日记、情景测验等质性的评价方法，强调建立多元主体共同参与的评价制度，重视评价的激励与改进功能。

DI WU ZHANG 第五章

新课程评价

第一节　课程评价的发展与改革重点

45．当前课程评价发展的基本特点是什么？

课程评价对课程的实施起着重要的导向和质量监控的作用。评价的目的功能、评价的目标体系和评价的方式方法等各方面都直接影响着课程培养目标的实现，影响着课程功能的转向与落实。20世纪80年代以来，世界各国对课程的结构、功能、资源、权利等各个方面重新进行思考和定位，展开了一系列轰轰烈烈的课程改革的同时，越来越多的国家开始意识到实现课程变革的必要条件之一就是要建立与之相适应的评价体系和评价工作模式。因此，课程评价改革成为世界各国课程改革的重要组成部分。总的来说，体现出以下特点。

一、重视发展，淡化甄别与选拔，实现评价功能的转化

随着信息技术的发展和网络时代的形成，更加构成了知识的无限丰富与急遽增长，原有的以传授知识为主的基础教育课程的功能受到了极大的挑战，转而注重培养学生包括积极的学习态度、创新意识和实践能力以及健康的身心品质等多方面的综合发展，为学生的终身发展奠定基础。于是，配合课程功能的转变，评价的功能也发生着根本性转变，不只是检查学生知识、技能的掌握情况，更为关注学生掌握知识、技能的过程与方法，以及与之相伴随的情感态度与价值观的形成，评价不再是为了选拔和甄别，不是“选拔适合教育的儿童”，而是如何发挥评价的激励作用，关注学生成长与进步的状况，并通过分析指导，提出改进计划来促进学生的发展。从这个意义上来讲，评价是帮助我们“创造适合儿童的教育”。换言之，评价是为学生的发展服务，而不是学生的发展为评价的需要服务。评价功能的这一转变同时影响着教师评价工作的发展。教师是教育的实施者，承担着促进学生发展的任务，教师的素质及其发展同样成为课程改革的重要话题。以往的教师评价主要是关注教师已有的工作业绩是否达标，同样体现出重检查、甄别、选拔、评优的功能，而在如何促进教师发展方

面作用有限。因此，时代的发展向课程评价的功能提出挑战，评价不只是进行甄别、选拔，评价更重要的是为了促进被评价者的发展。这一点已在世界各国得到普遍认同。

二、重综合评价，关注个体差异，实现评价指标的多元化

即从过分关注学业成就逐步转向对综合素质的考查。学业成就曾经是考查学生发展、教师业绩和学校办学水平的重要指标。但随着社会的发展，知识爆炸、竞争加剧、网络与信息时代的来临，仅仅掌握知识与技能已远远不能适应社会对人发展的要求，于是全球都在进行关于“教育与人”的大讨论，学业成就作为评价单一指标的局限突显出来。在关注学业成就的同时，人们开始关注个体发展的其他方面，如积极的学习态度、创新精神、分析与解决问题的能力以及正确的人生观、价值观等，从考查学生学到了什么，到对学生是否学会学习、学会生存、学会合作、学会做人等进行考查和综合评价。例如，美国许多著名中学设立的奖项之多、范围之广让人目不暇接，几乎涉及学生发展的方方面面，而与学业成绩相关的奖项只占到五分之一左右。法国则非常强调对学生学业态度的评价，而对学习成绩的评价则放到了第二位。日本对小学生的评价包括考试成绩、学习情况、品行与性格三个方面。英国则在1999年新颁布的国家课程标准中强调四项发展目标和六项基本技能，传统的学业成就只是其中的一部分。与此同时，多元智力理论对迈克尔·乔丹和比尔·盖茨同样是成功的论证，再一次使评价深刻地认识到尊重个体发展的差异性和独特性的价值，于是在综合评价的基础上提出评价指标的多元化，以适应社会对人才多样化的需求。这一点也已逐渐在世界各国获得认同。

三、强调质性评价，定性与定量相结合，实现评价方法的多样化

即从过分强调量化逐步转向关注质的分析与把握。对科学的顶礼膜拜，使人盲目认为量化就是客观、科学、严谨的代名词，于是追求客观化、量化曾经是各国课程评价的发展趋势。但在今天，随着评价内容的综合化，以量化的方式描述、评定一个人的发展状况时则表现出僵化、简单

化和表面化的特点，学生发展的生动活泼和丰富性、学生的个性特点、学生的努力和进步都被泯灭在一组组抽象的数据中。而且，对于教育而言，量化的评价把复杂的教育现象也简单化了或只是评价了简单的教育现象，事实上往往丢失了教育中最有意义、最根本的内容。质性评价的方法则以其全面、深入、真实再现评价对象的特点和发展趋势的优点受到欢迎，成为近30年来世界各国课程改革倡导的评价方法。例如，在美国《国家科学课程标准》中提供的评价方法除了纸笔测试以外，还包括平时的课堂行为记录、项目调查、书面报告、作业等开放性的方法。美国各著名高校在录取学生时不仅要求学业成绩，通常还要求学生提交一份短文（选题通常极具开放性）、有关人士的推荐信和面试等。英国则强调以激励性的评语促进学生的发展，并在教师评价中注意运用面谈、行为观察和行为记录的方法。而“成长记录袋”“学习日记”和“情景测验”等质性评价的方法，目前也受到较为广泛的重视和认可。需要强调的是，质性评价从本质上并不排斥量化的评价，它常常与量化的评价结果整合应用。因此，将定性与定量评价相结合，应用多种评价方法，将有利于更清晰、更准确地描述学生、教师的发展状况。

四、强调参与与互动、自评与他评相结合，实现评价主体的多元化

即被评价者从被动接受评价逐步转向主动参与评价。一改以往以管理者为主的单一评价主体的现象，目前世界各国的教育评价逐步成为由教师、学生、家长、管理者，甚至包括专业研究人员共同参与的交互过程，这也是教育过程逐步民主化、人性化发展进程的体现。例如，美国马里兰州，对教师的评价是以学生多人组合的方式进行的。在英美等国家，学生和家长还可参与评价体系或指标的建立，学生还可就教师对自己做出的评价结果发表不同的意见、进行申诉等。这样，传统的被评价者成为了评价主体中的一员，在评价主体扩展的同时，重视评价者与被评价者之间的互动，在平等、民主的互动中关注被评价者发展的需要，共同承担促进其发展的职责。在以往被动地接受评价中，评价者与被评价者扮演的基本上是

管理者与被管理者的角色，被评价者对于评价结果大多处于不得不接受的被动状态，对于评价本身更是拒绝大于欢迎，或者处于“例行公事”的被动状态。与此相比，成为评价主体中的一员，并加强评价者和被评价者之间的互动，既提高了被评价者的主体地位，将评价变成了主动参与、自我反思、自我教育、自我发展的过程；同时在相互沟通协商中，增进了双方的了解和理解，易于形成积极、友好、平等和民主的评价关系，这将有助于评价者在评价进程中有效地对被评价者的发展过程进行监控和指导，帮助被评价者接纳和认同评价结果，促进其不断改进，获得发展。

五、注重过程，终结性评价与形成性评价相结合，实现评价重心的转移

即从过分关注结果逐步转向对过程的关注。关注结果的终结性评价，是面向“过去”的评价；关注过程的形成性评价，则是面向“未来”、重在发展的评价。传统的评价往往只要求学生提供问题的答案，而对于学生是如何获得这些答案的却漠不关心。这样学生获得答案的思考与推理、假设的形成以及如何应用证据等，都被摈弃在评价的视野之外。缺少对思维过程的评价，就会导致学生只重结论，忽视过程，就不可能促使学生注重科学探究的过程，养成科学探究的习惯和严谨的科学态度与精神，反而易于形成一些似是而非的认识和习惯，不利于其良好思维品质的形成，限制其解决问题的灵活性和创造性。因此近年来，评价重心逐渐转向更多地关注学生求知的过程、探究的过程和努力的过程，关注学生、教师和学校在各个时期的进步状况。只有关注过程，评价才可能深入学生发展的进程，及时了解学生在发展中遇到的问题、所做出的努力以及获得的进步，这样才有可能对学生的持续发展和提高进行有效地指导，评价促进发展的功能才能真正发挥作用。与此同时，也只有在关注过程中，才能有效地帮助学生形成积极的学习态度、科学的探究精神，才能注重学生在学习过程中的情感体验、价值观的形成，实现“知识与技能”“过程与方法”以及“情感态度与价值观”的全面发展。质性评价方法的发展为这种过程式的形成性评价提供了可能和条件，注重过程，将终结性评价和形成性评价相结

合，实现评价重心的转移，成为世界各国评价发展的又一大特点。

46．当前我国基础教育课程评价中存在的主要问题和新课程评价的改革重点是什么?

自20世纪80年代中期以来，我国基础教育在教育评价方面进行了一系列的改革和尝试。例如：关注学生发展的过程，提出形成性评价；关注学生综合素质的发展，提出综合学力考查、质量综合评定等；并尝试进行了小学考试取消百分数、实行等级制的探索，部分地区还试行分项、分类考试，加入口试、面试等超越于简单的纸笔考试的改革措施；有些地区还尝试开展了教师自评和学生评教师评价的探索等。这些有益的探索与尝试取得了一些有价值的成果，对于促进我国基础教育评价的发展起到了积极的作用。但是，这些探索大多是浅层的、微观的和零散的尝试，没有对我国基础教育评价中存在的主要问题产生根本性的改变。

当前我国基础教育评价中存在的主要问题表现为：

（一）评价内容——仍然过多倚重学科知识，特别是课本上的知识，而忽视了实践能力、创新精神、心理素质以及情绪、态度和习惯等综合素质的考查；

（二）评价标准——仍然过多强调共性和一般趋势，忽略了个体差异和个性化发展的价值；

（三）评价方法——仍以传统的纸笔考试为主，仍过多地倚重量化的结果，而很少采用体现新评价思想的、质性的评价手段与方法；

（四）评价主体——被评价者仍多处于消极的被评价地位，基本上没有形成教师、家长、学生、管理者等多主体共同参与、交互作用的评价模式；

（五）评价重心——仍过于关注结果，忽视被评价者在各个时期的进步状况和努力程度，没有形成真正意义上的形成性评价，不能很好地发挥评价促进发展的功能。

这些问题与当前教育评价发展的特点不相符，也是对我国此次基础教

第五章 DI WU ZHANG

新课程评价

育课程改革的极大阻碍。因此，有必要开展新课程指导下的教育评价改革，为推动本次基础教育课程改革提供坚实的基础和保障。新课程提出教育评价的改革重点如下。

一、学生评价的改革重点

1. 建立评价学生全面发展的指标体系。不仅关注学生的学业成绩，而且要发现和发展学生多方面的潜能。评价指标体系包括学生的学科学习目标和一般性发展目标，如学生在道德品质、学习的愿望和能力、交流与合作、个性与情感以及创新意识和实践能力等诸多方面的发展。一般性发展目标是融合在学科学习目标中实现的。

2. 重视采用灵活多样、具有开放性的质性评价方法，而不仅仅依靠纸笔考试作为收集学生发展证据的手段。即关注过程性评价，及时发现学生发展中的需要，帮助学生认识自我、建立自信，激发其内在发展的动力，从而促进学生在原有水平上获得发展，实现个体价值。

3. 考试只是学生评价的一种方式，要将考试和其他评价的方法，如开放性的质性评价方法有机地结合起来，全面描述学生发展的状况。改变纸笔测验是考试的惟一手段，应根据考试的目的、性质、对象等，选择灵活多样的考试方法，加强对学生能力和素质的考查；改变过分注重分数、简单地以考试结果对学生进行分类的做法，应对考试结果做出分析、说明和建议，形成激励性的改进意见或建议，促进学生发展，减轻学生压力。

二、教师评价的改革重点

1. 打破惟“学生学业成绩”论教师工作业绩的传统做法，建立促进教师不断提高的评价指标体系。包括教师的职业道德、对学生的了解和尊重、教学实施与设计以及交流与反思等。一方面，以学生全面发展的状况来评价教师工作业绩，另一方面关注教师的专业成长与需要。建立促进教师不断提高的评价指标体系是发展性教师评价制度的基础。

2. 强调以“自评”的方式促进教师教育教学反思能力的提高，倡导建立教师、学生、家长和管理者共同参与的、体现多渠道信息反馈的教师评价制度。一方面，通过评价主体的扩展，加强了对教师工作的管理和监控；另一方面，旨在发展教师的自我监控与反思能力，重视教师在自我教育和自我发展中的主体地位。此外，教师自评与奖惩脱钩。

3. 打破关注教师的行为表现、忽视学生参与学习过程的传统的课堂教学评价模式，建立“以学论教”的发展性课堂教学评价模式。即课堂教学评价的关注点转向学生在课堂上的行为表现、情绪体验、过程参与、知识获得以及交流合作等诸多方面，而不仅仅是教师在教学过程中的具体表现，使“教师的教”真正服务于“学生的学”。这一转变对教师教学能力的重新界定、学校教学工作的管理无疑将带来巨大的冲击。

三、对课程实施评价的改革重点

1. 建立促进课程不断发展的评价体系。结合本次课程改革三级课程管理的要求，从教育行政部门、学校和教师多个层面，周期性地对课程执行的情况、课程实施中的问题进行分析评估，包括实验方案、实验准备、实验启动、常规建设、观念转变、教学实施、学习评估以及课程开发与管理等方面，从而调整课程内容，改进教学管理，形成课程不断革新的机制。

2. 以学校评价为基础，促进新课程的实施与发展。学校是课程实施的基本单位，为此，打破惟“升学率”论学校办学质量的传统做法，将课程的实施与发展和促进学校办学质量的发展相结合，从学校领导班子、制度与管理以及教学研究制度等方面建立促进学校发展的评价体系；建立以教育行政部门、学校、家长和社区共同参与的学校评价制度，共同加强对学校课程建设与实施等各方面的监控。

四、考试的改革重点

1. 在考试内容方面，应加强与社会实际和学生生活经验的联系，重视考查学生分析问题、解决问题的能力。即关注学生实践动手能力和创新思维的发展，淡化记忆性内容为主的考试；考试命题应依据课程标准，杜绝设置偏题、怪题的现象。

2. 在考试方式方面，倡导给予多次机会，综合应用多种方法，打破惟纸笔测验的传统做法。考试的方式应灵活多样，体现先进的评价思想，如辩论、课题研究、情景测验等，纸笔测验只是考试的一种方式，部分学科可实行开卷考试，可考虑将过程性评价与终结考试相结合。同时试行提供多次考试机会，同一考试也可多样化呈现，给予学生选择的空间。考试还可分类、分项进行，加强综合评价。

3. 在考试结果处理方面，要求做出具体的分析指导，不得公布学生考试成绩并按考试成绩排名。考试和其他评价方法一样，是为了促进学生的发展，因此，对考试的结果应加强分析指导，重在为学生提供建设性的改进意见，而不应成为给学生“加压”的手段。

4. 关于升学考试与招生制度，倡导改变将分数简单相加作为惟一录取标准的做法，应考虑学生综合素质的发展，建议参考其他评价结果（如学校推荐性评语、特长、成长记录袋等）；将毕业考试与升学考试分开，前者重在衡量学生是否达到毕业水平，后者具有选拔的性质；逐步扩大高一级学校的招生自主权等。

47. 新课程倡导的发展性评价的基本内涵是什么？实施发展性评价的建议有哪些？

结合评价发展的特点和时代的要求，通过分析我国现行教育评价的问题，新课程提出发展性评价，其基本内涵表现为：

（一）评价的根本目的在于促进发展。淡化原有的甄别与选拔的功能，关注学生、教师、学校和课程发展中的需要，突出评价的激励与调控的功能，激发学生、教师、学校和课程的内在发展动力，促进其不断进步，实现自身价值。

（二）与课程功能的转变相适应。体现本次基础教育课程改革的精神，保障基础教育课程改革的顺利实施。

（三）体现最新的教育观念和课程评价发展的趋势。关注全人的发展，强调评价的民主化和人性化的发展，重视被评价者的主体性与评价对个体发展的建构作用。

（四）评价内容综合化，重视知识以外的综合素质的发展，尤其是创新、探究、合作与实践等能力的发展，以适应人才发展多样化的要求；评价标准分层化，关注被评价者之间的差异性和发展的不同需求，促进其在原有水平上的提高和发展的独特性。

（五）评价方式多样化，将量化评价方法与质性评价方法相结合，适应综合评价的需要，丰富评价与考试的方法，如成长记录袋、学习日记、情景测验、行为观察和开放性考试等，追求科学性、实效性和可操作性。

（六）评价主体多元化，从单向转为多向，增强评价主体间的互动，强调被评价者成为评价主体中的一员，建立学生、教师、家长、管理者、社区和专家等共同参与、交互作用的评价制度，以多渠道的反馈信息促进被评价者的发展。

（七）关注发展过程，将形成性评价与终结性评价有机地结合起来，使学生、教师、学校和课程的发展过程成为评价的组成部分；而终结性的评价结果随着改进计划的确定亦成为下一次评价的起点，进入被评价者发展的进程之中。

新课程倡导的发展性评价思想带给我们一个崭新的工作思路，许多课程实施者感到有些无从下手。为此，我们建议，可遵循行动研究的方法开展工作。

第一，学习新课程改革的目标，并了解教育评价发展的特点与新理念。

第二，组织有关人员，讨论“实现课程改革目标需要什么样的评价体系、评价工作思路与评价制度”，也可将题目分解以后再进行讨论。对照新课程倡导的教育评价思想，再分析讨论的结果。

第三，反思已有的教育评价工作，寻找与新课程倡导的教育评价思想相一致的地方，进行经验总结，同时，寻找差距与不足，制定改进计划。

第四，采取行动，具体实施在讨论和反思基础上形成的新评价工作计划。

第五，进行阶段性评价，采用多方面信息，总结经验，分析问题，丰富、补充和改进评价工作方案，再继续下一阶段的评价工作实施。

就在这样一个往返循环的过程中，完成评价改革的不断深化和发展。

此外，在课程评价改革中还应注意以下问题。

（一）要善于从以往的工作中总结经验与教训。事实上，不少实验区在素质教育探索的过程中，已经深刻地认识到旧有评价体系与制度的局限性，为此，部分实验区或学校已经或正在进行一些教育评价改革的尝试和探索。仔细分析可以发现，其中一些做法自觉不自觉地与新课程倡导的教育评价思想不谋而合。这就需要实验区有意识地组织有关人员进行总结，分析和提炼这些优秀的经验，并思考需要进一步完善和改进的方面。这种新旧工作的衔接，便于帮助一线教师和学校领导迅速找到改革工作的关键，加强认识，深化行动。因此，面对新课程教育评价改革的要求，不要简单、盲目地全盘否定原有的工作，要善于对以往的工作进行总结，寻找有效的突破口。

（二）要善于借鉴和学习他人的经验。新课程改革倡导开放的精神和相互学习的精神，尤其前期实验阶段是将许多新思想、新观念通过大胆实践转化为实际工作效益的过程，因此，缺乏成熟、完善、具有即行性的指导意见或工作方案是正常的。但这种情况常常会给实验区的具体工作带来一些困难。这就需要各实验区发挥主动学习、积极探索的精神，一方面通过学习，自己摸索，另一方面，学习借用“外脑”，打破固步自封的陋习，走出学校和地域的局限，主动和高校等科研机构接洽，寻求支持，同时广集信息，学习和借鉴其他兄弟学校和地区的经验。在开阔视野的过程中，通过思考和分析，寻找适合本实验区、本学校的工作突破口。

（三）有效选择工作的突破口，分层推进评价改革工作。教育评价改革是一个系统工程，涉及教育的方方面面，需要多方的参与、支持和协调，是一个逐步完善和发展的过程；但由于教育评价不可回避的导向作用，教育评价改革成为本次课程改革的重头戏，备受各实验区的关注。因此，不少实验区难免会产生急躁的情绪，如对评价改革现实环境的不满，或者强求面面俱到或一步到位的急功近利思想。为此，推进本次教育评价改革，首先要求各实验区建立“系统工程”“分层推进”的共识，其次建议各实验区尽快选择有效的工作突破口。通常，工作的突破口来源于：①前期工作经验；②最容易操作和见实效的方面；③热点问题或矛盾集中的方面等等。至于如何确定，应遵照具体问题具体分析的原则，尤其不能脱离实验区和学校的发展现状。也因为教育评价改革是一个系统工程，只要选择了有效的工作突破口，该方面的变化自然会引发教育评价工作的全面碰撞，产生教育评价工作整体的优化，推进教育评价改革的深入。

在新课程改革的进程中，一定会遇到这样或那样的困难。如果想等待所有条件成熟了再行动，经验告诉我们，通常就已陷入被动、落后的局面。因此，我们要一方面抓紧学习，另一方面大胆尝试，正如发展性评价思想所倡导的，以发展为目的，勇创佳绩!

第二节 学生评价

48. 如何建立促进学生全面发展的评价体系?

建立促进学生全面发展的评价体系是本次课程改革学生评价工作的基础，应包括评价的内容和标准、评价方法和促进学生发展的改进计划，主要包括以下四个工作环节。

一、明确评价内容和评价标准

新课程评价关注学生的全面发展，不仅仅关注学生的知识和技能的获得情况，更关注学生学习的过程、方法，以及相应的情感态度和价值观等方面的发展。只有这样，才能培养出适合时代发展需要的身心健康、有知识、有能力、有纪律的创新型人才。为此，除了学科学习目标之外，促进学生全面发展的评价体系还包括了一般性发展目标，主要描述了评定学生全面发展的基本素质的指标体系。具体而言，包括以下几个方面。

(1) 道德品质。爱祖国、爱人民、爱劳动、爱科学、爱社会主义；遵纪守法、诚实可信、维护公德、关心集体、保护环境；自信、自尊、自强、自律、勤奋；能对个人的行为负责，表现出公民所应具有的社会责任感等。

(2) 学习能力。有学习的愿望与兴趣，能承担起学习的责任；能运用各种学习策略来提高学习水平，能对自己的学习过程和学习结果进行反思；能把不同的学科知识联系起来，运用已有的知识和技能分析、解决问题；具有初步的探究与创新精神等。

(3) 交流与合作。能与他人一起确立目标并努力去实现目标；尊重并理解他人的处境和观点，能评价和约束自己的行为；能综合地运用各种交流和沟通的方法进行合作等。

(4) 个性与情感。对生活、学习有着积极的情绪情感体验，拥有自尊和自信；能积极乐观地对待挫折与困难。表现出勤奋、独立、自律、宽容和自强不息等优秀的个性品质。

学科学习目标以各课程标准为依据。各课程标准已列出学科学习目标和各学段应达到的标准，并提出了相应的评价建议。需要注意的是，在实际的教育教学中，学科学习目标和一般性发展目标很难截然分开进行，也没有特定的课程来培养和专门促进一般性发展目标的发展，通常一般性发展目标蕴涵在学科学习中，与学科学习目标同步发展，而且也常常融合在一起进行评价。

此外，评价标准应用清楚、简练、可测量的目标术语加以表述。

表 5.1　《人与自然》单元结束后的评价报告单

评价的内容	学生自我评价	教师的评价
通过到教室外面欣赏自然风景，你对自然的感受有什么变化吗	有了变化，感觉很亲切	从你的发言和档案夹中的作品看，你确实有了进步
你与同学运用多种艺术形式和多种材料表现“风”，传达出你对风的感受了吗	我尽力去做了	看得出来，你在努力掌握各种艺术表现方式，注意它们之间的连接，作品恰当地表现了你的感受，请继续努力
《印象·日出》这个作品，哪一点最打动你	模模糊糊看不清的感觉，艺术家强调了光和色彩	你的感觉很好

续表

评价的内容	学生自我评价	教师的评价
平时你们经常能够见到山水画，你每次见到都认真看吗	总是不注意	山水画很值得欣赏和学习，它会教会你亲近自然
通过临摹莫奈的《干草堆》，你觉得油画棒这种材料与彩色水笔的最大区别在哪里	使用油画棒作画时，可以有轻有重，适合表现光的色彩。水笔适合平涂颜色	很有见地
你与同学合作，感觉愉快吗	我注意了合作，尽量和同学商量	你能与同学配合
我们是中国人，有必要欣赏外国的风景画吗	很有必要	很好，只有比较才有进步
欣赏《印象·日出》时，你很用心吗	我专心致志	你学习很用心
你能否较好地运用本单元所学的艺术知识技能	我还没有很好掌握	经过努力，你会学会的

（引自《艺术课程标准》）

二、选择并设计评价工具与评价方法

工具、方法的选择与使用配合内容的性质与需要。促进学生发展的评价体系建立了多元的、综合的评价内容和标准，那么相对应的评价工具与方法就应注重多样化，因此新课程倡导评价方法的多样化，尤其强调质性评价方法的应用。只有将质性的评价方法和量化的评价方法相结合，才可以有效地描述学生全面发展的状况，也才能评定复杂的教育现象。因此，促进学生全面发展的评价体系打破将考试作为惟一评价手段的垄断，要求重视和采用开放式的质性评价方法，如行为观察、情景测验、学习日记或成长记录等，关注学生学习、发展的过程。考试仍是一种有效的评价方式，应注意根据考试的目的、性质和对象，可选择不同的考试方法，如辩论、答辩、表演、产品制作、论文撰写等灵活多样、开放动态的测评方式。此外，需要注意将形成性评价与终结性评价有机地相结合，将定性与定量的方法相结合，只有这样，关注过程的形成性评价方法和质性的评价方法才能落到实处，引起教师和学生的重视。

三、收集和分析反映学生发展过程和结果的资料

这是全面评价学生的关键。这些资料通常包括学生的自我评价、教师和同伴的观察与评价、来自家长的信息、考试和测验的信息、成绩与作品集、其他有关或说明学生进步的证据等。常用的收集方法有：标准化考试、以成绩为基础的评价、学生工作样例、对学生行为表现的观察、访谈与调查等，同样强调量化与质性评价方法的结合。这些资料不仅应涵盖学生发展的优势领域，也应涵盖被认为是学生发展不足的领域，这样才能为学生的发展建立全面的、客观的资料档案，清晰描绘出学生成长、发展的曲线。

学校、教师需要和学生一起对收集到的资料进行分析，对学生发展的成就、潜能和不足进行客观描述，对学生的考试结果等做出分析、说明和建议，形成一个分析报告。建议这一报告除了客观描述的部分，在评价的部分应采用激励性语言。

四、明确促进学生发展的改进要点并制定改进计划

这是发展性评价的意义所在。评价的目的不是为了检查、甄别和选拔，而是在于如何通过评价来促使被评价者改进，促进其发展。因此，建立促进学生发展的评价体系，应根据信息收集后的分析报告，根据学生发展的成就、潜能和不足，明确促进学生发展的改进要点，并用清楚、简练、可测量的目标术语表达出来，制定改进计划。通常，改进计划中注意将学生发展优势领域方面的特征向其发展不足的领域迁移，以促进其潜能获得不断的发展。

此外，建立促进学生全面发展的评价体系还需要注意以下几点。

（一）促进“全面发展”不等同于追求“全优发展”。“全面发展”主要是针对以往学生评价中过分关注学业成绩的现象而提出的，尤其要摈弃学校或教师为片面追求学业成绩而以牺牲学生在其他方面的健康发展为代价的做法。“全面发展”强调在基础教育阶段，课程的功能和目标是从全

面发展的角度发展和发现学生多方面的潜能，因此，各课程目标中不仅包含学生在“知识与技能”方面的发展，还要求关注学生在“过程与方法”“情感态度与价值观”“解决问题的能力”等多方面的发展。

例如，《地理课程标准》中提出，评价时还应关注学生以下诸方面的变化与发展：

对地理的兴趣与好奇心；

体会地理学与现实生活的密切联系和地理学的应用价值；

对周围环境和地球上不同自然和人文特征的审美能力以及对社会和自然的责任感；

热爱祖国的情感和行为；

关心和爱护人类环境的意识和行为。

实质上，促进“全面发展”强调给予学生全面发展的机会，但绝不等同于追求“全优发展”。“全优发展”在教育实际中很难实现，而且也不符合因材施教的原则和社会对人才多样化的要求。因此，促进学生全面发展的评价体系，是指从全方位的角度，评价学生各个方面在原有水平上的进步状况，它允许学生身上同时存在着优势领域和不足领域，评价的目的在于帮助学生认识自我，拥有自信，实现个人价值。所以，避免出现教师片面理解促进“全面发展”的含义，而苛责学生面面俱到、获得全优的错误倾向。

（二）评价技术的有限性和教育追求的无限性之间的矛盾。如前所述，“全面发展”不仅包括学科学习目标，还有一般发展性目标。一般发展性目标通常是蕴涵在学科教学中进行的，并不设置专门的课程来培养；一般发展性目标的评价也常常融合于学科学习目标的评价之中共同进行。除此之外，有些一般性发展目标，或者“过程与方法”“情感态度与价值观”的课程目标，很难以一些客观的、量化的指标加以测评，因此，在评价体系的指标中就有可能无法显现出来。

例如，在《地理课程标准》中，评价学生参与地理探索性活动的程度和水平，重点不在于评价学生记忆的准确性和使用技能的熟练程度，而在于学生实地观察与观测、调查、实验、讨论、解决问题等活动的质量和行为表现，以及在活动中表现出来的兴趣、好奇心、投入程度、合作态度、意志力和探索精神等。

而兴趣、好奇心、投入程度、合作态度、意志力和探索精神，就难以用客观的、量化的指标精确地进行描述、区分和测量，但不能因此就不关注学生在这些方面的发展和表现。这就是评价技术的有限性和教育追求的无限性之间的矛盾。于是，应注意避免教师只以显性的评价指标为导向培养学生，即“考什么就教什么”“评价什么就重视什么、培养什么”这种片面的、僵化的做法。促进学生全面发展的评价体系，要求教师在更高层次上关注课程功能的变化对教育和评价提出的新要求，即无论是显性、可客观测评的，还是隐性、难以进行客观测评的内容，只要是学生全面发展的内容，都应成为教师教育教学的关注点。

49．作为主要的质性评价方法，如何运用成长记录袋这种质性的学生评价方法?

新课程倡导质性的评价方法，其意义主要体现在：①质性的评价方法通常记录了学生的各种行为表现、作品或者思考等描述性的内容，而不仅仅是一个分数，不仅具体直观地描述出学生发展的独特性和差异性，而且较好地全面反映了学生发展的状况。这种评价方法对于新课程倡导关注学生的全面发展具有非常重要的价值。②因为质性的评价方法多以描述和记录为主，即可真实、深入地再现学生发展的过程，相比之下，量化的评价方法则更多地表现为数字，反映的是学生发展的结果。新课程强调关注学生的发展过程，那么，质性的评价方法无疑提供了非常有效的评价手段。因此，质性的评价方法对于促进学生的发展扮演着举足轻重的角色。

评语就是一种常见的质性评价方法。除此之外，新课程倡导的质性评价方法还有行为观察、学习日记、情景测验和成长记录袋等。其中，成长记录袋是本次课程改革所倡导的一种重要的质性评价方法。

成长记录袋，也被一些学者翻译为档案袋，主要是指收集、记录学生自己、教师或同伴做出评价的有关材料，学生的作品、反思，还有其他相关的证据与材料等，以此来评价学生学习和进步的状况。成长记录袋可以说是记录了学生在某一时期一系列的成长“故事”，是评价学生进步过程、努力程度、反省能力及其最终发展水平的理想方式。通常，成长记录袋的形成包括以下几个步骤：

明确目的；

确定评价的内容和技能；

确定评价的对象，在什么年级水平；

确定要收集的内容和收集的次数、频率；

调动学生参与；

确定评分程序；

向每一个人介绍成长记录袋；

制定交流计划和保存、使用计划。

整个形成过程通常由学生和教师共同完成。成长记录袋的内容通常涵盖了一项任务从起始阶段到完成阶段的完整过程。例如，关于写作学习的成长记录袋，就包含了从头脑风暴式的大讨论记录开始，第一份提纲、早期草稿、修改过或再次修改的草稿，以及最终作品等。

又如，在《化学课程标准》中，化学学习档案袋包括：

单元知识总结；疑难问题及其解答；探究活动的设计方案与过程记录；自己的学习方法和策略；自我评价的结论；他人评价的结果。

成长记录袋的主要意义首先在于，学生通过自己的全程参与，学会了反思和判断自己的进步与努力。因为学生有权决定成长记录袋的内容，特别是在作品展示或过程记录中，由学生自己负责判断提交作品或资料的质量和价值，从而拥有了判断自己学习质量和进步、努力情况的机会。其次，成长记录袋为教师最大程度地提供了有关学生学习与发展的重要信息，既有助于教师形成对学生的准确预期，方便教师检查学生学习的过程和结果，更是将评价与教育、教学融合在一起，与课程和学生的发展保持一致，提高了评价的效度。

第五章 DI WU ZHANG

新课程评价

成长记录袋的使用范围非常广泛，评价目的不同、记录或收集的内容不同，便可以应用在学校教育教学的不同方面。例如，成长记录袋可以：

(1) 与学科教学相结合（具体技能的习得或整体发展评价均可）；

(2) 与学生全面发展(如品行发展、兴趣发展、习惯养成等)相结合；

(3) 与特殊学生的教育和培养相结合；

(4) 与班级管理工作相结合；

(5) 与教师成长、师资队伍培养相结合；

(6) 与学校各项管理工作相结合，等等。

使用成长记录袋，可能会面临一些实际问题。

(一) 增加了教师的工作量怎么办？的确，成长记录袋的应用可能需要本已十分忙碌的教师付出更多的时间和精力。但这也取决于教师如何把握自己在成长记录袋应用中的作用和角色。通常，教师感受到工作量增加的压力来自于成长记录袋的内容收集和进行评价两个环节。首先，成长记录袋内容的收集、编排和保存等工作主要应由学生自己来完成，教师主要负责指导学生如何去操作，并监控整个过程。因此，建议教师相信学生的能力，放手让学生自己去做，以指导和监控为主，而不要具体介入到学生操作的每一个环节和每一项内容之中。其次，成长记录袋鼓励的是学生的自省与反思，教师主要负责定期主持召开成长记录袋的反思、交流与评分会议。建议教师在这样的会议中，发动学生自评、互评，充分发展学生的自省意识和能力，必要时还可引入家长的参与。这样，教师就可以只在必要时对个别学生加以指点，或者以抽查的方式监控学生的发展状况，指导学生的改进行为。

此外，一些教师还面临着大班额的困扰。这就更需要教师侧重于指导学生如何学习收集资料、促成和完善成长记录袋，以及大力倡导学生之间和家长参与的自评与互评活动，教师可灵活运用抽查、集体展示与评比、集体指导、答疑等方式进行监控、指导。大班额只是教育发展进程中的过渡现象，不可能成为教育的主流现象。因此，鼓励教师积极开动脑筋，大胆尝试与探索，克服大班额的困难，学习科学使用成长记录袋来促进学生的发展。

（二）是否每个学科都要运用成长记录袋的方法？成长记录袋是一个很好的评价方法，应用得法，还会成为非常有价值的教学辅助手段。但是否每个学科都采用成长记录袋的方法，则要取决于评价的目的、教师的工作安排和学生的精力等种种因素。考虑到学生的投入，建议教师不要盲目滥用成长记录袋的方法，使成长记录袋成为学生的负担。建议各学科教师之间要协商，同时也应征求学生的意见。小学阶段以综合课程为主，课程数目减少，自然有利于教师在学科教学中多采用成长记录袋的方法。此外，要学习创造性地使用成长记录袋，如将成长记录袋集中应用于某一学习阶段、专题或具体技能，而不必贯穿整个一学期或学年，这样无疑既达到目的，又减轻了学生的负担。

（三）如何对成长记录袋进行评分，并纳入到学生发展的终结性评价之中？成长记录袋对学生发展的促进作用在其建立和使用的过程中就已发挥出来了。记录学生发展过程的同时，成长记录袋也可以反映出学生经过一段时间以后的发展结果。对成长记录袋进行评分，就是对这一发展结果做出适当评价，并成为学生发展终结性评价的有机组成部分。

对成长记录袋进行评分，应注意：①评分者的选择。由教师评分，还是由学生评分；由个别教师评分，还是由教师小组评分；由学生自评，还是同学互评等。可以有不同的选择方式，需要根据评价的目的以及评价者的能力来三思而定。②评分方式的选择。把成长记录袋作为整体来评分，还是将各项目单独评分，然后计算平均分；是以项目评比，还是以整体评比；是评分，还是评等级；各项目是否含权重，权重又是如何确定等，也是成长记录袋评分中需要认真思考的问题。③评分结果报告与交流。这涉及如何科学处理评价结果的问题。建议评价结果报告的呈现，除了数量化的评定，更应该有文字描述部分的评价、分析和建议等。评价结果呈现的对象，可以是学生、教师、学校，也可以是家长，这根据评价的目的来定，但需要尊重学生的意见。同时需要考虑，是否将成长记录袋内的部分内容或作品作为证据，配合结果报告一起呈现。

第五章 DI WU ZHANG

新课程评价

50. 多元智力理论对学生评价有什么样的启示?

多元智力理论是由美国哈佛大学的发展心理学家加德纳（Howard Gardner）于1983年在《智力的结构》一书中提出的。多元智力理论打破传统的将智力看做是以语言能力和逻辑—数理能力为核心的整合的能力的认识，而认为人的智力是由言语/语言智力、逻辑/数理智力、视觉/空间关系智力、音乐/节奏智力、身体/运动智力、人际交往智力、自我反省智力、自然观察者智力和存在智力等九种智力构成，并从新的角度阐述和分析了智力在个体身上的存在方式以及发展的潜力等。

多元智力理论一经提出，即对教育界产生了巨大的影响。首先，它直接影响教师形成积极乐观的“学生观”。多元智力理论认为：每个人都同时拥有这九种智力，只是这九种智力在每个人身上以不同的方式、不同的程度组合存在，使得每个人的智力都各具特色。因此，世界上并不存在谁聪明谁不聪明的问题，而是存在在哪一方面聪明以及怎样聪明的问题。即学校里没有所谓“差生”的存在，每个学生都是独特的，也是出色的。这样的学生观一旦形成，就使得教师乐于对每一位学生抱以积极、热切的期望，并乐于从多个角度来评价、观察和接纳学生，重在寻找和发现学生身上的闪光点，发现并发展学生的潜能。这正是新课程学生评价所倡导的改革方向，关注学生个体间发展的差异性和个体内发展的不均衡性，评价内容多元、评价标准分层，重视评价对学生个体发展的建构作用。

其次，多元智力理论直接影响教师重新建构“智力观”。虽然教师担负着发展学生潜能的责任，但是很少有教师真正思考过人类学习潜能——智力的本质是什么。传统的智力理论将智力解释为一种以语言能力和逻辑—数理能力为核心的整合的能力，于是世界各国教育的重点则被定位于追求优异的语文和数学表现；而多元智力理论则强调，智力的本质更多地表现为个体解决实际问题的能力和生产及创造出社会所需要的有效产品的能力，而这些能力显然远远超越了传统教学和评价关注的重点。因此，多元智力理论拓展了教师的“智力观”，课程功能由此开始发生着根本的转变，教师不但关注学生的学业成绩，同时关注学生的全面发展，尤其重视培养学生的实践能力和创新能力。这些正是新课程学生评价改革的方向，即建立促进学生全面发展的评价体系，加强考试内容与学生生活经验、社会实际的联系，重在考查学生分析问题、解决问题的能力等。

再次，多元智力理论帮助教师树立新的“教育观”。多元智力理论不仅提出每一位学生都同时拥有智力的优势领域和弱势领域，而且提出在每一位学生充分展示自己优势领域的同时，应将其优势领域的特点迁移到弱势领域中去，从而促使其弱势领域得到尽可能的发展，这就是我们教育工作者的责任和义务。因此，教育首先是赏识教育，教师相信每一位学生都是有能力的人，乐于挖掘每一位学生的优势潜能，并给予充分的肯定和欣赏，树立学生的自尊和自信；其次教育是个体化的教育，教师变得更为主动、自觉地为每一位学生设计“因材施教”的方法，以配合其智力组合的特点，促进其优势才能的展示和发展，实现个人价值；而且，教育还是主动发展的教育，教师帮助学生发现和建立其智力优势领域和弱势领域之间的联系，以此为切入点，引导学生有意识地将其从事优势领域活动时所表现出来的智力特点和意志品质迁移到弱势领域中去。这些教育观也正深刻地体现了新课程学生评价改革的思想，即关注评价的教育功能，发展和发现学生身上多方面的潜能，了解学生发展中的需要，帮助学生认识自我、建立自信，促进学生在原有水平上的发展等等。

可见，多元智力理论倡导的评价思想与新课程中学生评价改革的方向相一致，并为“建立促进学生全面发展的评价体系”提供了有力的理论依据与支持。而且，以多元智力理论为依据建立的“学生观”“智力观”和“教育观”，将有助于教师更好地理解和实践新课程所倡导的学生评价。

第三节　教师评价

51. 如何建立促进教师不断提高的评价体系?

促进教师不断提高的评价体系强调教师对自己教学行为的分析与反思，建立以教师自评为主，校长、教师、学生、家长共同参与的评价制度，使教师从多种渠道获得信息，不断提高教学水平。教师评价不再是简单地判定谁是优秀的教师、谁合格或达标，而是和教师一起分析自己工作中的成就、不足，提出改进计划，促进教师的成长和发展。

促进教师不断发展的评价体系应包括以下四个工作环节。

一、明确评价内容和评价标准

本次课程改革对教师提出了新的、更高的要求，教师的角色发生了根本性的转变。教师不仅是知识的传授者，更是学生学习的促进者；教师不仅是传统的教育者，还是新型教学关系中的学习者和研究者；教师不仅是课程实施的组织者、执行者，也是课程的开发者和创造者。新课程对教师提出了全方位的要求，教师的工作也因此变得更加富有创造性，教师的个性和个人价值、伦理价值和专业发展得到了高度的重视。因此，促进教师不断提高的评价体系，不再以学生的学业成绩作为评价教师水平的惟一标准，而是从新课程对教师自身素养和专业水平发展的要求，提出符合素质教育要求的、多元的、促进教师不断提高，尤其是创新能力发展的评价体系。具体而言，包括：

(1) 职业道德。热爱教育事业，热爱学生；积极上进，具有奉献精神；公正、诚恳，具有健康心态和团队合作的团队精神；

(2) 了解学生，尊重学生。能全面了解、研究、评价学生；尊重学生、关注个体差异，鼓励全体学生充分参与学习；进行积极的师生互动，赢得学生的尊敬；

(3) 教学设计与实施。能确定教学目标，设计教学方案，使之适合于学生的经验、兴趣、知识水平、理解力和其他能力发展的现状与需求；与学生共同创设学习环境，为学生提供讨论、质疑、探究、合作、交流的机会；积极利用现代教育技术，选择利用校内外学习资源；

(4) 交流与反思。积极与学生、家长、校长、同事交流和沟通，能对自己的教育观念、教育教学行为进行反思，并制定改进计划。

总的来讲，教师评价集中体现在对教师教学的评价和对教师素质的评价两个方面，各学校可根据本校的实际情况和发展规划制定更为详细的教师评价方案，以结合教师实际的教育教学工作，促进教师教学实践能力的提高，从而促进学生的全面发展。下面举例加以说明。

表 5.2　对教师教学的评价内容和评价标准（初中科学课程）

评价内容	评　价　标　准
教学目标： 教师要把全班学生培养成推理缜密、思想方法与行为方式以及社会价值观念都促进学习发展的学习者	1. 对所有学生各种不同的见解、技能和经验都表现出尊重 2. 给予学生在教什么和提供什么学习环境等方面的发言权 3. 在学生中间培养协作精神 4. 培养学生技能的同时，关注学生思想方法、行为方式和价值观念的发展
教学设计： 教师要为学生制定合理的教学方案	1. 为学生制定一个包含年度目标和短期目标的计划 2. 针对学习内容，创造性地修改与设计课程，使之适合于学生的经历、兴趣、知识水平、理解力和其他能力 3. 选择教学和评价方案，以提高学生对知识的理解，把学校和课堂变成学生积极参与学习的场所
管理学习环境： 教师要营造和管理好学习环境，为学生的学习提供必要的时间、空间和资源	1. 安排好可以利用的时间，使学生们有机会参加扩展性研究 2. 创造一种灵活的、有助于学生学习的环境 3. 确保学习环境的安全性 4. 使可以利用的设备、学习教材、视听媒体能够为学生所利用 5. 能鉴别和利用校外的学习资源 6. 使学生参与学习环境的设计
促进教学： 教师要学会引导学习，会将学习活动化难为易	1. 组织学生围绕学习问题进行讨论 2. 设法使学生认识到并担负起他们在学习中应担负起的那份责任 3. 能认识到学生之间存在着的巨大差异，并能采取相应的做法和措施，鼓励全体学生人人都充分参与到学习之中 4. 要利用学生的数据、有关人对教学工作的评议，以及与同事间进行的交流，总结和改进教学

续表

评价内容	评　价　标　准
对学习的评价： 教师要不断地参与对教学及学生学习所进行的评价	1. 使用多种方法，系统地收集关于学生的理解与其他能力发展的数据 2. 分析评价数据，促进教学改进 3. 指导学生进行自我评价 4. 向学生、教师、家长、决策人员以及广大公众报告学生的学习过程和学习效果

表 5.3　　对教师素质的评价标准

评价内容	评　价　标　准
职业道德	1. 爱心 2. 正直诚实 3. 公正 4. 上进 5. 奉献、职业热情 6. 健康心态
学科知识	1. 正确掌握本学科的有关概念 2. 灵活应用本学科的基本方法 3. 了解本学科的动态与发展 4. 熟悉本学科的基本体例 5. 善于将学科知识与生活实际相结合
教学能力	1. 有所教学科的良好知识，并且能将这些知识通过精心计划的、有趣而又有效的教学方式教给学生 2. 能够通过形成性评价和总结性评价持续而有效地掌握学生的进步情况，并且采用有效和革新的措施来巩固评价的成果 3. 拥有出色的学生管理技能，形成良好的纪律，建立积极的师生交往，体验积极的情感，赢得学生的尊敬，能够激励他们超越自己

续表

评价内容	评　价　标　准
文化素养	1. 热爱学习，有良好的阅读习惯和获取新知识的意愿，能够主动地从生活实践中不断总结、学习新知 2. 具备基本的百科常识和生活常识，能够较为自如地应付日常生活的需要，并可灵活地在各知识点间建立联系 3. 对祖国文化的了解和热爱，熟练掌握祖国文字 4. 具备较高的文明礼仪水平
参与和共事能力	1. 要参与学校发展规划的设计，并能提出可行性意见 2. 要参与确定时间和其他资源在教学课程中的分配等教学规划 3. 要参与设计本学科、所在教学组的发展规划，并提出可行性建议 4. 要充分参与制定和实施同事们的专业进修计划 5. 能与学生、家长、同事建立良好的关系，在同事中有好朋友
反省与计划性	1. 制定并有效实施个人发展计划，并具有随环境变化的调整能力 2. 制定并有效实施工作计划，分月计划、学期计划、学年计划 3. 计划制定中考虑多方面的影响因素，如年龄、性别、学生班级特点等，并有意识地听取有关人员的意见和建议，如同事、领导或学生等 4. 建立反省习惯，可以分为天、周、月、学期等不同形式进行；在反省结果和下一期计划之间应建立联系

二、设计评价工具

促进教师不断提高的评价体系，主要倡导教师自评的评价方式，在教师的教育教学反思中，促进教师教学能力的提高和专业素质的发展。对于教师自评，可根据教师教学和教师素质的评价内容与评价标准，设计相关的评价工具来收集教师全面发展的证据，如结构性的调查问卷、自查量表、教学日记、周期性的工作总结和自我分析表等，包括教师对自我发展优势与不足的自我评价。下一例为教师周期性的自查量表：

表 5.4

		优 势	不 足
教学方面	教学目标		
	教学设计		
	管理学习环境		
	促进教学		
	对学习的评价		
素质方面	职业道德		
	学科知识		
	教学能力		
	文化素养		
	参与和共事能力		
	反省与计划性		

学生和家长参与教师评价的方法，可以通过问卷调查和访谈的方式进行，也可以通过家长开放日、公开课的方式来收集学生、家长对教师日常教育教学的评价意见。学校或管理者对教师进行评价还可通过检查教师的各种教学资料和文件、观察教师课堂教学等方式进行。总之，这些意见和信息通常应与教师自评的结果一起作为全面分析教师状况的依据。

三、收集和分析反映教师教学和素质发展的资料和证据

这些资料和证据包括教师发展的优势和不足两个方面。收集有关教师在教学和素质发展优势方面的资料非常重要，可以帮助教师获得校方的认可，并提供证据证实；同样，收集教师在教学和素质发展不足方面的有关资料也很重要，它能帮助教师确定发展基线，进而考查教师在下一段努力后是否取得进展。在收集各种类型资料的时候，可以采用观察、访谈、检

查教师的各种教学资料和文件等多种方法。在掌握了大量关于教师发展优势与不足的资料和证据后，应对教师教学和素质的发展状况进行分析，找出教师发展的优势与不足，并做出客观的概括性描述。

四、明确促进教师发展的改进要点，制定改进计划

评价是为了促进教师的提高，因此对于分析的结果，不能停留在简单奖惩或评优的处理上，而应帮助教师以开放、坦荡的胸怀勇于面对评价的结果，和教师一起讨论并确定教师改进要点，制定改进计划。通常改进计划中应包括：

（1）用清楚、简练、可测量的目标术语来描述教师改进的要点；

（2）确定改进教师教学和教师素质的指标；

（3）描述评价教师向改进目标努力的具体方法。

此外，在改进计划的制定中，应考虑发挥教师发展的优势，利用迁移的原理，或者激励的方式，改善其不足。这就需要制定改进计划时，认真分析教师的个人特点，同样遵循因材施教和指导的原则，在尊重教师个性和个人价值的前提下，和教师一起分析其未来的发展方向和目标，了解教师的个人发展需求，共同制定教师的个人发展目标，并向教师提供日后培训或自我发展的机会，以提高教师履行工作职责的能力，促进教师专业和个人素养的整体发展。因此，促进教师不断提高的评价体系是面向未来的评价体系，重在信任和激发教师追求不断提高的内在需要和动机，倡导全体教师的积极参与，在民主、开放、上进和支持的评价氛围中，通过教师之间的同事评价和教师自评的方式，促进教师不断改进和提高。

52．如何开展教师自评？

《纲要》明确提出，强调教师对自己教学行为的分析与反思，倡导教师评价以自评为主。近年来，教师自我反思能力成为世界各国备受关注的影响教师专业成长的核心因素，反思成为促使教师更为主动参与教育教学、教师教育教学效果提高和专业发展更为积极的重要手段。首先，自评是促进教师反思能力发展的最佳途径。评价通常会带来压力，压力会促使

被评价者进行反思；当评价的权利掌握在自己手里，自评带给被评价者的压力则变得具有建设性。这将有助于教师增强其内省的自觉性，促进其反思能力的提高。其次，自评改变了教师原来消极被动的被评价地位，成为评价主体的一员。这一转变将极大地激发教师的主体意识，即教师不再是以消极的从事教育活动的技术人员的角色来按照程序复制或照套那些有效的教育教学行为，而是以一种主人翁的方式主动、自觉地研究自己的教育教学，重视自己行为的转变和学生学习活动、学习行为之间的关系，变得注重教育教学观念和技巧的内化，促进自己向专业化发展。此外，通过自评，教师对照评价标准，对自己的工作表现、进步和努力状况进行全面的分析与评价，不仅是一次自我提醒、自我反思、自我教育和促进成长的过程，同时还有助于学校全面掌握信息，客观分析来自其他渠道的信息，对教师做出公正的评价。

但教师自评在实施中也存在一些限制。例如，教师自评的客观性如何，毕竟那是教师个人的主观评价与报告；人都有追求社会期许的本能，如何避免教师自评步入“报喜不报忧”的误区等等。因此，针对教师自评的实施，提出以下几点建议。

（一）帮助教师对自评及其价值建立正确的认识，创设具有支持性的教师自评氛围。尤其帮助教师理解自评对其发展的重大意义，同时让教师感受到学校对教师自评工作的重视，以及科学进行教师自评的原则与工作程序。建议在实施教师自评前，应在教师中进行调查或访谈，了解教师对自评的困惑和疑虑，并以慎重求实的态度和双向沟通的方式加以解决，帮助教师正确认识教师自评。建议整个过程要富有透明度，面向全体教师进行；建议还可请教师参与教师自评工作方案的制定，在共同商讨中建立共识；并建议教师自评工作尽快规范化、制度化，以此为保障将有助于教师顾虑的消除。总之，通过宣传和身体力行，在全校范围内创设出健康的具有支持性的教师自评氛围。

（二）帮助教师掌握科学自评的方法。包括如何理解自评的原则、内容、程序和方式并进行有效执行等，同时注意帮助教师避免在自评中的两种错误倾向。一是无法正确评价自己的不足，因担心评价的后果而弱化或粉饰自己不足的方面。这是教师自评的大忌。教师自评主要是使教师对自己的教育教学行为和全面发展状况进行反思，包括自己的优势和不足，其目的不在于评优评劣，而是在于由此形成改进计划，促进教师自身的提高。因此，教师应胸襟坦荡、勇于面对不足，以公正、客观的态度进行评价，并通过认真思考提出改进意见。二是不能客观评价自己的优点和成绩。受传统文化的影响，一些教师在面对自己的优点和成绩时，因谦虚而给了自己较低的评价，造成不公正的结果。这时需要帮助教师学会肯定自己，正确评价自己的优点和成绩，这同样需要坦荡的胸襟。同时，建议评价标准尽可能用清晰、客观、可测量的目标术语来描述，将有助于减少上述两种错误倾向的发生。可见，评价作为一种技术，本身也是一门学问。

（三）慎用自评结果，不宜与奖惩挂钩。以奖惩为目的的评价通常是对以往工作表现和业绩的评价，是一种针对过去的评价，对教师未来发展的促进作用是有限的。此外，简单地以奖惩来处理教师自评的结果，容易使教师因追求功利的目标而影响自评的客观性。自评关注的是教师公正、客观的参与，只有在这样的参与中，教师的反思能力才能得以发展，自评才能成为促进教师发展的有效评价方法。因此，要尽可能避免将教师自评的结果与奖惩挂钩，而着重于与教师未来发展的联系，制定合理的改进计划。

（四）与他评结合，促进教师反思能力的提高。职业习惯化的原因，往往会使一些教师在最初进行自评的时候难以看到自己教育教学行为中的“盲点”。与他评相结合，多渠道获得的信息可以最大程度地减少这种现象的产生，帮助教师发现被定势和习惯掩盖的问题。当然，教师需要有坦荡的胸襟，能正确看待别人对自己的评价，尤其是来自学生和家长的意见。这种自评和他评信息相互印证的过程，可以更好地帮助教师公正、客观地认识自己，促进教师自我反思能力的提高。但还需注意一点，即评价结果反馈时需要有足够的技巧，如遵守保密性原则，以避免产生不必要的人际矛盾，影响评价的效果。

第五章 DI WU ZHANG

新课程评价

53．学生、家长如何共同参与教师评价？

建立校长、教师、学生、家长共同参与的评价制度，是新课程教师评价的重要内容，旨在帮助教师从多种渠道获得信息，不断提高教学水平。

学生、家长是学校教育中不可忽视的两大群体。首先，学生作为教育的对象，是教师教育教学活动的直接参与者，他们对教师的教育教学活动有着最直接的感受和判断；其次，教育的最终目的是为了促进学生的全面发展，因此，应重视和给予学生评价教师的权利。家长作为学生的父母和教育的投资者之一，自然十分关心学生在校的发展和受到了什么样的教育；同时，促进家校协同也是学校教育的重要职责，因此，家长评价教师一方面是家长应有的权利，另一方面也是促使家长了解学校和教师、形成家校教育合力的有效途径。此外，学生、家长参与教师评价，也增强了对教师教育教学活动的监控，有助于促进教师反思习惯的形成、反思能力的提高。

但在教育现实中，推行学生和家长参与教师评价引起了一些担忧。首先，学生、家长是否能讲真话。由于教师拥有对学生行使奖惩的权利，再加上传统思想中“师道尊严”观念的影响，所以一些学生和家长则因担心评价引起的不良后果而不敢讲真话，尤其是面对教师身上存在的问题时。其次，学生、家长的评价是否客观。由于学生年龄的限制，以及家长参与学校活动、对教师了解的有限性，都会使教师和校方对二者评价的客观性产生怀疑。更有一些教师担忧那些“刺头”家长和学生会借此发泄不满，攻击教师，提出不合理的看法。

面对这些担忧，建议在推行学生和家长参与教师评价时掌握以下一些原则。

重要原则之一，学习信任学生和家长。

教师和学校首先要相信学生和家长都是友好的且有能力的，相信他们的参与有助于促进自身的发展。在这种积极心态的引导下，以一种诚恳、开放、民主的态度，将这些信任的信息传递给学生和家长，从而引导学生、家长以一种客观公正、严肃负责的态度参与到教师评价中来。

重要原则之二，学习分析看待评价结果，珍惜相互了解的机会。

一方面要信任学生和家长，使其敢讲真话、敢讲实话；另一方面，对于学生和家长的评价结果，要分析地看待。首先，教师要端正心态，勇于面对问题，不要纠缠于结果的公平性等问题中，而真正需要反思的是学生、家长隐藏在这些问题背后那些深层次的需要，以考虑自己的教育教学在哪些方面可以改进。事实上，学校和教师应清醒地意识到，无论是否给予学生、家长参与教师评价的机会，学生、家长对于教师的判断和评价是客观存在的，他们的意见随时都有可能从不同的渠道、以不同的方式反映出来。与其这样，不如以坦诚的态度，通过参与教师评价的方式，将学生、家长的意见引向促进教师提高这样一种健康、积极的方向，在良性循环中不断促进教师、学校的发展。教师和学校更应珍惜这样一种与学生、家长直接沟通的机会，在相互了解中达到互相理解、澄清误会和解决问题的效果。相信，学校和教师将因此赢得更多来自学生和家长的尊重、支持和信任，从而将更有效地开展各项工作。

重要原则之三，校方应综合分析多方信息，不要草率地下结论。

校方将如何对待学生、家长的评价结果，也是教师对此项工作有所顾虑的原因之一。作为校方，应以公允的态度处理这些评价结果，尤其在面对学生、家长的意见或不满时，不可以简单地以牺牲教师的利益来讨好学生和家长，更不可以出于维护教师或校方的利益而生硬地拒绝学生、家长的意见。校方应从多方获取信息，包括教师的自评，再对来自多种渠道的信息进行综合分析，尤其要给教师解释、申诉的机会，不要草率地下结论。这时，校方重在架起学生、家长和教师之间沟通、理解的桥梁，重在促成问题的解决，重在促成教师进行反思和改进，而不是一个简单的“法官”“裁判”，这才是学生、家长参与教师评价的真正目的。

重要原则之四，学生、家长参与教师评价时需要引导。

评价是一门技术，也是一种能力。由于学生、家长参与教师评价在我国还是较为新鲜的事物，所以有必要在学生、家长参与教师评价之前进行必要的、科学的引导，如帮助学生、家长了解评价的目的和内容，熟悉评价的过程和程序，以及如何使用评价工具或技术等等。否则，容易在放任自流中降低评价的信度和效度，或使评价流于形式。例如，“家长开放日”原本是家长了解学校和教师、架起家校协同教育桥梁的机会，但因缺乏必要的引导，往往会成为家长挑刺的机会。如果学校能就家长如何参与“家长开放日”活动，并关注和评价学校、教师的哪些方面加以引导的话，效果就会截然不同。下面是一则学校通过调查问卷引导家长如何参与“家长开放日”评课活动的实例。

亲爱的家长，欢迎您参加我校“家长开放日”的评课活动，相信这将是一次我们彼此之间加强沟通、增强了解的机会。希望借此机会，对我们的教育教学提出您宝贵的意见，同时架起我们协同教育的桥梁，共同为孩子创造出健康成长的家校环境。

欢迎您从以下几个方面参加这次评课活动。

一、对教师教学的评价

这堂课的教学重点是：________________。

教师教学改革的尝试为：1. ________；2. ________；3. ________。

通过听课，您认为教师在哪些方面比较成功：________________；

在哪些方面还需要改进：________________。

二、对孩子学习状况的评价

通过听课，您观察到您孩子学习的特点是：(也可列出具体的观察指标，如举手情况、回答情况、课堂练习情况、小组活动参与情况等等——著者注)________；

您认为孩子急需改进的方面是：________________。

三、通过参加这堂课的教学活动，对您在家辅导孩子学习有哪些启示和帮助：________________________________。

谢谢！

×××学校

54．新课程课堂教学评价带来了哪些变化？

课堂教学评价一直是教师评价中的重要组成部分。一直以来，课堂教学评价的关注点都是以“教师”为主，如教师的言语表达是否流畅、教师的板书设计是否合理、教师的情感投入是否具有感染力、教师的教学思路是否清晰，以及教师的教学设计是否结构合理、详略得当等等，主要关注教师的课堂表现，关注教师是怎么讲的。即使关注到学生的行为表现，也基本上被看做是教师“教”的回应，或者成为教师“教”的点缀。总的来说，以往的课堂教学评价表现出“以教为主，学为教服务”的倾向。

本次基础教育课程改革，再一次重申：教育的根本目的是为了每一位学生的发展，课堂教学也不例外。因此，新课程提出，关注学生在课堂教学中的表现应成为课堂教学评价的主要内容，包括学生在课堂师生互动、自主学习、同伴合作中的行为表现、参与热情、情感体验和探究、思考的过程等等，即关注学生是怎么学的。通过了解学生在课堂上如何讨论、如何交流、如何合作、如何思考、如何获得结论及其过程等等学生的行为表现，评价课堂教学的成败。即使关注教师的行为，也是关注教师如何促进学生的学习，如教师如何组织并促进学生的讨论、教师如何评价和激励学生的学习、教师如何激发学生学习的热情和探究的兴趣等，来评价教师课堂行为表现对学生的“学”的价值。因此，新课程提出建立“以学论教、教为了促进学”的响亮口号。

课堂教学评价具有促进学生发展和教师专业成长的双重功能。从关注教师的“教”到关注学生的“学”，这一视角的转变对我国现行的课堂教学、教师教学行为及其相关的教学管理等都带来了巨大的冲击和全新的启示。

首先，改变了教师教学的方式和学生学习的方式。以往的课堂教学中，教师大多是按照事先设计好的教学过程，带着学生一步不差地进行，学生则基本处于被动的地位，即使有一些自主的活动，也是在教师事先设计或限定的范围内，为某个教学环节服务。但如果关注学生的“学”，教师的这种教学方式就会受到挑战，而学生的学习方式也将发生根本性的变革，学生学习的自主性将被空前地重视起来。因此，新课程倡导新的学习方式，以自主、合作和探究为主；而教师也更多地成为学习情境的创设者、组织者和学生学习活动的参与者、促进者。教师因遵循学生发展的需要和状况来设计课堂教学，而不是请学生按照事先设计好的教学过程参加学习，教师的“教”是为了更好地促进学生的“学”。这将同时带来一个更为民主、平等的师生关系。

其次，改变了教师课前准备的关注点和备课的方式。“以学论教”使教师更多地关注学生在课堂上的可能反应，并思考相应的对策。于是，促使教师从以往“只见教材不见学生”的备课方式中转变出来，注重花时间去琢磨学生、琢磨活生生的课堂，注重提高自己的教学能力，而不是在课堂上简单地再现教材。因此，写教案这种传统的备课方式已不能满足“以学论教”评价模式对课堂教学的要求。除了写教案，教师可能更需要走进学生中间，了解他们对即将讲解内容的兴趣、知识储备和他们所关心的话题。也只有了解学生的需要，才能真正上好“以学论教”的每一堂课。而教案的使用和设计也需要随着新要求的变化而有所改进，以增强其适应性。例如，教案并行设计“教师教学行为”和“学生学习行为”两大部分，将有助于教师同时并重教与学；设计“学情分析”或“开天窗”“课后追记”等内容，便于教师在课前分析、思考，课后总结、补充，在这个意义上，教案并不是写得越干净就说明教师备课越认真。

再次，改变了教师对教学能力的认识。从关注“教”到关注“学”课堂教学评价重心的转移，将促使教师重新反思一堂“好”课要求教师具备的教学能力是什么。也许一个板书并不漂亮、口语表达并不是很利落的教师也能上出一堂好课来。因为“以学论教”课堂教学评价模式更为关注学生在课堂上做了些什么、说了些什么、想了些什么、学会些什么和感受到什么等等，教师的板书和口语表达能力已不再是一堂好课的必要条件了。只要这位教师给予学生充分自主学习、探究的机会，学生在课堂上获得了充分的发展，板书也许是学生来写，总结也许是学生来说，但这依然是一堂好课，一堂学生“学”得好的课。可见，教师需要对“教学能力”进行新的思考和认识：对教材的把握能力依然是必要的，但似乎已不够了，自主实践将会引发学生形形色色的问题，这就需要教师储备相关学科领域的知识，此外，更具挑战的是教师要学会“用教材”而不是“教教材”；课堂管理能力依然是必要的，但似乎又有些不同了，安静无法满足学生的自主学习和参与，热闹又是课堂纪律的大敌，如何能让学习在“热闹”中“有序”地进行是教师课堂管理的新课题；课堂环节的设计能力依然是必要的，但似乎又不同，不能完全按事先设计的环节进行，要富有弹性，以便随学生的表现来灵活调整，更关注的是教师的随堂机智。总之，以往对教师教学能力的要求，其内涵正在一点点发生着“重心的转移”和变化。

这些改变从另一个侧面再次体现了本次课程改革中课程功能的变化，也是新课程课堂教学评价改革的方向，相信对于真正提高教师的教学水平和学校的办学质量有着根本性的促进作用。

第四节　加强对新课程实施的评价

55. 课程实施评价的主要内容是什么？

课程改革任重而道远，它关系到所有孩子的未来和整个民族的发展，与此同时它需要时间，需要大量的人力、物力的不断投入，不是一蹴而就的简单事情。这时，只有加强对课程实施的监督、调控，才能有效地确保课程的实施与课程改革的总体目标之间保持一致，才能最大程度地保证理想课程在走向现实课程时产生最小的衰减和落差，确保课程改革走向成功。因此，加强对课程实施的评价，是本次课程改革成败的关键性因素，也是促进课程自身建设走向健康发展之路的重要手段。为此，《纲要》提出建立促进课程

第五章 DI WU ZHANG

新课程评价

不断发展的评价体系,周期性地对学校课程执行情况、课程实施中的问题进行分析评估,调整课程内容、改进教学管理,形成课程不断革新的机制。

本次课程改革遵循“先立后破，先实验后推广”的实验原则，目前正处在实验阶段，这就使得对新课程实施过程的评价显得尤为重要。只有加强对实验区新课程实施过程的评价，才能及时发现和掌握各实验区在新课程实施中出现的问题和面临的困难，才能提供针对性的指导、帮助和调控，避免盲目推进或衰减增大，促进实验区工作的深化；同时也便于发现课程实施过程中一些好的经验，通过分析、总结和推广，提供各实验区进行工作参考，促进各实验区工作的改进。总之，对课程实施的评价主要是对新课程在各实验区的运行状况做出评估，旨在验证课程的内在品质和适应性，通过以点带面的方式有针对性地指导实验区的工作，不断促进课程改革的顺利推进。具体而言，评价内容主要如下。

表 5.5

评估项目	具 体 内 容
1. 实验方案	实验目标、内容、方法、措施、组织机构、实验成果形式等
2. 实验准备	实验区课程改革的历史与经验、人员与物质条件、思想与组织发动、不同层次的人员培训、社会动员等
3. 实验启动	实验组织机构的建立与投入工作，实验学校、班级和实验教师的确定，正式开展实验教学，实验教材及相应的课程资源的到位情况等
4. 形成常规	初步形成与课程改革要求相一致的实验工作管理、实验班教学以及相关活动的常规等
5. 观念转变	课程管理者以及教师的课程观、教学观、学生观等
6. 教学活动	教学准备、教学组织方式、课堂环境、学习方式、评价方法等
7. 学习效果	认知发展目标、过程和方法目标、情感态度和价值观目标（一般性发展目标和学科性发展目标）
8. 课程开发与管理	课程资源的开发和利用、三级课程的理解与落实、政策保证、教学管理、社会和家长的认可程度

DI WU ZHANG 第五章

新课程评价

通过文件分析、实地考察、课堂观察以及与不同层面的课程实施者（行政管理人员、学校、教师、学生、家长和社会各界等）访谈、问卷、测查等方式，对课程在实验区的实施情况做出整体的、综合的判断。需要注意的是：

（1）抓重点，重实效。采取整体设计、分段实施的策略，在不同阶段抓住相应的工作重点进行评价，避免过于繁琐而使评价流于形式，使评价真正对实验区的工作起到监控和调节的作用。

（2）重过程，促发展。对课程实施进行评价的目的在于促进发展，因此应将过程评价与结果评价相结合，尤其要重视通过文件分析、工作记录分析等方法，对各项指标的实施过程而不仅仅是实施结果进行评价，并通过反馈、调节促进相关工作的发展。

（3）重可行。根据课程改革的总体目标和每一阶段的任务，将评价内容分解成可操作的评价指标，以增强评价的可行性。同时应注意评价操作过程的可行性，如评价者说明、资料收集和进度安排等等。

56. 如何通过学校评价促进新课程的实施与发展？

学校发展与课程发展息息相关。一方面，课程是学校教育的主要构成，另一方面学校是课程实施的基本单位，因此，促进学校发展的评价体系包括对课程的关注。本次课程改革赋予了学校更大的自主权，学校不仅是课程实施的阵地，而且成为课程的开发和建设的阵地（如校本课程的开发与建设），因此如何通过学校评价改革促进新课程的实施与发展也是本次课程改革的重要课题之一。

长期以来，学校主要执行的是国家的统一课程，自主空间有限，课程的建设能力也相应的比较低，学校的办学质量主要是以升学率、基本设施条件为评价指标。但随着时代的发展、素质教育的深化和本次课程改革的要求，学校的功能和任务有了新的内涵，不再只是关注学生学业成就的发展，而是促进学生的全面发展；不再只是以“学生学业成绩”论教师工作水平，而是通过发展教师的反思能力促进教师专业素质和个人素养的整体提高；不再只是课程忠实的执行者与实施者，同时也是课程的开发者和建设者（如校本课程），学校将拥有更大的课程意识和课程权力；从“教书匠”到科研型教师的角色转变，学校必须高度重视科学研究对学校发展和教师发展的重要意义；主体多元化和互动的评价改革，将促使学校决策走向民主化；与学生生活经验和社会实际紧密相连的课程内容和评价要求，又促使学校不得不思考与社区联系的必要性等等。总之，建立以促进学生、教师和学校共同发展为根本目的的，体现素质教育思想，符合新课程培养目标要求的学校评价体系，是新课程的又一重要任务，同时也是促进课程实施和发展的重要基础。

结合《纲要》的精神和本次课程改革的各项具体目标，新课程提出打破长期以升学率作为评定学校办学水平惟一标准的做法，新的学校评价体系应包括以下内容：

（1）学校领导班子。全面贯彻党的教育方针，具有高度的责任心和实干精神；具有创新、变革的能力；具有一定的理论修养和总结、积累教育经验的能力；能在民主参与、科学决策、依法办事的原则下管理学校，提高学校管理效能；具有团结合作的团队精神。

（2）制度与管理。有明确的办学目标和发展规划；有课程设置、实施与改革的管理制度；有促进学生全面发展和教师不断提高的评价制度；关注学校教职员工队伍的建设；关注校园环境建设和改善办学条件；注重校内外课程资源的开发和利用。

（3）教学研究制度。学校应有促进学校发展、自下而上的教学研究制度，每位教师都有机会参与教学改革，有从改革实践中提出的教学研究课题；学校有归纳课题、组织进行教学研究的能力，有促进教师专业发展的规划和措施。

不难看出，一方面，课程的建设、实施与发展成为学校评价中的重要内容；另一方面，上述的评价内容正是本次课程改革对学校发展提出的要求，与新课程的培养目标和课程改革的具体目标相互印证。因此，以这样的评价体系开展学校评价工作，将有助于课程的实施和发展。

同时，与课程功能的转变和学生、教师评价体系的要求相适应，对学校开展评价，重在促进学校的发展，而不只是简单地进行检查，更不是对学校进行大排队，因此同样需要以激发学校自身发展的内在动力为主要目的。为此，新课程提出，要建立以学校自评为主，教育行政部门、家长和社区共同参与的评价制度；学校应对评价所涉及的各个方面进行自我评价，准确了解学校的发展状况，针对存在的问题，及时采取有效的改进措施。只有当学校获得了发展，课程的实施与发展才有了依托，才成为可能。

在具体实施过程中，各校可根据上述的评价内容和要求，结合本校的发展规划和实际状况制定更为详细的评价指标。一般来说，学校评价的内容主要集中在教育实践和组织管理方面。下面为一个学校的具体评价指标。

表 5.6　　高质量学校在教育实践方面所具有的特征

项目	特　点	说　　明
课程	开设高质量的课程	课程是以清楚界定学生学习目标为基础的，并且着重支持学生在学习中力求卓越
	确保课程有效实施	课程实施计划确保教学策略和学习活动、教育支持和资源、学习评价等要素与课程相一致，并使得各年级的教师、父母和社区成员对学生的学习持有共同的期望
	评价和更新课程	有一个有秩序的过程管理、评价和更新课程的机制，反映出一种持续提高的追求
教育设计	教育与学生学习的目标和要求相一致	将教育策略与学生的学习活动和学习目标结合起来
	使用自下而上的教育决策	将教学过程的教育和评价功能整合起来，以支持自下而上的教育决策
	使学生投入积极的学习	通过使用有效的班级管理和教学组织策略，形成积极的学习气氛，强调基础知识、基本技能和高水平的思维技能，使学生最大化地投入学习
	拓展对学生学习的教育支持	除了最基本的班级指导外，为学生提供各种机会接受额外的帮助，以提高他们的学习

续表

项目	特　点	说　　明
对学生学习的评价	对需要评价的学生学习目标进行清楚的界定	对学生的评价要与清楚说明的、恰当的成就期望相一致
	形成评价目的	评价应源自评价结果的使用者提出的目的，并为他们服务
	选择恰当的评价方法	使用能够准确反映学生成就的预期目标的评价方法
	搜集全面的、有代表性的成就样本	应充分搜集全面的、有代表性的学习成就样本，以得出关于学生学习成就的可靠结论
	做出公正的评价，避免偏见和歪曲	以一种公正、公平的态度进行评价，排除任何可能干扰结果的正确性的偏见和歪曲

表 5.7　　　高质量学校在组织管理方面所具有的特征

项目	说　　明
学校的信念和目标	学校提出本校的信念和目标，使学校团体参与对重要信息源(如学生评价数据、环境特征、未来发展预测、职业展望等）进行深入的研究和评价
	学校提出共同的期望、信念和使命，明确的学校目标和方向
	学校确定关于改进学生学习的可测量的目标
注重改革的学校管理	学校通过培养良好的学术氛围和积极支持教学来促进高质量的指导
	学校提出着重改进学生学习水平的计划
	学校使用自下而上的、以研究为基础的、合作的、有效的决策
	学校通过全面的评价系统和不断的反思，监控其在改进学生成就和教育效果方面的进展
	学校通过确保组织管理、学校工作和资源的安全、高效，来提供高质量的学习和工作环境

续表

项目	说　　明
社团建设	学校培育建设性的环境和学校内部的工作关系
	学校通过学生学习的支持网络的合作，扩展学校社团
不断提高的学习计划	学校通过正在进行的着重学校目标改善的全面的职业发展计划，提高改革的技能和能力
	学校营造支持创造性改变和持续进步的环境

第五节　考试改革

57. 评价改革就是考试改革吗？考试改革的方向是什么？

很多教师把评价改革等同于考试改革，认为评价改革就是考试内容、考试方式的改革。这是一些地区长期以来，将考试作为评价学生、教师和学校发展的惟一手段而造成的。本次基础教育课程改革明确提出，考试只是评价的一种方法，促进发展的评价体系更为关注学生、教师和学校发展的过程，需要借助其他的评价方法和手段收集反映学生、教师和学校发展过程与状况的证据。目前的考试技术主要还是用来考核学生发展的结果，忽略了其发展的过程，因此考试改革本身无法等同于新课程中的评价改革。

其实，评价和考试有着根本的区别。教育经验证明，教师在日常教育教学活动中与学生交往的一言一行，直接鼓励着或打击着学生的发展，因为学生在教师这些随机的言行中感受到了来自教师的期望和评价。非规范化的评价其实贯穿于教育教学的每一个环节，当教师有意识地将评价的激励和改进的功能与日常的教育教学行为结合起来，把发展性评价日常化，通过口头评价、随时评价的方式，就会最大程度地介入学生成长的过程，促进学生的发展。但考试则是一种较为严格的具体评价方式，它根据一定的目的，按照一定的要求进行命题，通过学生解答问题的过程与结果考察和掌握学生的发展状况。因此，评价的非规范性极大地拓宽了评价的影响时空，不但有助于随时把握学生发展的状况，也有助于随时促进学生的发展。这些都是考试及考试改革所不能替代的。

作为评价的一种方法，在本次课程改革中，考试改革与评价改革相辅相成，有着密不可分的千丝万缕的联系。由于新课程评价倡导“立足过程”的发展性评价，考试改革无论从其功能和价值上，还是考试内容、考试方式，以及对考试结果的处理方面，也都体现着相同的评价理念和工作思路，突出地表现在以下几个方面。

（一）在考试内容方面，加强与社会实际和学生生活经验的联系，重视考查学生分析问题、解决问题的能力。即多考查学生的实践动手能力和创新思维，少考查记忆性的内容。传统的考试多以答案惟一的记忆性、技巧性或速度性的内容为主。而近年来大量的研究表明，学生能够背诵的概念、公式，并不等于学生真正理解了；而当学生能够正确应用解决问题，即使学生不能完整复述或背诵其定义，也意味着学生真正理解并掌握了。鉴于此，新课程倡导在考试内容方面，少考一些名词解释、少考一些计算速度、少考一些计算技巧方面的内容，而多考一些与生活实际问题相关联的、能体现综合应用的、需要创新思维的内容，以反映学生真正的理解状况。非升学、毕业考试中，鼓励采用开卷考试的方式，在综合应用中测查学生的发展状况。考试命题应依据课程标准，杜绝设置偏题、怪题的现象。考试内容的这一变革将使传统的题海战术、大量练习这种通过增强技巧的熟练性和速度、提高记忆的准确性来换取高分的教学方式，受到前所未有的挑战。它要求教师必须彻底打破这种陈旧的教育观念和教学策略，调整自己的教育教学行为，关注学生作为“人”的发展，关注学生综合素质的发展，关注学生的全面发展，培养21世纪社会发展需要的人才。

（二）在考试方式方面，倡导给予多次机会、综合应用多种方法，打破惟纸笔测验的传统做法。传统的考试以纸笔考试为主，这只是考试的一种方式，它无法适应考试内容方面日益重实践、重创新等的变化。比如，学生的实践动手能力，就不是单凭一张考卷能加以说明的，它需要在实际的应用环境中加以操作，才能较好地做出评价。因此，新课程倡导考试方式灵活多样，应体现先进的评价思想，如自考、试卷、辩论、课题研究与论文、制作作品、特长或任务表演、情景测验等等，在非毕业、升学的考试中鼓励采用开卷考试的方式，在综合应用中考查学生的发展状况。同时试行提供多次考试机会，同一考试也可多样化呈现，给予学生充分选择的权利和空间：学生可以选择什么时间、以什么方式、接受哪一个难度级别的考试。考试还可分类、分项进行，如语文进行听、说、读、写考试，加强综合评价。灵活多样的考试方式，同样体现了学生生动、活泼、主动发展的需要，单是如何适应和参加这种开放、动态的考试方式就对学生提出了超出“知识和技能”范畴的其他素质的要求。可见，考试方式的变革也同样给传统的教学方式带来巨大的冲击，传统那种一味追求分数的“见分不见人”的教育观念和教学方式下产生的学生，无疑将无法适应这种灵活多样、开放的、动态的考试方式。因此，这就要求教师改变教育教学观念，关注学生作为“人”的发展，促进学生综合素质的提高。

（三）在考试结果处理方面，要求做出具体的分析指导，不得公布学生考试成绩并按考试成绩排名。考试和其他评价方法一样，是为了促进学生的发展，因此，对考试的结果应加强分析指导，重在为学生提供建设性的改进意见，而不应成为给学生“加压”的手段。所以应根据考试的目的，灵活选择考试结果的处理方式，如公开反馈还是匿名反馈，完全反馈还是不完全反馈，群体参照反馈还是个体参照反馈等等。学生有权决定如何公布学习成绩，学校和教师应尊重学生的权利，关注学生的处境和发展中的需要，保护学生的自尊、自信，认真思考、谨慎选择，以激励为主的方式对考试的结果进行反馈，促进学生在原有水平上的发展。尤其对于高利害考试，应采取匿名反馈或单独反馈的方式，应鼓励学生以个人的发展为参照，自己和自己比较，关注自己的努力和进步情况，不得以公示的方式大排队，以减轻学生的心理压力。

（四）关于升学考试与招生制度，倡导改变将分数简单相加作为惟一录取标准的做法，应考虑学生综合素质的发展，建议参考其他评价结果(如学校推荐性评语、特长、成长记录袋等)，将形成性评价与终结性考试结合起来。传统中将分数简单相加的做法，其实是掩盖了或者混淆了学生发展中的问题，不利于对学生的发展进行有效的分析，形成有的放矢的改进计划。如语文成绩 90 分、数学成绩 60 分的学生和语文成绩 60 分、数学成绩 90 分的学生相比，虽然二者的总分一样，但二者发展的优势领域与不足领域却是极大的不同，针对二者发展的改进计划的侧重也有着根本的区别。而这一切在分数简单相加之后就被掩盖了。此外，进行了将毕业考试与升学考试分开，前者重在衡量学生是否达到毕业水平，后者具有选拔的性质；逐步扩大高一级学校的招生自主权等。

总之，考试作为学生评价的一种方式，需要和其他评价方法如开放性的质性评价方法有机地结合起来，全面评价和判断学生发展的状况。应根据考试的目的、性质、对象等，选择灵活多样的考试方法，倡导分类、分项考试进行综合评定，给予学生多次考试的机会；加强对学生实践和应用能力的考查，注重考查学生的综合素质；改变过分注重分数、等级，简单地以考试结果对学生进行分类的做法，应对考试结果做出分析、说明和建议，形成激励性的改进意见或建议，促进学生发展，减轻学生压力。这些均与新课程评价的理念相吻合。

可见，评价改革并不能简单地等同于考试改革，但考试改革是评价改革的有机组成部分。

58. 如何看待这样一种说法：考试不改，课程改革寸步难行？

这是本次课程改革中教师的另一个误解，是对考试的“神化”。不能否认，考试作为一种重要的评价方式，尤其在主要以考试决定学生毕业和升学命运的今天，考试的“指挥棒”作用依然存在，并还将在相当长的一段时间内存在。但很多教师就此错误地认为，考试可以决定一切，考试改革要么成为解决课程改革中所有问题的灵丹妙药，要么成为阻挡课程改革的拦路虎。一些实验区便想借助考试的“指挥棒”效应，简单地认为抓好考试改革，就可以有效地推动本次基础教育课程改革；而另一些消极悲观的教师则认为，如果考试不改，课程改革寸步难行。

事实上，如前所述，考试本身也在本次课程改革中面临着大刀阔斧的改革，涉及考试的内容、考试的方式、考试结果的处理以及升学考试制度等方面。新课程不仅重视考查学生综合素质的发展，尤其是学生分析问题、解决问题的能力，而且倡导灵活多样、开放的、动态的考试方式，注重给予学生更大的自主选择空间，同时在考试结果的处理方面也做出了严格的规定，杜绝大排队现象，以减轻学生的压力。而且对于升学和毕业考试方面也做出了明确的规定：

在已经普及九年义务教育的地区，实行小学毕业生免试就近升学的办法。鼓励各地中小学自行组织毕业考试。完善初中升高中的考试管理制度，考试内容应加强与社会实际和学生生活经验的联系，重视考查学生分析问题、解决问题的能力，部分学科可实行开卷考试。高中毕业会考改革方案由省级教育行政部门制定，继续实行会考的地方应突出水平考试的性质，减轻学生考试的负担。

显然，毕业考试和初中升高中的考试方面，新课程明确了考试内容的改革方向，即重视应用与实践，这就将促进学生全面发展的要求与考试改革之间进行了较好的衔接。与此同时，赋予了地方与学校考试自主权，强调减轻学生考试的负担，势必将给促进学生的全面发展留出更大的空间，使学校教育摆脱分数的桎梏。这都将有利于考试和教学方式转向关注学生的全面发展，摈弃一味追求分数的陋习。

至于高考制度改革这一敏感的话题，同样在《纲要》中有着明确的阐述：

高等学校招生考试制度改革，应与基础教育课程改革相衔接。要按照有助于高等学校选拔人才、有助于中学实施素质教育、有助于扩大高等学校办学自主权的原则，加强对学生能力和素质的考查，改革高等学校招生考试内容，探索提供多次机会、双向选择、综合评价的考试选拔方式。

近些年来，我们不约而同地都会看到高考的改革方向和高考的力度。

事实上，在三个“有助于”原则的指导下，从1999年开始，高考内容上突出了能力和素质的考查，增加了与现实生活经验和社会发展有关的应用题和能力题，并缩短了试卷长度以给学生留出更多的思维时间；同时设置了综合能力科目考试，培养学生学会综合分析和解决问题的能力，并有效地杜绝学生偏科的发展，促进学生全面提高等等。高考改革的这些新举措与当前新课程所倡导的改革目标相一致，体现出二者相互配合、相互衔接的工作思路。

可见，考试改革正在基础教育课程改革中迈着坚实的步伐，一步一步向前推进。尽管还有一段路要走，尤其升学考试制度和高考改革还需要一段时间来加以完善，但我们不能因此简单地以“考试不改，课程改革寸步难行”的腔调来为课程改革泼冷水。我们应该看到，作为人才培养的基础，基础教育更应走在改革前列，为迎接将来升学考试制度和高考制度的根本性变革做好准备。这就要求我们要更快、更深入地推进本次基础教育课程改革，加快自身完善的步伐，以推动并适应各级升学考试制度的改革新取向。

此外，这种说法从另一个角度反映出的是“考试万能”的错误思想。尽管在较长一段时间内，考试有着不可回避的“指挥棒”作用，但这并不代表着考试可以决定一切，考试应该左右教育工作的方向。传统的应试教育产生了一切围着考试转的现象，教育也沦为考试的附属品。在很多教师的观念中，考试代表全部，考什么，他们就教什么，不考，则不教。这是一种可怕的考试文化，在这种思想的左右下，教师眼中的确“见分不见人”，教师和学生还有教育一同沦为分数的奴隶。学生的发展异化为代表知识和技能的分数，那么何谈学生将来对社会和时代发展的适应呢?! 为此，新一轮课程改革从人发展的角度、从社会发展的需要，重新界定了课程的功能，并探讨评价和考试的改革方向。新一轮课程改革提出，学生的发展除了“知识与技能”，还包括“过程与方法”“情感态度与价值观”；除了学科学习目标，还有一般性发展目标；除了学业成绩，还有学习态度、创新精神、动手实践能力、解决问题的能力、科学探究的精神以及健康的审美情趣等等。无论怎样的分类，这些都是一个人全面发展的方面，也是适应社会发展的要求所应储备的素质，这就是教育的追求。但事实上，这其中的很多方面是无法通过考试的方式加以考查，更难以用量化的方式进行准确、客观的描述，更甭提对其发展的状况进行打分、排队、分等级，如人的价值观、终身学习的愿望、道德品质、情感与个性品质等，但这些恰恰又是一个人发展的核心或者重要素质。这就是“考试技术的有限性与教育追求的无限性”之间化解不开的矛盾。因此，应打破“考试万能”的神话，应尊重教育追求的价值，建立一种健康的考试文化：考试同样是为了促进发展而不应决定一切，教育的理念和追求才是决定我们教育行为的前提。所以即使无法考评的内容，如果是教育追求的方向，也应成为教育活动中不折不扣的内容。

可见，考试改革并不能解决课程改革中的所有问题，也不是决定课程改革成败的决定性因素。真正影响和解决本次课程改革所有问题的关键，是观念，是建立符合时代发展要求的新课程观、教育观、学生发展观和教师观等，而不是某种方法或技术。

59．如何完善初中升高中的考试管理制度？

初中升高中的升学考试是基础教育阶段的重要考试，进行有关升学考试的改革，将对推进课程改革、实施素质教育产生积极的导向作用。为此，1999年4月教育部印发了《关于初中毕业、升学考试改革的指导意见》(以下简称《指导意见》)。在《指导意见》中，明确提出升学考试改革的指导思想：升学考试改革应有利于贯彻国家的教育方针，推进中小学实施素质教育；有利于体现九年义务教育的性质，全面提高教育质量；有利于中小学课程改革，培养学生的创新精神和实践能力，减轻学生过重的负担，促进学生生动、活泼、主动地发展。

目前，各地已在初中升高中的升学考试改革方面进行了积极的探索，取得了一定的成效，但仍然存在一些问题，这就需要加强对初中升高中的升学考试的制度管理，以确保升学考试沿着考试改革的正确思路前进，确保考试改革的具体目标和内容能够落到实处。

首先，加强对考试命题内容的管理。《指导意见》中明确规定，命题要切实体现素质教育的要求，加强与社会实际和生活实际的联系，重视对学生运用所学的基础知识和技能分析问题、解决问题能力的考查，有助于学生创造性的发挥。不言而喻，这些对于命题的规定与《纲要》中的相关部分完全一致。这一要求正是体现了时代和社会的发展对人才培养的基本要求，是本次课程改革具体目标的有机构成，也是学校教育促进学生全面发展的具体体现。此外，还要求试卷结构应简约、合理，处理好主、客观题的比例，试卷数量要适当，要留给学生足够的思考时间；注意控制试卷的整体难度，考试命题必须依据国家课程标准，杜绝设置偏题、怪题，不出计算和证明繁琐或认为编造的似是而非的题目，不出死记硬背的考题；部分学科还可实行开卷考试。总之，在命题内容方面增加了开放题的数目，突出考查学生综合应用的能力，淡化对机械记忆性内容的考查。

但在2000年的中考分析报告中，我们还可看到这样一些不尽如人意的地方。例如，部分联系实际的试题内容过于成人化，不适合学生作答；开放题设计普遍还不成熟，有待于进一步改进；一些繁难试题仍然出现，有些素材选择也有内容陈旧、脱离学生生活实际的特点；有些地区的题量仍显偏多等等。可见，升学考试命题内容的管理还有待于进一步加强。

其次，加强对考试命题资格的管理。《指导意见》明确提出，要逐步建立命题、审题、阅卷人员的资格制度。经过适当培训并获得相应资格的人员方可参加命题、审题和阅卷。同时，要逐步建立命题、审题、阅卷的管理制度。加强对命题的审查和阅卷的监控，尤其要加强对主观题评分的复评工作。作文阅卷要保证三人独立评阅。积极采用现代化手段提高阅卷质量。

对考试命题资格的管理直接关系到命题的科学性和公正性，是关系到千万考生实际利益的大事。但在2000年的中考分析报告中可以看到，关于命题资格的管理方面还存在着许多漏洞，如部分命题单位的命题成员多年来基本不变，给命题的保密工作带来了很大的困难；不少地区尚未建立命题资格证书制度，难以从制度上保障命题的质量；有些地区没有建立有效的审题制度，部分地区存在着命题人员自己审题或者一人审多学科试题的现象，影响试题的质量；相当一部分地区因经费紧张，导致阅卷人员不足、阅卷时间不足，降低了评卷的信度等等。这提示国家和省级教育行政部门应加强对命题资格管理的评价和监督，并给予必要的支持和指导，对于那些不符合国家考试命题和考试管理要求的命题单位要提出改进要求，不能按要求改进的应收回命题权，或者由省级教育行政部门组织命题，或者委托本省（自治区、直辖市）其他具备命题能力的单位组织命题。

再次，加强对考试成绩处理的管理。《纲要》明确提出，教师应对每位学生的考试情况做出具体的分析指导，不得公布学生考试成绩并按考试成绩排列名次。考试是评价的一种，其目的在于帮助学生认识自己发展的优势和不足，提出改进建议，并促进其发展。升学考试也不例外。但在当前，长期以来的应试教育造成“惟分数论”的考试文化现象，家长、学校、教师乃至全社会都是以分数作为评定一个学生发展、一位教师教学水平、一所学校办学质量和一个地区教育发展的惟一指标，尤其在处理升学考试这种高利害关系的考试结果时更加如此。无疑，这违背了素质教育的思想和本次课程改革的精神，而且这样的排列名次给予学生、教师、学校和地区的发展带来了巨大的压力，这种现象不仅扭曲、异化了教育的本质，而且使我们的教育陷入困境。因为，应试教育背景下培养出来的学生大多知识面窄、能力有限、对社会和生活的适应能力差，更甭提创新能力的发展。这些都使得学生难以面对时代和社会发展的要求，难以适应日益增强的社会竞争等压力。可见，这种“惟分数论”的考试文化倾向需要得到彻底的扭转。因此，要求任何单位和个人不得以任何形式按中考成绩给地区、学校或学生排队并公布名次。

最后，加强对考试组织实施的管理。《指导意见》中强调：各省（自治区、直辖市）教育行政部门要充分认识到这项工作的重要性，加强对初中毕业、升学考试改革的领导，组织力量认真研究考试改革涉及的各个具体环节，从本地的实际出发，拟定切实可行的改革方案，并在政策、管理、人员和经费上予以保障，确保初中毕业、升学考试改革的顺利进行。

目前，初中毕业、升学考试改革在各地已经展开，但因地区和学校之间的差异很大，还较普遍地存在着陈旧的评价和考试观念，对改革存在着疑虑。各级教育行政部门要加强对本地区中小学校长、教师的培训，使之了解升学考试改革的方向与要求，掌握评价与考试的基本方法；并以各种形式向全社会宣传升学考试改革，宣传现代教育评价思想，转变传统的考试评价观，争取全社会的认同和支持。与此同时，各级教育行政部门应加强对考试改革工作的检查，教育督导部门应将中考改革作为对地方教育行政部门和学校督导评估的一项重要内容。

第六章

新课程的管理

20 世纪 80 年代以来，世界基础教育课程管理呈现出权力集中和权力下放两种趋势，各个国家和地区都在探索符合时代特点和本国、本地区实际的课程管理方式。

在世纪之交，我国基础教育课程管理也迈出了实质性的一步，出台了三级课程管理政策，确立了地方和学校参与基础教育课程管理的权力主体地位，从而为充分发挥各方面的积极性和优势、确保基础教育的高质量和适应性提供了制度保证。

第六章 DI LIU ZHANG

新课程的管理

第一节 课程管理的基本趋势

60．为什么一些发达国家基础教育课程管理的权力在强化集中的时候，我们还要推行权力下放的课程管理政策？

本次课程改革的一个重要目标是进行课程管理体制的改革。《纲要》明确指出，改变课程管理过于集中的状况，实行国家、地方、学校三级课程管理，增强课程对地方、学校及学生的适应性。

三级课程管理政策的出台，表明我国基础教育课程管理权力下放的进程迈出了实质性的一步。但与此同时，我们也看到，在一些原先实行地方分权的发达国家，基础教育课程管理却开始表现出一些集权的色彩，例如英国和美国，通过统一的“国家课程”来加强对于基础教育的控制。这样看来，我们国家目前确立的三级课程管理政策似乎与这样的趋势不一致甚至是相反的。那么，为什么在一些发达国家强化基础教育课程管理权力集中的时候，我们还要推行权力下放的课程管理政策呢？

其实，20 世纪 80 年代以来，像英国和美国等一些原先实行学校自主或地方分权课程开发机制的发达国家，在课程管理政策上的确有朝着“集权化”方向发展的趋势，但是这种集权化与中央集权课程开发机制背景下的集权概念存在很大差别。英国在强调统一国家课程的同时，整个教育制度改革的重点依然是“走向多样化、高标准和选择性”。美国的国家课程标准只是一个蓝图而不是国家课程，只供各州“自愿采用”。与此同时，像法国、瑞典、日本、韩国等具有中央集权传统的国家，在课程管理政策上却呈现出权力下放的趋势，但这种权力下放远未达到分权制国家中课程权力下放的水平。也就是说，世界各国基础教育课程改革的两种发展趋势，一种是权力下放，另一种是权力集中，看似相反，实则相成。许多国家和地区实际上都试图根据本国和本地区的实际情况，在集权与分权之间找到一种动态的平衡和最佳结合点与生长点。

长期以来，我国基础教育课程管理的权力高度集中和统一。这种集权机制的单一模式一旦固定下来，用来处理所有教育情境下的课程问题，其内在的固有缺陷也就变得突出起来。比如，大部分的课程开发活动，并不需要通过这种大规模的自上而下的方式来进行，特别是它对于正常的小规模的调整是完全不恰当的。它不仅周期长，而且很难甚至根本不可能照顾到所有学校的具体特点，更为糟糕的是，一个小小的失误，其影响也将是全局性的。但是如果由地方和学校来处理这类问题则要容易得多，并且能够更好地满足具体学校师生的个性和需求，即使部分地区和学校出现一些失误，因为存在比较、竞争、监督和制衡以及明确的分担责任的主体，所以其影响将是小范围的，纠正起来也要容易得多，而且也便于集思广益，充分发挥教师这座巨大资源宝库的智慧潜能。事实上，高度集中统一的课程管理模式很难充分调动地方和学校参与课程管理的积极性和能动性，已越来越不适应我国基础教育迅速发展的实际情况。

根据我国发展差异极大、文化丰富多样的具体国情，基础教育要发挥促进当地社会经济发展的作用，提高课程的适应性，实现课程的多样化是改革的必然方向。而要提高基础教育课程对不同地区、学校的适应性，就必须走国家、地方和学校共同建设课程的道路。因此，基础教育课程管理的权限应根据各级不同的责任与需要作科学合理的划分。

经过几十年的努力，我国基础教育课程管理权力下放已经具备一定的基础。特别是十一届三中全会以来，随着政治体制与经济体制改革的不断深入，我国的教育事业取得了令人瞩目的成就。就目前来讲，我国的教师数量基本满足，教师队伍的整体质量正在不断提高，许多中小学的教师学历基本达标，教育质量有了应有的保证。尤其是20世纪90年代以来，课程决策权力部分下放给地方教育行政部门，尝试建立一批示范学校，以及在课程计划中明确提出必修课、选修课和活动课三大板块，使得一些地方教育行政部门和示范性实验学校在课程管理和课程开发方面积累了相当丰富的实践经验。有了这样的实践基础，我国基础教育的课程管理就有条件采用“自上而下”与“自下而上”的双向管理机制，把课程权力逐步地、部分地从中央一级下放到地方一级和学校一级，让地方一级的教育行政部门参与课程决策，使中小学的课程能够与当地的经济建设和精神文明建设相结合，使基础教育的课程具有更大的开放性、参与性和适应性；让真正发生教育的地方——学校与课堂拥有部分课程权力，使校长和教师乃至学生和家长、社区人士享有参与基础教育课程建设的机会，为基础教育的发展提出意见和建议，贡献智慧和力量。

所以，我国基础教育课程管理权力下放政策的出台，与世界各国课程的基本趋势在本质上是一致的，是根据我国的实际情况而做出的一项明智的选择。

61．课程管理权力的下放会不会出现“一放就乱”的局面？

课程管理权力的下放会不会出现“一放就乱”的局面？应该讲，这种担心是有一定道理的，因为我们有过这方面的深刻教训。一方面，我们要警惕这种情况的出现，另一方面，我们又要历史地、发展地看待课程改革中可能出现的问题，用改革的思路建设性地解决这些问题，从管理体制上根本杜绝“一放就乱”“一管就死”的恶性循环。

在课程管理权力下放的过程中，我们应该吸取的历史教训是多方面的。其中，特别要重视：第一，整个变革必须要有自下而上的实践依据和沟通渠道；第二，要摒弃“非此即彼”的简单思维方式，不能因中央集权课程管理机制的某些弊端而将其彻底否定，甚至割断历史联系，从一个极端走向另一个极端。

改革开放以来，基础教育课程管理权力的下放无论在实践操作上还是在理论探索上都更加趋于理性和成熟。

以 1985 年《中共中央关于教育体制改革的决定》和 1986 年《中华人民共和国义务教育法》为标志，开始有计划地进行教育权力下放和办学多样化改革的进程。到 1986 年，全国中小学教材审定委员会成立，决定改革统一的教材体制，在统一要求、统一审定的基本前提下逐步实行教材的多样化。1988 年开始，上海市和浙江省先行一步，着手进行课程教材多样化的试点工作，编写适合于这两个地区特点的基础教育教材。这是我国基础教育课程管理权力下放的重要前奏。十多年的课程改革，取得了初步的成效，并具有一定的特色。

在促进我国课程管理机制变革的进程中，课程理论工作者进行了艰难的探索，做出了独特的贡献。特别是1990年以后，一些课程论学者纷纷认识到学校的课程开发和课程管理权限问题的重要性，相继提出并论证中小学课程的三级管理构想，主张中央、地方和学校各司其责，全面发挥中央、地方和学校三级管理的积极性。值得注意的是，在课程开发与管理机制变革的理论研究和实践探索中"校本"观念的引入，大大地深化了人们对于课程机制变革的认识，为突破中央集权课程机制一统天下的认识局限，推动课程多样化，建立自下而上的管理机制找到一个重要的支点。至此，我国基础教育课程管理体制改革已经有了相当的经验积累，无论在理论上，还是在实践上，都为双向管理机制的建立和健全奠定了基础。

从历史和发展的眼光来看，1949年以来，特别是经过改革开放以来二十多年的经验积累，我国基础教育课程改革的策略选择越来越趋于理性和成熟，双向管理机制特别是自下而上的管理机制建立的时机逐渐成熟，所有这一切都为基础教育课程改革积极稳妥地推进提供了实践依据，可以为基础教育课程管理权力的下放提供较好的保证。从下放给地方和学校的课程权力来看，就九年义务教育阶段总的课时比例而言，控制在16%～20%（含综合实践活动的课时），其影响是有一定限度的。

当然，在新课程实施过程当中，还可能出现一些意想不到的困难和问题。但只要渠道是通畅的，有规范的程序，特别是强化各级课程管理主体的管理意识和管理职责，就不会出现什么大的混乱，不会对我国基础教育的基础产生根本性的影响。相反，权力下放将给我国基础教育课程带来前所未有的发展机遇。

所以，我们不能因为担心可能会出现困难和问题而放弃改革。否则，我国基础教育课程将错失发展的良机，落后于社会发展和时代前进的步伐。

第六章 DI LIU ZHANG

新 课 程 的 管 理

第二节 课程管理政策与制度

62．怎样理解国家课程、地方课程和校本课程？

由于三级课程管理体制的确立，各级权力主体将在各自权利与责任范围内对我国基础教育课程进行管理。其中，由于国家、地方和学校三级主体在课程开发方面的权限和侧重点不尽相同，必然出现相应的“三级课程”，即国家课程、地方课程和校本课程。

三级课程，首先是一个管理概念，严格地讲它并不是一种课程形态上的划分，更不存在说哪一级课程是高级的或重要的，哪一级课程是低级的或次要的。它们都是我国基础教育课程体系的有机组成部分，它们共同构成我国基础教育的课程整体，分别为广大中小学生的发展和我国社会发展承担着各自的不可替代的责任。各级课程在总体目标上具有一致性和互补性，它们都服从和服务于我国基础教育课程的总体目标，都要体现我们国家的教育方针和各个阶段的教育培养目标。我们把国家基础教育课程计划框架按照国家课程、地方课程和校本课程三个组成部分进行划分，主要目的是为了更好地明确三级课程主体的权利和责任。

国家课程是国家教育行政部门规定的统一课程，它体现国家意志，是专门为未来公民接受基础教育之后所要达到的共同素质而开发的课程。国家课程的开发主要是根据不同教育阶段的性质与培养目标，制定各个领域或科目的课程标准或教学大纲，编写教科书。它是一个国家基础教育课程计划框架的主体部分，涵盖的课程门类和所占课时比例与地方课程和校本课程相比是最多的，因而在决定一个国家基础教育质量方面起着举足轻重的作用。

地方课程是在国家规定的各个教育阶段的课程计划内，由省一级的教育行政部门或其授权的教育部门依据当地的政治、经济、文化、民族等发展需要而开发的课程。地方课程在充分利用地方教育资源、反映基础教育的地域特点、增强课程的地方适应性方面，有着重要价值。

DI LIU ZHANG 第六章
新课程的管理

校本课程是以学校教师为主体，在具体实施国家课程和地方课程的前提下，通过对本校学生的需求进行科学的评估，充分利用当地社区和学校的课程资源，根据学校的办学思想而开发的多样性的、可供学生选择的课程。校本课程的开发主要依据国家教育方针、国家或地方课程计划、学校教育哲学、学生需求评估以及学校课程资源，强调以学校为主体和基地，充分尊重和满足学校师生的独特性和差异性，特别是使学生在国家课程和地方课程中难以满足的那部分发展需要得到更好的满足。校本课程是国家课程计划中一项不可或缺的组成部分。

63．三级课程管理主体各自的职责是什么？

最近颁布的《义务教育课程设置实验方案》，明确规定了国家课程的门类、总课时和课时分配比例，同时又为地方课程和校本课程留出一定课时，这样的计划需要相应的课程管理政策。一方面，要强调国家课程计划的严肃性，采用自上而下的方式，确保国家课程在地方和学校一级的有效落实。另一方面，也要强调在拥有课程权利的同时必须承担相应的课程责任。同时，要改变管理者的角色，变“领导”为“指导”和“服务”，提供必要的指南或课程审议，实现以自上而下为主、自下而上为辅的双向管理机制。其中，自下而上的课程管理主要体现为地方和学校自主开发地方课程和校本课程，并向上一级主管部门申请备案与审议，有权利和责任对在实施上一级规定课程的过程中出现的问题提出意见或建议。

国家一级课程管理的职能部门是国家教育行政部门的最高机构——教育部。它的主要职能是制定国家基础教育培养目标、课程计划框架和课程标准等宏观的政策，并指导和监控地方、学校贯彻执行国家课程政策。国家对于课程的控制，从国家课程到地方课程，再到校本课程，逐步减少，课程管理权力的重心一步步下移。国家课程管理的主要具体职责有以下几个方面。

• 宏观指导我国基础教育课程改革，并具体制定相应的课程政策和国家基础教育课程计划框架。

• 组织制定或修订、审定我国基础教育各个阶段的课程计划。包括统一规定国家课程在各个教育阶段的中观课程结构，如学习领域或科目数，总课时、周课时及课程分配结构，严格控制学生的在校学习时间和基本学业负担。

• 颁布国家课程标准，确保统一的基本学业要求，规定国家基本的教育质量要求。

• 制定国家课程实施过程的指导性意见，引导地方和学校根据实际情况创造性地实施国家课程计划。

• 确定基础教育课程的评价制度，确保国家基础教育课程在各个阶段的目标得到有效的落实。

• 制定三级课程管理政策，颁布地方、学校课程管理指南，为地方课程和校本课程的开发以及地方一级和学校一级的基础教育课程管理提供基本的规范。

• 制定教科书或教材开发与管理的政策，定期向学校和社会公布经过审定的中小学教材目录和教材使用情况评估报告。

• 监控国家基础教育课程整体运行质量，对中小学教学、评价与考试、课程资源开发与利用等情况定期进行抽查和跟踪研究，并提出评估报告。

地方一级课程管理的职能部门是地方教育行政部门。它们在课程方面的主要权利和责任是，贯彻执行国家课程计划和课程标准，按照地方的实际情况与发展需要，为落实国家课程标准制定具体方案，开发地方课程，指导学校合理地实施地方制定的课程计划。

• 省（自治区、直辖市）一级教育行政部门按照国家课程计划的要求，制定本地实施的各个教育阶段的课程计划，并报教育部基础教育司备案。同时，制定课程计划实施方案。

• 负责对全省（自治区、直辖市）中小学教学、评价与考试、课程资源开发与利用情况进行监控，组织研究机构通过抽样调查、跟踪研究等方式对中小学课程运行质量做出评估，及时发现、反映和解决基础教育课程改革的问题。

• 依据教育部颁布的地方课程管理指南，组织专家或与专家合作开发地方课程，并制定学校实施地方课程的指导性意见。

• 通过下属各级教育行政部门，负责监督与评估当地学校执行国家课程计划的状况，确保各个阶段的课程计划得到全面有效落实。

• 通过下属各级教育行政部门，负责指导学校制定学校课程计划的具体实施方案，以及校本课程的合理开发。

• 县一级教育行政部门要在规定的时间内审议各中小学上报的校本课程开发方案，并反馈审议意见。

学校是真正发生教育的地方，所有课程计划只有到学校才能得到真正的落实。所以学校一级的课程管理对于确保基础教育课程目标的实现范围和实现水平具有重要意义。学校课程管理包括两层基本含义，一是国家课程和地方课程的有效实施，二是校本课程的合理开发。主要的具体职责有以下几个方面。

• 根据教育部和本省（自治区、直辖市）课程计划的有关规定，从当地社区和学校自身的实际出发，制定学校学年课程实施方案，报县一级教育行政部门备案。

• 依据教育部颁布的学校课程管理指南，结合本校的传统和优势，独立自主或与校外有关机构或人士合作开发校本课程，提供给学生选择。校本课程开发方案必须在规定时间内报县一级教育行政部门审议。

• 选用经国家一级审定或省一级审查获得通过的教材。教材的选用应体现民主原则，应该有教师、学生代表参加，并通过多种途径听取学生家长的意见。

• 反映国家和地方课程计划在实施中所遇到的问题，建立校本课程的内部评价机制，以保证校本课程与国家课程、地方课程在总体目标上的一致性和互补性。

• 根据上级教育行政部门的规定，结合本校的实际情况，对学校的所有课程实施管理。特别是对于教学、评价与考试、课程资源开发与利用等方面要进行自我监控，确保学校基本办学质量的稳定和提高。

64．国家课程只是国家的责任吗？国家对地方课程和校本课程是不是可以完全不管了？

国家课程、地方课程和校本课程都是国家基础教育课程体系的组成部分。其中，国家课程是国家教育行政部门规定的统一课程，它体现国家意志，是专门为未来公民接受基础教育之后所要达到的共同素质而开发的课程。虽然规划、设计国家课程的权力主体是国家教育行政部门，但国家课程要落到实处，地方政府特别是地方教育行政部门以及学校也负有重大的责任，没有地方一级和学校一级的课程管理，国家课程是难以得到有效实施的。同样，地方课程的权力主体是地方教育行政部门，但国家教育行政部门负有指导和监控的责任；校本课程的权力主体是学校，但国家和地方教育行政部门也有指导和监控的责任。

所以，国家基础教育课程体系的建设，包括国家课程、地方课程和校本课程的建设，实际上是国家、地方和学校三级权力主体共同完成的，只不过它们各自承担的职责各有侧重、范围有所不同罢了。

65．原来的活动课、选修课和兴趣小组活动是校本课程吗？

基础教育课程改革与现行课程之间存在继承与创新的问题，这其中也包括新课程所提倡的校本课程与中小学相当长时间以来一直在探索的活动课和选修课之间的关系问题。校本课程是对原来活动课和选修课的继承、规范和发展，有些活动课和选修课，特别是一些兴趣小组活动，本身就体现了校本课程开发的基本理念，是校本课程的表现形态，可以直接归入校本课程，而有些则与校本课程开发的理念相去甚远，这就需要加以改造、规范和发展。

要理解这一问题，必须先对课、学科、课程等概念作一下区分。“课”“学科”只是“课程”的一种具体表现形态，我们不能说“课程”就是

"课"和"学科"，但"课程"要落到实处，确实离不开"课"或"学科"等形式。如果要使"课"和"学科"具有"课程"意义，就必须确立课、学科对于学生发展和社会发展的价值，确立这些课、学科自身的合理结构以及与其他课、学科之间的相互关系。特别是，课、学科如果不与社会和时代发展的需要和特点联系起来，不与学生的生活经验、兴趣爱好和发展需要等联系起来，就很难说它具有课程的意义。因此，原来那些随意性很强、无视社会发展的时代特点，特别是无视学生兴趣爱好和发展需要的"活动课""选修课"还不能说是校本课程；相反，那些由学校经过一定的合理性论证和设计，能够满足学生兴趣、爱好和发展需要的活动课、选修课就具有了校本课程的意义，可以归入校本课程。

毫无疑问，从原先单一的必修课，到增加一些活动课和选修课，这是我国学校课程史上的一大进步：学校为学生安排了更多的学习机会，课程具有更大的适应性，学生有了选择的可能，教师有了参与课程开发的机会。单从课或学科的层面上看，似乎每门课都可以参照必修课的形式进行开发，有些课可能还建设得相当不错。但从课程的层面来看，不少学校的活动课、选修课还有许多课程问题没有得到澄清和解决，课程的意义还不明确、不丰富甚至还不具备，因而还不能算是真正的校本课程。要使中小学开设的活动课、选修课以及兴趣小组活动成为校本课程，必须正确处理下面几个方面的问题。

第一，必修课、选修课与活动课的关系。作为学校课程的"三大板块"，必修课、选修课、活动课的提出和开设，对于打破课程的单一性、增强课程的适应性，很有现实意义。但三者作为一个课程整体结构来考虑，在课程设计上是有问题的，因而导致学校的选修课、活动课难以归类，逻辑非常混乱。难道必修课、选修课里就没有活动课的形式？活动课就不能成为必修课或选修课？很显然，课程理论和课程实践上都不是这么一回事。其中，必修课和选修课是一对范畴，活动课程和学科课程是一对范畴，它们的参照坐标是不同的，把它们硬凑在一起，对于一些课程问题是无法澄清和解决的。也就是说，活动课与必修课、选修课本身不在同一个逻辑层面上，它们之间是一种交叉关系，无法并列构成课程的整体结构。所以，三大板块的划分，对于课程实践缺少足够的解释力，起不到应有的理论指导和规范作用，相反还引起了一些新的混乱。因此，不能把必修课、选修课和活动课作为学校整体课程结构的设计依据。

第二，活动课与活动课程、活动之间的关系。设置活动课的本意，是希望课程能够体现活动课程的理念，满足学生的兴趣与需要，密切与学生生活经验的联系。然而，在现实的课程实践中，许多活动课甚至包括一些兴趣小组活动，往往丢掉了活动课程的本意，简单地把“看得见的活动”等同于活动课程，把学生的兴趣、需要和生活经验等更为本质的东西抛弃了，留下的是徒有形式的“活动空壳”，为了“上面的活动、学校的活动或老师的活动”而活动。假如这些活动课不符合学生的兴趣、意愿，远离学生的生活世界和社会发展需要，那么这种活动课对于学生发展的意义也就大打折扣，有违设置活动课的初衷。因此，活动必须与学生的兴趣、意愿和生活以及社会发展需要密切联系在一起。

第三，选修课和活动课由谁来决定？由于选修课、活动课在理论上的不足，使得课程实践中选修课与活动课的责任主体变得模糊不清。许多学校的活动课、选修课是学校自主设置的，但因为缺乏课程的意识和能力，更缺乏应有的规范程序，使得一方面选修课和活动课的设置带有很大的盲目性，为什么要开设以及怎么样开设等环节都没有经过很好地思考、研究和论证，致使学生的兴趣、需要和意愿得不到应有的尊重和体现，大大缩小了这些课的课程意义；另一方面“课程无效”的事实却没有人负责，这方面的政策依据也相当模糊。就拿选修课来说，它的起点应该是学生，首先是学生的兴趣与需要，而不是“成人想当然的重要性”，更不是哪位教师有空或没课上就让他去给学生开课，也不单是别的学校开什么课我们学校也跟着开什么课。这样，对于学生来说，所谓的选修课或活动课都变成了必修课，学生在课程中没有地位可言。所以，无论是选修课还是活动课要成为校本课程，必须让教师和学生参与课程决策。

第四，选修课和活动课到底解决什么问题？对于广大中小学来说，以往开设选修课、活动课，关注的重点多集中在开课的形式和课时安排上，即“有老师和学生在上课”，对于更为本质的课程意义则关注不够。选修课和活动课的总体目标是什么？总体目标与学校办学思想、培养目标、国家教育方针的关系是什么？为什么要开这门课而不开别的课？各门课之间的关系是什么？这些问题，归根到底就是课程设计必须确立的课程的意义或价值。如果这些问题得不到应有的澄清，那么活动课或选修课的开设就可能具有很大的盲目性，起不到应有的作用。

所有这些问题都是学校课程实践中的现实问题，需要我们超越“课”和“学科”的概念局限，进入“课程”的视野，从课程的意义上来认识和解决这些实际问题。三级课程管理思想特别是校本课程开发的引入，为我们清理、规范和发展原来的选修课和活动课，提供了新的平台。原来的活动课和选修课，在很大程度上为校本课程的发展奠定了必要的基础，但在一些重要问题上还需要进一步加强、补充、规范和超越，才能成为真正意义上的校本课程。

66．不考试的课程会不会落空？

相当长一段时期以来，由于应试教育的影响，社会上以及一些中小学校自觉不自觉地把那些需要考试特别是与升学考试有关的科目看得特别重要，称之为“主科”，而对于那些不考试特别是与升学考试没有直接关系的科目，则不重视或不真正重视，把它们称为“副科”“豆芽科”。这种情况的出现，使得基础教育课程的整体价值面临被肢解的危险，这些所谓的“副科”课程在一定程度上被架空了。学校教育的重心本末倒置了，因为它只关注考试，而把学生的发展置于次要的地位。

出现这种情况，存在多方面的复杂原因，有社会、经济、文化等多种综合因素的影响，特别是就学和就业机会上的压力、行政业绩上的压力、形成了一只强有力的看不见的手。当然，也有课程管理机制上的问题。我们以往长期实行的单一的自上而下的集权管理体制，缺少自下而上的管理通道，使得地方和学校所承担的责任与享有的权利严重失调。地方和学校更多是只有执行的责任而没有规划和管理的权力，因而参与课程管理的政策依据不足，管理积极性也不高，也就没有比较严肃的课程管理意识。一方面，当课程设置本身不合理时，学校和教师没有恰当的机会和渠道反映课程问题，更没有根据实际情况进行调整的权力；另一方面，当课程设置本身没有问题而是学校指导思想上出现偏差时，学校往往推卸自身应有的课程管理责任。一个突出的表现是“上有政策，下有对策”，把自身置于上级政策的对立面。有的学校甚至有三套课程表，一套是供上面检查用的，与“中央”一致；一套是供上一级主管部门检查的，比第一套虚假的成分少一些；第三套是学校课堂里实实在在的课程运行表，这才是真实的课程表。

三级课程管理制度的建立，将使课程管理的权力和职能重新分配，中央、地方和学校三级管理主体，各自的权力和职责将进一步具体和明确，基础教育课程管理的规范和程序会有更为严肃的政策、法规依据。学校和地方一方面享有更大的课程自主权力，他们的课程管理的积极性将得到进一步的发挥，另一方面课程管理的责任也加大了。也就是说，学校乃至地方各种违背课程管理政策的行为，特别是那些教育行政部门的主要领导和学校校长的失职行为，将会受到政策上的更有效的约束和限制，甚至受到严肃的处理。负有领导和管理上的责任，再也不能作为一句推诿的空话。这就为全面实施国家基础教育整体课程计划提供了制度保障。

所以，三级课程管理体制的建立和健全，为杜绝那些违背课程管理政策的行为（包括不考试的课程就不认真实施的行为）奠定了政策法规基础。但是，真正全面准确地贯彻执行国家基础教育课程计划，最终依赖于学校校长和教师教育专业发展水平的不断提高，依赖于校长和教师对于整个学校课程价值的认识水平的不断提高，特别是对教育的责任感和使命感的不断增强。

67．教材管理制度改革追求的目标是什么？

我国基础教育教材管理制度改革追求的目标是教材的多样化、选择性和高质量。

多样化就是要打破教材垄断，杜绝教材的低水平重复。因为垄断必然缺少比较与竞争，没有了比较与竞争，教材进步与发展的动力也就丧失了。只有在竞争机制下，教材开发者才会更加关注社会发展和时代进步的特点，才会更加关注学校教师和学生的生活经验与实际发展需求，才会不断追求和促进教材的个性化发展，否则就很难在教材市场上生存。

值得注意的是，多样化不能等同于“多本化”，也不等同于“地方化”，而是“特色化”，具体体现为不同层次、不同类型的教材，体现不同历史时期和不同适用群体的特点。缺少特色和没有特定适用群体的“一纲多本”与“一纲一本”教材并无实质性的区别。

选择性就是要逐渐把选用教材的权力交给地方和学校，让作为教材消费者的学校、教师和学生甚至家长通过比较和协商进行选择，让那些更优质、更适用的教材进入课堂，从而对教材发展起到监督和促进的作用。学校教师和学生是真正且最直接的消费者，把教材选用的权力落实到学校和学生身上，所选用的教材才会符合学校自身的特点和学生的实际需要。

高质量就是整个教材管理要确保教材的质量不断得到提高，适应不同的人才培养和教育发展需求。

多样化、选择性和高质量是密切联系在一起的。没有教材的多样化，就没有教材的选择性，教材的多样化和选择性为教材的高质量开辟了广阔的前景。

68. 国家有哪些基本的教材管理制度？

根据《国务院关于基础教育改革与发展的决定》和《纲要》的精神，国家将建立和完善基础教育教材管理制度，实现基础教育教材的高质量和多样化。国家基本的教材管理制度主要包括教材编写核准制度、教材审查制度、教材出版和发行制度、教材供应制度、教材试验制度、教材评价制度、教材选用制度、教材奖惩制度和教材申诉制度。目前《中小学教材编写审定管理暂行办法》已经教育部 2001 年第 11 号部长令公布施行，其他制度的实施办法或章程也将陆续出台。

其中，教材编写核准制度、教材审查制度实行国务院教育行政部门和省级教育行政部门两级管理，实行国家基本要求指导下的教材多样化，鼓励有关机构、出版社等依据国家课程标准组织编写中小学教材，教材编写者须经过资格核准通过，教材审查制度实行编审分离。

教材供应制度要保证“课前到书，人手一册”，降低教材价格，在农村地区和经济欠发达地区的城镇将推广使用经济适用型教材，对于特殊贫困学生国家免费供应教材，出版和发行部门要保证黑白版教材的供应，逐步改变教材的有偿使用制度，并根据我国经济发展水平和文化教育传统，建立一套具有中国特色的租用、借用甚至无偿的供应制度。

此外，教材试验制度是为了确保教材的适用，教材在初审后要在一定范围内进行试验，并对试验的过程及结果进行评价。教材评价制度是为了促进教材的更新。时代在发展，教材也需要不断更新，及时反映经济、社会、科技的新发展，所以必须对通过审定的教材进行定期评价。教材选用制度以教育主管部门及专家为指导，广泛征求学校教师和家长的意见，改革用行政手段指定适用教材的做法，严禁用不正当竞争手段推销教材，以切实保障学生的利益。

教材管理制度的改革是我国基础教育课程改革的一个重要组成部分。为实现我国基础教育课程改革目标，包括编、审、用的环节的中小学教材管理制度正面临着新的变革，我国教科书进一步走向多样化和市场化。然而以什么样的措施和制度既能保障教材的多样化，又能提高教材的编写和出版质量，我们还没有足够的经验，这需要社会多方面的支持和努力。

69. 什么样的人可以编写教材?

《中小学教材编写审定暂行办法》规定，国家鼓励和支持有条件的单位、团体和个人编写符合中小学教学改革需要的高质量、有特色的教材。

具体说来，教材编写人员必须具备下列条件。

(1) 坚持党的基本路线，有正确的政治观点，热爱教育事业，具有良好的职业道德和责任心，能团结协作。

（2）能正确理解党的教育方针，了解中小学教育的现状和教育改革发展的趋势，有较好的教育理论基础，熟悉现代教育理论、课程计划和学科课程标准。

（3）主要编写人员具有相应学科的高级专业技术职务，有较深的学科造诣和丰富的教学实践经验，有改革创新精神；对本学科的现状及改革发展趋势有深入的分析和研究。

（4）了解中小学学生身心发展的特点。熟悉教材编写的一般规律和编写业务，文字表达能力强。

（5）有足够的时间和精力完成教材的编写和试验工作。

理论上讲是谁都可以编教材，在机会上人人平等，这为教材多样化开辟了道路。但是必须符合教材编写条件的人才能保证教材的质量，教材编写资格认定是保证教材质量的一个重要关口。

为了保证公正性，《中小学教材编写审定暂行办法》规定，教育行政部门和国家公务员不得以任何形式参与教材的编写工作。全国和省级教材审定机构审定委员和审查委员，在被聘期间不得担任教材编写人员。此外，包括地方课程、校本课程，如果涉及教材编写，在操作程序上也应有相应的要求。国家在原则上不鼓励校本课程开发也编写学生用的教材，而主张开发教师用的课程方案。

70．教材审定制包括哪些内容？

《中小学教材编写审定暂行办法》规定，教材的编写、审定，实行国务院教育行政部门和省级教育行政部门两级管理。国务院教育行政部门负责国家课程教材的编写和审定管理（包括跨省、自治区、直辖市使用的地方课程教材）；省级教育行政部门负责地方课程教材的编写和审定管理。按照编审分开的原则，完善教材审定体制。

教材要经过编写立项和核准、初审和试验、审定三步程序以后，才可以列入中小学教学用书目录，供学校选择。

编写的立项和核准：教材编写实行项目管理。编写教材须事先依《中小学教材编写审定暂行办法》规定向相应的教育行政部门申请立项。受理申请后，教育行政部门组织有关专家，对申请者的资质、教材编写的指导思想、体系结构及教材的适用范围等进行审核。

初审和试验：教材在规定时间完成编写后，送相应审定机构初审。教材初审通过后，可在400个班或2万名学生的范围内进行试验，国务院教育部门负责对教材试验进行跟踪评价。

审定：审定委员会对符合送审条件的教材进行审定，审定委员会下设的学科教材审查委员会（学科审查组）负责对教材进行审查，向审定委员会提交审定报告。教材审定有四项原则，中小学教材审定后，审定委员会按照规定做出通过、重新送审、不予通过的结论。经全国中小学教材审查委员会审定的教材，经国务院教育行政部门批准，列入全国中小学教学用书目录，供学校选用。经省级中小学教材审定委员会审定通过的教材，经省级教育行政部门批准后，列入本省（自治区、直辖市）中小学教学用书目录，供学校选用。

为了促进教材及时反映经济、社会、科技的新发展，形成教材更新机制，国家和省级教育行政部门定期对通过审定的教材进行评价。

为了确保教材审定的公平与质量，《中小学教材编写审定暂行办法》做出了表彰和惩处的相应规定，并对审定委员会和审查委员会成员做出了要求。全国和省级中小学教材审定委员会建立委员信息库，负责审定的委员本着随机抽取的原则，从信息库中选定，按照《全国中小学教材审定委员会工作章程》的规定公正客观地进行审查。审查委员会由该学科专家、中小学教学研究人员及中小学教师组成。全国中小学教材审定及审查委员会委员由国务院教育行政部门聘任，任期4年；省级中小学教材审定及审查委员会委员由省级教育行政部门聘任。

71．为什么要逐步建立以学校选用为基础的教材管理机制？

教材管理制度的改革是为了确保教材的高质量和多样化。要实现这个改革目标，必须充分发挥教育行政部门和学校等多方面的积极性，尤其是要改变长期以来教材出版发行渠道的单一化和用行政干预手段指定使用教材的情况，让学校和社会对教材的意见能够合理有效地表达。一方面，教育行政部门加强是必不可少的。但另一方面，毕竟真正发生教育的地方是学校，他们最有条件了解学校自身的特点和学生的实际发展需求，所以教材能否实现高质量和多样化，还必须通过学校在教育行政部门和专家指导下的自主选用来检验。这种检验的结果不只是鉴定出相对而言的好教材，同时也为教材的修改和补充提供了反馈信息。这也是三级课程管理政策在教材管理中的具体表现。

教育行政部门的教材管理机制是一种自上而下的教材管理机制，学校选用的教材管理机制是一种自下而上的教材管理机制。两种机制对于确保教材质量和多样化的改革目标都是非常重要的，特别是给予学校选用的自下而上的机制，在保证教材对学校和学生的适应性方面发挥着关键性的作用，只能加强，不能削弱。

所以，这次课程改革的一个重要目标，就是逐步建立基于学校选用的教材管理机制。

第七章

课程资源

课程资源是新一轮国家基础教育课程改革所提出的一个重要概念。没有课程资源的广泛支持，再美好的课程改革设想也很难变成中小学的实际教育成果。

无论是国家课程的创造性实施，还是地方课程和校本课程的建设，都应该充分发挥当地社区和学校的课程资源优势，为促进学生个性的健康和多样化发展服务。

当务之急，一个重要的课题是强化课程资源意识，提高对于课程资源的认识水平，因地制宜地开发和利用各种课程资源，更好地实现课程改革目标。

DI QI ZHANG 第七章

课 程 资 源

第一节 课程资源的意义

72．怎样理解课程资源的含义？

课程资源是指形成课程的要素来源以及实施课程的必要而直接的条件。例如，知识、技能、经验、活动方式与方法、情感态度与价值观以及培养目标等方面的因素，就是课程的要素来源。它们的特点是作用于课程，并且能够成为课程的要素。又如，直接决定课程实施范围和水平的人力、物力和财力，时间、场地、媒介、设备、设施和环境，以及对于课程的认识状况等因素，就属于课程的实施条件。它们的特点是作用于课程却并不是形成课程本身的直接来源，但它在很大程度上决定着课程的实施范围和水平。现实中的许多课程资源往往既包含着课程的要素来源，也包含着课程实施的条件，如图书馆、博物馆、实验室、互联网络、人力和环境等课程资源就是如此。

课程与课程资源存在着十分密切的关系。没有课程资源也就没有课程可言，有课程就一定有课程资源作为前提。但是它们毕竟还不是一回事，课程资源的外延范围远远大于课程本身的外延范围，它只有在经过相应的加工并付诸实施时才能真正进入课程。课程实施的范围和水平，一方面取决于课程资源的丰富程度，另一方面更取决于课程资源的开发和运用水平，也就是课程资源的适切程度。

按照课程资源空间分布的不同，大致可以把课程资源分为校内课程资源和校外课程资源。凡是学校范围之内的课程资源，就是校内课程资源，超出学校范围的课程资源就是校外课程资源。校内外课程资源对于课程实施都是非常重要的，所以我们一方面要最大限度地利用学校内部的课程资源，另一方面也要加强利用校外课程资源，帮助学生与学校以外的环境打交道。

由于划分标准的不同，课程资源可以划分出许多不同的类型，但目的都是要帮助澄清课程资源的基本概念框架，加深人们对于课程资源的理解。

第七章 DI QI ZHANG

课 程 资 源

73．校外课程资源主要有哪些，如何开发和利用？

校外课程资源主要包括校外图书馆、科技馆、博物馆、网络资源以及乡土资源等。

（1）图书馆。图书馆作为一种重要的社区文化资源，在开发形式上可以考虑采取学校和图书馆建立联系的做法，实现二者的资源共享；也可以在学校内建立与图书馆的网络联系，使学生能够更加主动和便捷地利用图书馆的资源。同时，还可以考虑请图书馆的专业人员介绍图书情报检索方面的常识，培养学生获取信息的基本技能。

（2）科技馆。科技馆的充分利用有利于拓宽学生的科学视野，加强学生对校内教学科目，如科学、自然、地理等课程的直观和形象的理解，为正式的课程教学提供强有力的支持。鉴于目前国内科技馆的建设现状，在开发过程中可以考虑选择较为典型的科技馆作为样本，如海尔企业兴建的海尔科技馆和由政府主导修建的中国科技馆，并运用现代信息和媒体技术，如制作成光盘或通过上网等途径面向全国普教系统。

（3）博物馆。我国是一个历史和文化积累非常深厚的国家，有着丰富的历史底蕴和资源。全国各地的各种博物馆就是这种历史文化宝库的重要组成部分，具有重要的课程资源开发价值。在开发的形式选择上，一方面加强学校与博物馆的联系，另一方面也可以将博物馆与学校相应的课程如历史与社会等结合起来，或者通过网络和光盘等形式传播博物馆资源。

（4）网络资源。网络资源的开发在于突破传统课程的狭隘性，在相当程度上突破时空的局限。网上充足的信息可以使思路更开阔，多媒体强大的模拟功能可以提供实践或实验的模拟情境和操作平台，网络便捷的交互性可以使交流更及时、开放，所以可以重复利用网络这一巨大的信息载体，进行课程资源的开发和内容重组。教师可以通过网络使学生以独特的方式进行学习，学生也可以在适合自己的时间、地点获得有关学习资料。

（5）乡土资源。乡土资源主要指学校所在社区的自然生态和文化生态方面的资源，包括乡土地理、民风习俗、传统文化、生产和生活经验等。

这些资源可以有选择地进入地方课程、校本课程乃至国家课程的实施过程中，成为师生共同建构知识的平台。

长期以来，我们忽视了校外课程资源的开发和利用，今后应该加以足够的重视。但这并不意味着在整个基础教育范围内，从根本上改变校内为主、校外为辅的课程资源开发与利用的基本策略。

74．课程改革为什么要强调课程资源的作用？

这次课程改革明确提出了课程资源的概念，因为越来越多的人们认识到，没有课程资源的广泛支持，再美好的课程改革设想也很难变成中小学的实际教育成果，课程资源的丰富性和适切性程度决定着课程目标的实现范围和实现水平。

新一轮国家基础教育课程改革，为了增强课程对地方、学校和学生的适应性，不仅设置了包括国家课程、地方课程和校本课程的国家基础教育课程计划框架，而且强调学校和教师创造性地实施新课程，形成具有良好适应性的丰富教学模式。这些课程改革目标的实现在很大程度上取决于课程资源的状况。

对于学校教师而言，不仅校本课程的开发需要大量课程资源的支持，而且实施国家课程和地方课程也离不开广泛的课程资源的支持，特别是像综合实践活动，它虽然是国家规定课程名称和课时、制定综合实践活动指导纲要，但具体实施的内容和形式则完全要由学校来决定，是在实践过程中动态生成的，这就需要对课程资源有充分的认识和便捷的获取途径。否则，课程改革的许多目标就会落空。

特别应该看到，课程资源的开发和利用对于转变课程功能和学习方式具有重要意义。一方面，可以超越狭隘的教育内容，让师生的生活和经验进入教学过程，让教学“活”起来；另一方面，可以改变学生在教学中的地位，从被动的知识接受者转变成为知识的共同建构者，从而激发学生的学习积极性和主动性。同时，还可以开阔教师的教育视野，转变教师的教育观念，从而更好地激发教师的创造性智慧。可以说，课程资源的作用比

第七章 DI QI ZHANG

课 程 资 源

以往任何时候都更加重要了。

然而，由于长期高度统一的计划体制的原因，广大中小学教师和其他教育工作者，无论是职前培养还是在职培训，都很少接触到课程资源的概念。这就更加凸显了课程资源的重要性和紧迫性。

所以，强调课程资源的地位和作用是本次课程改革中的一个亮点，也是一个难点，需要引起我们的高度重视。

75. 我们有教科书，为什么还要提出课程资源的问题？

与纸质印刷时代的要求相适应，教材一直是我国学校教育的主要课程资源，以至于人们常常误以为教材就是惟一的课程资源，一提到开发和利用课程资源，就想到要订购教材，或者编写教材，甚至进口国外教材。

的确，教材（主要是教科书）直到现在依然是重要的课程资源，而且倡导开发和利用课程资源，并不是主张彻底不要教科书了，也决不是否认教科书的重要性和严肃性。但从课程资源以及时代发展的要求来看，教材不但不是惟一的课程资源，而且其作用呈相对下降的趋势。所以，在认识上要打破教材作为惟一课程资源的局限，合理构建课程资源的结构和功能，即使在教材的开发和建设方面，也需要进行结构上的突破，体现时代发展的多样化需求。就教材本身而言，结构单一和落后于时代要求的特点也比较突出。所以，教材的编写应从学生兴趣与经验出发，根据学生的心理发展特点，精选对于学生终身学习必备的基础知识与技能，及时反映社会、经济、科技的发展，尝试以多样、有趣、富有探索性的素材展示教育内容，并且能够提出观察、实验、操作、调查、讨论的建议。

长期以来，中小学课程资源的结构比较单一，除了教材成为惟一的课程资源外，在课程资源的开发主体、基地、内容、条件等方面也很单一，而且未能形成有机整体。

从课程资源的开发主体来看，主要依靠的是少数专家特别是学科专家。他们开发的课程在内在的学术性品质上可能是很好的，但就课程反映不同地区、不同学校和学生的差异性与多样性来说，他们是无能为力的，也无法苛求于他们。因此，课程结构要适应地区差异、不同学校的特点，以及学生的个别差异，为学生提供更多的选择性，那么就必须充分发挥地方、学校和教师乃至学生、学生家长等在课程资源开发中的主体作用。学校和教师对于教材的使用，更多地应该强调是把教材作为课程资源来使用，根据自身实际创造性地使用教材，用出个性化的风格和特点，而不是生搬硬套地教教材。

从课程实施的活动空间来看，班级课堂成为实施课程的最主要条件，但许多中小学还缺少相应的专用教室、实验室、图书馆和课程资源库等。学习方式和内容主要集中在学科内容的课堂教学上，缺少包括研究性学习、社区服务、社会实践以及劳动与技术教育等综合实践活动的形式。

从课程素材或内容上看，偏重知识资源特别是学科知识资源的开发，忽略学科知识的新进展和各学科知识间的相互渗透与融合，远离儿童的生活经验。

从课程资源的载体形式来看，课程资源的开发往往偏重于纸质印刷制品，甚至把教科书作为惟一的课程资源加以固化，而对于开发多样化的课程资源载体形式则重视不够。

此外，校内与校外课程资源的转换协调机制还没有能够很好地建立。学校在图书馆的藏书结构、服务时间、服务方式和使用效率上，还需要进行调整和不断地加以完善。再有，基础教育还要拓展利用各种校外课程资源的途径，包括公共图书馆、博物馆、展览馆、科技馆、青少年活动中心、工厂、农村、部队、政府机关、企事业单位、高等院校和科研院所，还包括广泛的自然资源，同时还要积极开发信息化的课程资源，有效发挥各种公众网络的资源价值。网络不仅是课程资源共享的手段，而且它本身就是一座具有巨大发展潜力的课程资源库。

总之，课程资源结构的重点在发生变化，学校成为课程资源开发的重要力量，网络资源异军突起，这些都为课程资源结构的优化提供了动力。教材，不应该也越来越不可能成为惟一的课程资源，更不能等同于课程本身。我们只能说，教材是一种重要的课程资源，对于学校和教师来说，课程实施更多地应该是如何更好地“用教材”，而不是简单地“教教材”。

第二节　课程资源的开发与利用

76．贫困地区和薄弱学校也有可以开发和利用的课程资源吗?

在不同教育情境下的课程资源状况可能存在着相当大的差别，课程资源的分布情况，特别是在需要较大经济投入的课程资源方面，往往很不平衡。从目前我国中小学的一般情况来看，经济发达的东南部地区课程资源的状况比中西部地区优越，城市比农村优越，重点中小学比一般中小学优越。

大致说来，广大贫困地区和薄弱学校，经济条件相对落后，在需要较大经济投入的课程资源方面显然没有优势。但从作为课程要素来源的课程资源方面看，即使是贫困地区和薄弱学校，其课程资源也是丰富多彩的，但缺乏的是对于课程资源的识别、开发和运用的意识与能力。所以，目前对于贫困地区和薄弱学校来说，一个很重要的问题是对于课程资源的地位和作用重视不够，一方面是课程资源特别是作为课程实施条件的课程资源严重不足，另一方面却是由于课程资源意识的淡薄而导致大量课程资源特别是作为课程要素来源的课程资源被埋没，不能及时地经过加工和转化后进入实际的中小学课程，造成许多有价值的课程资源的闲置与浪费。一些中小学甚至把教科书当成惟一的课程资源，课程资源的概念意识十分狭隘。

其实，许多不同的材料，如果从课程实施条件的角度来看可能存在天壤之别，而如果从课程要素的角度来看，许多不同的资源在教育价值上则是同质的。

有这样一个说法，美国的教师教学生画苹果时，提上一袋苹果，一人分一个，让学生看、摸、闻甚至咬上几口，然后开始画苹果。结果，大多数学生第一次画出来的像西瓜，第二次画出来的像梨，第三、四次画出来的才像苹果；而中国的教师教学生画苹果时，只带一只粉笔，先对全班学生讲画苹果的注意事项，然后在黑板上一笔一画地示范，学生照着老师的样板画出来。结果，所有的学生第一次画出来的就像苹果。比较而言，美国的学生虽然画得费劲且不太像苹果，但画出来的却是“生活中的苹果”“自己的苹果”，中国的学生虽然画得轻松且很像苹果，但画出来的却是“黑板上的苹果”“老师的苹果”！

这个例子虽然是一个形象化的笑话，并不是一个具体的事实，却能折射出教育观念上的差异，两种做法对于学生发展的意义是大不相同的。其中，如果从课程资源的角度而论，后一种做法的资源意识是比较淡薄的。或许有人会说，中国的教师特别是贫困地区和那些薄弱学校的教师没有条件发给学生苹果。但如果用课程要素的眼光来看，我们的确没有条件发苹果，可我们有大地，有小草，哪怕是荒山、黄土坡、茅草棚，它们的教育价值，它们对于实现课程目标以及发展学生感受和表达美的意义和功能却是同质的，关键在于我们怎么运用它们。当然，这种说法绝不能成为我们拒绝改善课程实施条件的理由，而应该成为我们开发和利用作为课程要素来源的课程资源的动力。

因此，当务之急，一个重要的课题是加强对于课程资源问题的理论与实践研究，澄清课程资源的概念，强化课程资源意识，提高对于课程资源的认识水平，因地制宜地开发和利用各种课程资源。对于贫困地区和薄弱学校来说，尤其如此。

77. 开发地方课程和校本课程就是编写教材吗？

由于教材一直是我国学校教育的主要课程资源，以至于人们常常误认为教材就是惟一的课程资源，甚至就是课程本身，所以在开发地方课程和校本课程的时候就自然联想到编教材、印教材和发教材。其实，这是对于地方课程和校本课程开发的一种狭隘的理解，甚至是一种误解。

开发地方课程和校本课程并不能等同于编教材，或者说主要不是编写学生统一使用的、人手一本的教材，而应该充分开发和利用当地的课程资源，更多地采用活动形态以及为开展活动而提供给教师一些参考性的课程方案。否则，就可能使地方课程和学校课程成为国家课程的翻版，一方面进一步加重了学生负担，另一方面也失去了地方课程和校本课程的应有价值。

长期以来，我们实行的是高度统一的国家课程，这为培养统一的国民素质起到了很大的作用。但是随着时代的发展和社会的进步，这种单一的国家课程开发模式受到越来越多的挑战。一方面，单一的国家课程开发模式不可能解决学校遇到的所有课程问题，课程的适应性差。特别是像我们国家幅员广大、人口众多、经济社会发展很不平衡，这一情况就显得更为严重。另一方面，单一的国家课程开发模式不能很好地发挥地方、学校乃至社区独特的优势、传统和办学积极性，难以满足他们的需要，造成大量有价值的课程资源的闲置与浪费。此外，正如许多研究结果所表明的，学生特别是农村学生厌学、辍学的重要原因之一就是基础教育课程远离学生的实际生活经验，无法满足他们带有地域性和学校特点的发展需要，导致他们对于基础教育课程产生陌生感和自卑感，从而丧失了继续学习的动力。

地方课程和校本课程的设置，其目的就是要弥补单一国家课程的不足，发挥地方和学校的资源优势与办学积极性，满足不同地区、学校和学生的不同需求与不同特点，使整个基础教育课程体系既能促进国民共同基本素质的提高，又能促进学生个性的健康和多样化发展。

地方课程和校本课程在管理上不是由国家统一进行的，而是以地方教育部门和学校为主，并鼓励社区人士、学生家长和其他人员的参与。地方课程和校本课程的一个重要取向，是试图消除教育与生活、学校与社会、学生与家长、知识与实践之间的隔阂或对立，打通它们之间的联系，帮助学生理解知识的丰富多样性，提高学生的实际生活能力，培养他们的自信自主和独立批判的精神。地方课程与校本课程的教学应该重视学生在所处的当地社会中获得知识和能力，它的重点应该是如何利用当地的或者实际现场的知识、经验营造一个多样化的认识论环境和活动空间，帮助学生认识、理解和尊重这种知识和认识方式的多样性，摒弃“惟书”“惟师”的

"盲从"与"偏见"，使多样性的知识成为提高认识能力的途径，从学生自己所处的周围社会中学习更多的东西。这样的教学环境应该是一种开放、宽松、平等和多样化的教学环境，各种知识和经验都能以不同的方式进入这一环境之中，彼此之间相互交流、竞争和对话，从而培养学生公正对待各种知识乃至自身经验的理性态度。

地方课程和校本课程与国家课程相比，在性质和功能上有很大不同，它们提供的很大一部分内容应该是与学生在当地的社会生活相联系的乡土知识和社区经验，旨在帮助学生理解知识的多样性，更好地获得生活经验，建立学习与发展的自信心。如果硬要把这些乡土知识和社区经验纳入到具有严密逻辑体系的学科课程范畴，就会破坏它与当地社会生活的整体性，造成乡土知识和社区经验生命力的丧失。这些乡土知识和经验本质上是由当地人民创造和积累的，而不是由一般意义上的学科专家和课程专家们提供的。所以，这些知识和经验的组织与安排，应该由教师、学生、学生家长和社区人士共同参与完成。就课程类型而言，这些课程主要以活动形态为主，围绕一些实际的社会生活和生产而展开，在活动中学，在活动中教，在教与学的基础上不断地提高实际的做事能力。换句话说，开发地方课程和校本课程，尽管不能说一定不能编教材，但要尽量限制，大多数地方课程不能像国家课程那样编写学生人手一本的教材，而更多的是为学校和教师开发课程提供参考性的课程方案或指南，至于校本课程则应该完全是学校教师开发和选用的课程方案或指南，而不能是学生人手一本的教材。尤其是，以经济利益的驱动为特点、以开发校本课程的名义向学生摊派教材的情况，与课程改革的目标背道而驰，我们应该坚决杜绝。

78. 新教材有什么特点?

2001年8月，经过全国中小学教材审定及审查委员会数次审查，共有40家出版社出版的涉及20个课程门类的49种验证国家基础教育课程标准的实验教材获得审查通过。从这些新教材的总体设计情况来看，都能体现国家基础教育课程改革的基本思想，力争在以下五个方面有所突破。

第一，新教材注重引导学习方式的变革。新教材根据课程改革纲要的精神，在课程和内容设计上注重改革学生呆板的学习方式，引导学生进行观察、实践、收集资料、合作交流以及体验、感悟和反思活动，从而实现学习方式的多样化，拓展学习的时间和空间。

第二，新教材强调与现实生活的联系。新教材一方面关注并充分利用学生的生活经验，另一方面也注意及时恰当地反映科学技术新成果，增强书本知识与现实生活的联系，努力克服学科中心主义的倾向。

第三，新教材体现学生的身心特点。教材的编写体例和呈现方式尽量考虑学生的年龄特征、兴趣特长和认知水平，有利于激发学生的求知欲。

第四，新教材为创造性教学留有余地。新教材更多地是为教师进行教学提供资源，需要创造性地使用，绝不能简单地当做教条来教。

第五，新教材把知识与技能、过程与方法、情感态度与价值观反映在主题和内容的编排中。新教材试图把知识学习、能力培养以及情感态度和价值观的体验与形成作为一个整体加以综合考虑，反映在课题和内容的设计上，从而全面贯彻新课程的总体目标。

79. 怎样筛选课程资源？

从当前我国课程改革的趋势来看，凡是有助于创造出学生主动学习与和谐发展的资源都应该加以开发和利用。但究竟哪些资源才是具有开发和利用价值的课程资源，还必须通过筛选机制过滤才能确定。

从课程理论的角度来讲，至少要经过三个筛子的过滤筛选才能确定课程资源的开发价值。第一个筛子是教育哲学，即课程资源要有利于实现教育的理想和办学的宗旨，反映社会的发展需要和进步方向。第二个筛子是学习理论，即课程资源要与学生学习的内部条件相一致，符合学生身心发展的特点，满足学生的兴趣爱好和发展需求。第三个筛子是教学理论，即课程资源要与教师教育教学修养的现实水平相适应。所以，开发课程资源，特别是开发素材性课程资源，必须反映教育的理想和目的、社会发展需要、学生发展需求、学习内容的整合逻辑和师生的心理逻辑。只有通过利用每一种经验可能会产生的多重结果，才有可能使教学更加富有成效。

为使课程资源的筛选机制更好地发挥作用，必须注意两个重要原则。其一，优先性原则。学生需要学习的东西很多，远非学校教育所能包揽，因而必须在可能的课程资源范围内和在充分考虑课程成本的前提下突出重点，精选那些对学生终身发展具有决定意义的课程资源，使之优先得到运用。比如，学校教育要承担自己的责任，要帮助学生学会能够建设性地参与社会生活的各种本领，那么它就必须对于有效地参与社会生活所应该具备的知识、技能和素质以及社会为个人施展才能所提供的种种机会进行综合的了解，做出恰当的判断，筛选出重点内容并优先运用于课程。其二，适应性原则。课程的设计和课程资源的开发利用不仅要考虑典型或普通学生的共性情况，更要考虑特定学生对象的具体特殊情况。如果要为特定教育对象确定恰当的目标，那么仅仅考虑他们已经学过的内容还不够，还需要考虑他们现有的知识、技能和素质背景。

除了考虑学生群体的情况外，还要考虑教师群体的情况。只有这样，课程资源才能得到更加充分合理的开发与利用。

80. 怎样开发和利用课程资源?

一般课程资源的开发主要有六个方面的基本途径。第一，开展当代社会调查，不断地跟踪和预测社会需要的发展动向，以便确定或揭示有效参与社会生活和把握社会所给与的机遇而应具备的知识、技能和素质；第二，审查学生在日常活动中以及为实现自己目标的过程中能够从中获益的各种课程资源，包括知识与技能、生活经验与教学经验、教与学的方式和方法、情感态度和价值观等方面的各种课程素材；第三，开发和利用课程实施的各种条件，包括图书馆、实验室和各种活动场馆、专用教室等的合理建设；第四，研究一般青少年以及特定受教学生的情况，以了解他们已经具备或尚需具备哪些知识、技能和素质，以确定制定课程教学计划的基础；第五，鉴别和利用校外课程资源，包括自然与人文环境，各种机构、各种生产和服务行业的专门人才等资源，不但可以而且应该加以利用，使之成为学生学习和发展的财富；第六，建立课程资源管理数据库，拓宽校内外课程资源及其研究成果的分享渠道，提高使用效率。

除此之外，课程资源的开发还要根据各地和各学校的实际情况，广开思路，发掘校内外的更加具有针对性和适应性的课程资源，从而更好地发挥它们的作用。

在课程资源的开发和利用方面，学校教师具有极大的智慧潜能，是一个亟待开发的巨大资源宝库，应该加以高度的重视和充分的运用。我们知道，教学是课程实施的主要途径，所以教学活动的资源是课程资源的重要组成部分，而且是更为细节的部分。所以，教学活动的资源是微观层次的课程资源。与一般课程资源的开发相比，它更强调特定群体和情境的差异性与独特性。开发和利用这类课程资源的主要途径有以下几点。

(1) 调查研究学生的兴趣类型、活动方式和手段。研究青少年的普遍兴趣以及能给他们带来欢乐的种种活动，既有利于发现多姿多彩的奖励方式，帮助学生树立刻苦学习和取得良好学业的信心，也可以启发教师打开记忆的宝库，从自己以往与学生交往的经验中挖掘出大量有益的参考资料。教学方式特别是学习方式本身就是重要的课程资源。就学习动力而言，研究普通青少年的种种活动与兴趣，尤其是调查特定课程受教对象的兴趣和活动可以归纳出能够唤起学生强烈求知欲的多样化的教学方式、手段、工具、设施、方案、问题，以及如何布置作业、安排课堂内外学习等诸多要素，帮助学生尽快达到课程的目标要求。

(2) 确定学生的现有发展基础和差异。各门功课的选材都应该取舍得当，为此不但需要了解受教学生目前已经具备了哪些知识、技能和素质，而且还应该兼顾他们之中的差异，设计大量方案，组织多种活动，准备丰富的材料。因此，掌握学生现有知识、技能和素质的水平以利因材施教，收集适应技能高低和知识多寡不同的各种活动与材料，是各门功课选材的必要依据。比如，学生的水平难以整齐划一，为了满足所有学生的要求，阅览室和其他阅读材料汇编就应该备有从不同层次介绍同一主题的资料。同样向学生布置分组作业，也应因组制宜，从众多的方案和活动中选取与他们的知识、技能水平相当的项目指定他们去完成。各种练习材料，其具体的内容往往需要课程设计者根据循序渐进的原则加以提取和编排。循序渐进的原则非常重要，因为重复练习很难让学生体会到智力活动的乐趣，反而可能在一定程度上降低学生对于智力生活的敏感性。

（3）为学生提供反馈资料。为学生提供的反馈资料，特别是向学生指出学习中的差错并分析原因的反馈资料，可以很好地帮助学生找出课程学习中的难点。教师甚至可以自己尝试收集学生常犯错误的资料，设计和整理成各种特定技能和知识领域的核查表，从而及时提供反馈资料。

（4）安排学生从事课外实践活动。安排课外实践应是课程教学的一项重要内容。学生在课外有无机会将自己学到的知识、技能恰如其分地运用于实践，在很大程度上取决于学生自身的生活环境。一般说来，教师对校内环境及所在社区的某些方面都有所了解，应该加以很好地开发和利用。至于学生平时的课外活动以及有些什么其他学以致用的机会，则恐怕要靠学生自己介绍，这时学生的生活经验可以发挥更大的作用。所以教师应该注意发掘学生生活经验方面的资源，引导学生将书本知识转化为实践能力。否则，有些学生就可能因为不用而将学习内容忘记得一干二净，整个课程教学的成效就会受到损失；还有一些学生可能因为学习远离生活而导致课程教学活动变得越来越抽象，越来越困难。

（5）制定参考性的技能清单。很多技能都具有通用价值，将这些技能做一番调查整理，形成一个对于各门学科和多种课外情境都有参考价值的技能清单。至于态度、兴趣和接受能力等，虽然也有通则，但这方面的研究很难提供有益的通用标准素质清单。所以必须结合具体实际情况，在调查研究的基础上选定作为课程组织成分之一的素质标准。

（6）总结和反思教学活动。教学工作本身就是很复杂的，因而需要不断地学习，不断地总结与思考。教学的新知识、新技能和新策略有多种多样的来源——来源于研究，来源于新教材和新手段，来源于先进教学法的报道，来源于同事，来源于督导人员，来源于对教学的自我总结，来源于对课堂学习情况的思考等等。教师们要不断地考虑如何来充实自己的教与学的知识库，并且为增加这方面的知识做出不懈的努力。教师需要不断地提高通过自我总结和积极借助他人的反馈来分析自己的学习需要和学习风格的能力。教师应该善于运用教学日志、研究小组和个人教学心得集锦夹、同事指导、他人帮助、同事建议等自我评价和合作总结的手段、方法与策略，提高自我总结和反思的教学水平。称职的教师都应该懂得如何去利用建立在研究基础上的各种资源，懂得在面对某种学习的需要时如何去追寻建立在研究或有效实践的基础上的新知识和新技能，既要能钻研教学，又要能拿出自己的研究成果让其他人分享。

总结和反思教学实践经验有许多方法和技巧，它们的应用已经变得越来越广了。工作日志、录音带或录像带以及个人教学心得集锦夹等自我总结的方法和策略，不仅可以使教师给自己的教学实况留下记录，也可以使教师对自己的教学发展路径作长期的跟踪，还可以对自己的进步作长期的分析进而找出有待进一步学习的地方。其他方法和技巧包括对初执教鞭的教师进行有组织安排的和无组织安排的同事观摩、研讨、辅导和帮助，教师还要有机会组织研究小组或者举行各种形式的经验交流，加入各种专业活动网络等，从而更好地了解教学研究的动态，逐步使自己成为教学知识的生产源。

(7) 发挥网络资源的作用。现代信息技术的发展正在突破各种资源的时空限制，使得课程资源的广泛交流与共享成为可能。为此，教师一方面要充分利用各种网络资源为教育教学工作服务，同时也要积极参与网络资源的建设，运用网络技术贡献自己的教育教学经验和成果，使之成为网络资源的一部分，与广大同行交流和分享；另一方面，还要鼓励学生学会合理选择和有效利用网络资源，从而增加和丰富自己的学习生活经验。

第八章

新课程的组织与推进

新课程的组织与推进是贯穿整个基础教育课程改革工作的关键环节，直接影响基础教育课程改革的成败。为了保证新课程实验工作顺利、有效地进行，必须认真研究，积极探索，精心规划，调动各方面力量，以民主、开放、科学的方式，富有创造性地、高效率地组织和开展课程改革工作，建设符合我国基本国情和学生需要的优质课程。

第八章 DI BA ZHANG

新课程的组织与推进

第一节　新课程组织与推进的基本思路

81. 本次基础教育课程改革组织与推进工作的基本思路是什么?

从课程改革准备、酝酿到正式启动与实验，整个基础教育课程改革工作的组织与推进体现了国家把基础教育课程改革作为政府行为高度重视的决心，也表现出开放、民主、科学的工作思路与工作程序。

国家高度重视，基础教育课程改革成为政府行为是本次基础教育课程改革的一个突出特点。1999年召开的第三次全国教育工作会议，做出了《中共中央国务院关于深化教育改革全面推进素质教育的决定》，颁布了《面向21世纪教育振兴行动计划》，提出要改革现行的基础教育课程体系，研制和构建面向新世纪的基础教育课程教材体系，并将基础教育课程改革工作确立为国家的重大项目，以一级财政拨款的方式对课程改革进行专款资助，同时在全国14所重点大学相继设立“基础教育课程研究中心”，为课程改革提供研究与学术支持。

2001年召开的全国基础教育工作会议，做出了《关于基础教育改革与发展的决定》，提出“基础教育是科教兴国的奠基工程，对提高中华民族素质，培养各级各类人才，促进社会主义现代化建设具有全局性、基础性、先导性的作用”，从实施科教兴国战略，提高全民族素质和增强综合国力的高度，进一步明确了新一轮基础教育课程改革的指导思想，提出要加快构建适应时代发展要求的新的基础教育课程体系。全国基础教育工作会议后，经国务院同意，教育部正式颁布了《基础教育课程改革纲要（试行)》(以下简称《纲要》)，明确了基础教育课程改革的目标和总体框架。由此可见，基础教育课程改革工作作为国家与政府行为得到了高度重视和切实落实，为基础教育课程改革工作的顺利进行奠定了强有力的基础。

同时，整个基础教育课程改革的组织与推进过程也体现了开放、民主、科学的工作思路。从准备、酝酿、设计、决策、启动到实施，教育部高度重视，并将之作为系统工程，精心组织，反复论证，多方征求意见，科学规划，有效地组织了课程改革工作。

对课程改革的各个过程、环节进行分析，我们可以深刻地体会到这一开放、民主、科学的工作思路。

首先，在课程改革正式启动之前，教育部组织有关专家对 1992 年以来义务教育课程实施状况进行了全国性的调查，初步梳理了我国现行基础教育课程体系存在的基本问题。结合现状调查和对国际基础教育及其课程的深入对比研究，初步明确了课程改革的基本方向，形成了课程改革的总体思路。在此基础上，引进竞争机制，公布《基础教育课程改革项目申报、审批及管理办法》和项目概览，广泛吸纳多方力量，得到了全社会的积极响应，共收到全国各大学、研究单位以及各地教育行政部门提交的参与评审方案 261 件。通过隐名评审和多次审议，最终确立了首批包括课程标准类项目和综合研究类项目的 34 项国家基础教育课程改革项目。这样的队伍组建和项目确立模式，既体现了开放、民主，又以科学、严格的程序确保了课程研究与改革工作的顺利进行。

各个项目组从国际发展趋势、国内现状反思、基本需求状况、学科发展动态与学生发展特点等方面进行深入的基础研究，从而使研制者在对现状充分了解和掌握的基础上，站在国际发展的前沿，从儿童的实际需要和特点出发，科学设计相应的项目。在整个设计过程中，课程专家与学科专家之间持续不断的对话、交流与合作也使课程标准与各有关项目研究得以在课程的整体视野中得到不断的深化和提高。正是这种开放、民主的对话，积极的互动，使得每个项目在不断的反思甚至是痛苦的否定与自我否定中得到本质性的升华与提升，确保了课程改革工作在设计层面的科学与高质。

其次，在课程改革的决策过程中，无论是《基础教育课程改革指导纲要》还是各学科课程标准、综合类研究项目，都经历了严格的审查和科学的决策过程。作为本次课程改革的指导性文件，《纲要》集中了各地、各方面人员的智慧，历经两年多的艰苦磨练，在正式公布之前，经历了 27 次修订。各学科课程标准、综合类研究项目也从多个层面广泛征求了包括教育界、企业界、学术界、民主党派以及家长、学生等的意见，反复论证和修改，精心锤炼，并经过讨论稿、初稿、修改稿、征求意见稿、征求意见修改稿、送审稿和实验稿等多个版本，最后经教育部党组审议通过并正式颁布。另外，在决策过程中，教育部广泛征求多方意见，结合前期研究和中国的实际情况，全面规划课程改革实验推进工作，确定了积极稳妥的实验推进方案和时间进程，保证了整个实验工作的有序开展。这些课程改革的标志性文件和决策的形成过程，本身就是一个开放、民主、科学的构建过程。

此外，新课程实施推广过程更是一个各方面人员广泛参与、全面合作和科学实施的过程。各实验区都建立了由行政人员、专家、校长、教师、社区代表、家长代表等多方面人员组成的课程改革工作小组，通过广泛、深入的讨论和宣传、动员，形成了积极支持课程改革、广泛参与课程改革的良好社会氛围。为了有效地推进新课程，国家和各地都把培训作为重点工作，在积极探索和深入研究的基础上，确定了以通识培训和学科培训相结合，以参与式培训和讲座相补充的培训思路与方式，坚持"先培训后上岗，不培训不上岗"的基本原则，以转变教师的教育观念，帮助教师认同、理解和接受新课程所倡导的基本理念为重点，在全国开展了多种层次的培训活动，极大地调动了广大教师参与课程改革的热情，为课程改革的顺利实施提供了保障。同时，整个课程实验工作的实施，包括国家级课程改革实验区的选择和确立，实验区实验方案的研制、教科书的选用等，都充分发扬了民主，广泛征求了多方意见，积极发挥各方面的积极性，强调引进竞争机制，以审慎的态度、科学的工作程序和积极的运行机制保证了课程改革的顺利进行。

同时，课程改革实验工作决不仅仅是一个简单的方案验证工作，更是一个充满探索、创造和建设的过程。因此，在整个课程改革过程中，评价与反馈至关重要。教育部制定了《基础教育课程改革实验区工作评估方案》（讨论稿），确立了分阶段进行评估的总体思路和评估的基本指标体系。2001 年 12 月，教育部组织由各方面人员组成的评估团，经典型抽样，对全国10个国家级实验区进行了全面的评估，各省也对本省国家级实验区的实验工作进行了评估。结合评估总体情况，教育部组织发表了评估报告（见附件1），对国家级实验区的实验工作和即将开展的各省省级实验区的实验工作起到了很好的引导作用。

从以上分析可见，作为一个系统过程，课程改革工作在各个环节得到了有效的落实。而以转变教育功能，调整课程目标为主线，包括课程目标、课程内容、课程结构、课程实施、课程管理、课程评价在内的整个课程改革的结构框架，也体现了本次课程改革工作的系统性。尤其需要提出的是，基础教育课程改革工作的各个环节和过程之间，各个过程与各个结构之间并不是线性、单向的关系，而是一个不断深化和相互完善的过程与关系。包括基础教育课程改革工作的总体思路，也是在不断的调整中逐步发展和完善的。因此，可以说，基础教育课程改革工作的一个重要成果，也体现在其工作思路和工作机制、程序的创新上，即构建了一个开放、民主、科学和不断发展与持续创新的课程改革过程与工作思路。

第二节　新课程推进的基本方针与总体规划

82. 基础教育课程改革实验推进的基本方针是什么？为什么要坚持这一方针？

《纲要》指出，“基础教育课程改革是一项系统工程，应始终贯彻‘先立后破，先实验后推广’的工作方针。各省（自治区、直辖市）都应建立课程改革实验区，实验区应分层推进，发挥示范、培训和指导的作用，加快实验区的滚动发展，为过渡到新课程做好准备。”

由此可见，基础教育课程改革实验工作推进的基本方针是“先立后破，先实验后推广”。

“先立后破，先实验后推广”的基本方针表明，新一轮课程改革的实验推进工作不会采取行政命令一刀切的做法，而是先在小范围进行实验，积累经验，再逐步扩大实验范围，采用滚动试点、辐射发展、分步到位的

第八章 DI BA ZHANG

新课程的组织与推进

方式推进新课程，以确保新课程的全面推广具有较为扎实的基础。根据教育部目前的实验推进规划，2001—2003年，国家和地方将有选择性地选择具有不同代表性的各类实验区进行实验，实验和验证新课程标准及实验教材，在此基础上修改、完善课程标准和实验教材，并不断扩大实验范围，修订、完善的课程标准将全面在全国推广使用。2004—2005年，在全国范围内，1～9年级分年段逐步推广使用新课程标准和新教材。

之所以坚持这样的推进方针，主要是因为基础教育课程改革是一个持续的、需要不断完善的系统工程，其实施本身就是一个非常复杂的过程。而基础教育课程改革直接关系到一代人的成长与发展，从这个意义上说，课程改革只能成功，不能失败。为此，课程改革必须十分谨慎，要在多方面进行充分准备，积累、推广经验，积极稳妥地推进新课程。在本次课程改革中，尽管新的课程方案建立在广泛调查研究的基础之上，《纲要》与各学科课程标准、实验教材等经过了多次修改，征求了多方意见，但为确保课程标准的科学性、适用性，确保新课程的顺利实施，仍然需要先在小范围内进行实验验证，再逐步向全国推广。因此，“先立后破，先实验后推广”是本次基础教育课程改革实验推进工作必须坚持的基本原则和工作方针。这一基本方针充分体现了教育部在推进本次基础教育课程改革中对民族未来高度负责的精神和实事求是、按教育规律办事的科学态度。

83. 本次基础教育课程改革实验推进工作的总体规划是什么?

2001年，教育部在《关于开展基础教育新课程实验推广工作的意见》中，对新一轮基础教育课程改革实验推进工作进行了总体部署。按照这一部署，义务教育阶段新课程实验工作于2001年启动，2003年基本完成。主要推进规划和工作进程为：

2001年秋季，绝大多数义务教育各学科课程标准及其实验教材在国家基础教育课程改革实验区开展实验；探索三级课程管理的具体工作机制，探索评价考试制度的改革。

2002年秋季，义务教育新课程体系（包括三级课程管理的运行机制、评价制度等）进入全面实验阶段，根据各地的具体条件，原则上，各省（自治区、直辖市）在所属的每个地级市可确定一个省级基础教育课程改革实验区（以县为单位），全国实验规模达到同年级学生的10%～15%。

2003年秋季，修订义务教育阶段课程设置方案、各学科课程标准、《地方课程管理指南》《学校课程管理指南》和中小学评价与考试的改革方案；在全国范围内，起始年级启用新课程的学生数达到同年级学生的35%左右。

2004年秋季，进入义务教育阶段新课程的推广阶段。认真总结国家和省两级基础教育课程改革实验区的经验，进行全面的评估和广泛的交流，在此基础上，正式颁布义务教育阶段课程设置方案、各学科课程标准以及其他相关文件。在全国范围内，起始年级启用新课程的学生数达到同年级学生的65%～70%左右。

2005年秋季，中小学阶段各起始年级原则上都启用新课程。

第三节　课程改革实验区的实验任务

84．基础教育课程改革实验的主要任务是什么？

根据教育部颁发的《关于开展基础教育新课程实验推广工作的意见》，基础教育课程改革实验的主要任务是：

第一，验证、修订并正式颁布各学科课程标准。

在基础教育课程改革实验过程中，各地要组织学习《纲要》和各学科课程标准；各实验区要结合实验及时了解新课程标准的可行性、科学性和适应性，并根据实验情况分年度形成对课程标准的修改意见，为修改、完善和发展新的课程标准提供实验依据。2003年，教育部将组织专家对各学科课程标准进行修订，并于2004年颁布修订的各学科课程标准。

第二，形成教材编写、审定和选用的有效机制。

为实行国家基本要求指导下的教材多样化政策，国家将逐步建立教材编写资格的核准制度，规定教材编写人员的资格，规范教材编写核准程序，各编写组要提供教材编写基本思路和样章，经审查通过后方可编写教材，并强调通过一系列制度鼓励编写高质量、有独创性的教材，避免教材的低水平重复。同时，国家将逐步完善教材审查制度，建立教材审查委员库，任何送审的教材必须通过初审方可出版、实验。此外，将规范和完善教材选用制度，成立教材选用委员会，建立教材评价公告制度，通过实验逐步形成教材选用的民主决策程序

第三，形成三级课程管理的具体工作机制。

逐步完善三级课程管理制度，明确各级权力主体在课程管理中的职责。其中，教育部主要负责总体规划基础教育课程，确定国家课程门类和课时，制定国家课程标准，积极试行新的课程评价制度。省级教育行政部门依据国家课程管理政策和本地实际情况，制定本省（自治区、直辖市）实施国家课程的计划，开发地方课程，指导学校课程。学校在执行国家课程和地方课程的同时，应视当地社会、经济发展的具体情况，结合本校的传统和优势、学生的兴趣和需要，开发或选用适合本校的课程。

第四，形成与新课程相适应的教学管理制度。

要逐步形成与新课程相适应的以学校为本的教学研究制度，鼓励教师关注教育实际，积极研究教学实际问题；要逐步形成关注学生发展的课堂教学评估制度，改变以往课堂教学评价偏重教师讲课技巧的做法，关注教师教学方式和学生学习方式的改善，强调教学对学生发展的积极作用；要重视有关教师专业发展的研究，为教师素质的全面提高和专业化成长提供支持等。形成积极的、与新课程相适应的教学管理制度，是新课程顺利推广的必要基础和保障。

第五，初步形成促进学生发展、教师提高和课程不断发展的评价体系。

要进一步改革评价内容和方式，关注学生发展的不同需要，积极发挥评价促进学生发展的积极功能。建立促进教师发展的评价体系，逐步形成以教师自评为主，校长、学生和家长等多方面共同参与的教师评价体系。建立促进课程不断更新和发展的评价体系，逐步完善自下而上的课程评价

和反馈机制，了解课程的适应性，并对课程不断进行调整和修订，促进课程的不断发展。

第六，促进广大教师更新教育观念，提高专业水平。

要特别重视教师培训工作，利用多种方式组织广大教师积极学习新课程，把握课程改革的基本理念，并在参与实践、研究和学习中逐步提高对新课程的理解和认同，进一步改善教育行为，全面提高教师自身素质和专业水平。

以上国家基础教育课程改革实验任务的核心目标是建立一个充满活力的、具有广泛社会适应性的、全新的基础教育课程体系，使学生得到生动、活泼、主动的发展。在实验过程中，基础教育课程改革国家级实验区作为全国先期启动的课程改革基地，更要承担实验、示范、培训和辐射的重任，为新课程在全国的推广积累经验和提供支持。实验区要充分认识到自己肩负的历史重任，在实验和验证课程标准的同时，充分考虑实验推广工作，提高自身能力，包括课程队伍、教师素质和教育科研能力的建设等，积极探索，为新课程的实验推广工作提供多方面的示范和支持。

85．不是实验区的地方和学校，应该为不久的将来参与和实施新课程做些什么准备?

按照教育部的部署，本次课程改革首先在全国 38 个国家级实验区实验，并按照“先立后破，先实验后推广”的工作方针，从 2002 年开始，逐步扩大试点范围，到 2005 年秋季，全国中小学阶段各起始年级的学生原则上都将进入新课程。所以，课程改革决不仅仅是实验区的事情，课程改革也决不仅仅是在实验区进行，每个地区和学校，尽管现在不是实验区，也需要为在不久的将来参与和实施新课程做好多方面的准备。

首先，要组织教师认真学习新课程，领会基础教育课程改革的基本理念和指导思想。《纲要》是指导本次课程改革的纲领性文件，各学科课程标准是今后实施新课程的主要依据，各地要结合本地的实际情况，组织教师和有关人员加强学习，在思想上和观念上做好参与和实施新课程的准备。

其次，要预先做好教师的培训工作。教师素质是关系课程改革成败的关键。教师是课程的主要实施者和课程设计的参与者，新的教育理念、教学方法、教学内容，只有通过教师的教学工作才能贯彻落实，进而促进学生的发展。在世界各国的课程改革中，教师的继续教育是备受关注的重要环节。我国近二十多年的教育改革实践经验也表明，如果不能有效地提高教师的素质，再好的课程改革方案、再新的课程教材都无法显露其优点，发挥其优势，课程改革也难以深入下去。因而，要对将要参与新课程的教师进行全方位的培训，坚持培训先行，提高教师的综合素质，使教师在观念、行为等多方面做好参与和实施新课程的准备。同时，要积极鼓励和倡导教师在现有教学中探索，以新的理念指导自己的教学工作，为进入新课程做好准备。

再次，要做好课程改革的社会宣传工作。各地要充分发挥新闻媒体的舆论导向作用，通过多种形式宣传和介绍课程改革，引导社会各界广泛参与有关的讨论，逐步了解并认同、支持课程改革，为基础教育课程改革创造良好的社会氛围和外部环境。

第四节　新课程的支持保障体系

86. 如何做好课程改革的支持保障工作？

课程改革是一个系统工程，必须体现民主参与、科学决策的原则，建立教育行政管理人员、校长、教师、学生、家长以及社会各界广泛参与、平等对话的有效机制，积极发挥新闻媒体的作用，扩大社会各界对基础教育课程改革发表意见的机会，引导公众关心和支持课程改革，从而为基础教育课程改革提供有利的社会支持。按照教育部的有关要求，各地在开展课程改革实验工作过程中，应注意从教育内部和社会等多方面做好支持保障工作。

首先，各地要把课程改革作为一个政府行为来对待，而不仅仅是教育部门内部的事情。课程改革是一个系统工程，涉及方方面面，需要社会各部门的积极参与和大力支持。为此，当地政府的关注和有效组织将是课程改革顺利进行的首要保证。例如，湖北省武汉市武昌区等地的社会动员工作计划就特别强调要建立政府和教育行政部门的统筹机制。为了确保课程改革的顺利进行，多个实验区都专门成立了由分管区长牵头，全区各部、委、办、局、街道负责同志参加的义务教育课程改革工作统筹协调组织，明确各部门职责，力争做到全区上下认识统一、步调一致。同时，这些实验区还要求教育、宣传、财政、物价、人事、街道等有关职能部门，结合课程改革的具体情况，有针对性地出台相关政策和措施，为课程改革提供有利的社会环境。山东省高密县实验区则由政府出台有关规定，明确教育、科技、人事、劳动、卫生、体育、公安、文化、广电等部门在教育改革中的职能，保证课程改革顺利实施。

其次，从经费和政策保障方面来说，教育部在《面向 21 世纪教育振兴行动计划》的“跨世纪素质教育工程”中就列出专项经费用于支持课程改革，各级教育主管部门可比照国家级专项，相应划拨地方基础教育课程改革专项经费，并建立有效的监督机制。同时，教育部和地方要在高考、中考、师资、课程设置等方面为课程改革提供政策保证，并通过各种途径加强对相关中小学校长、教师、教育行政部门的有关干部和教育科研人员的培训，为课程改革提供有力的人力支持。

此外，从教师教育方面来说，师范院校应根据基础教育课程改革的目标与内容，相应调整培养目标、专业设置、课程结构，并改革教学方法，确保新培养出来的教师能承担实施新课程的任务。而继续教育系统则要按照国家的总体要求和部署，为每一位在职教师提供充分、有效的培训，使教师逐步认同、理解和接受新课程所倡导的基本理念。已经启动的中小学教师继续教育工程，应按照课程改革的精神，同课程改革实验与推广工作有机结合起来，在培养“一专多能”的跨学科、复合型中小学教师方面投入更多的力量。

同时，各级教研机构、师范院校都要把研究、指导、推进课程改革作为主要职能，参与制订本地课程改革方案，开发课程资源，开展课程改革实验，加强对学校实施新课程的指导。各级教研部门要与教育部设立在各师范大学的基础教育课程研究中心建立良好的合作关系，在推进课程改革的过程中，形成我国基础教育课程研究与发展的专业队伍，为课程改革的推进提供研究、决策、咨询与培训服务。

要注意利用多种宣传手段，积极争取家长和社会的积极参与和配合，充分发挥社区各方面的教育资源，赋予家长在课程改革实验中的积极职能，以建立学校、社区、家长共同参与，形成合力的教育资源和优势，为课程改革提供广泛的社会支持。如湖北省武汉市武昌区就强调要建立社会各界广泛参与的激励机制。为了让家长了解并支持基础教育课程改革，他们要求宣传部门利用各种宣传媒介，有计划地、系统地进行课程改革宣传，引导社会公众关心、支持课程改革实验。各个学校都要成立由校长、教师、家长和社区广泛参加的实验实施工作小组，努力营造社会共同参与课程改革实验的良好环境。山东省高密县实验区则通过政府分管领导作电视讲话、制作宣传课程改革的电视专题片、报刊发表有关基础教育课程改革的答记者问的文章、编制课程改革宣传手册、召开动员大会等途径和形式，营造了一个良好的社会支持课程改革的氛围。一些实验区还指出，凡按照课程及教材要求开展相关的教育教学活动所需要的活动、劳动场所、设施及其他物质条件，有关部门要大力支持，并尽量免费提供学校使用等。

87. 为保障新课程的顺利实施，教师培养和培训工作要发生哪些变化？

教师是新课程实施中的关键环节，教师素质直接影响新课程的实施效果。为保障新课程的顺利实施，必须对以往的教师培养和培训工作进行认真反思，为新课程培养合格的教师。

为此，《纲要》明确指出，“师范院校和其他承担着基础教育师资培养和培训任务的高等学校和培训机构应根据基础教育课程改革的目标与内容，调整培养目标、专业设置、课程结构，改革教学方法。中小学教师继续教育应以基础教育课程改革为核心内容。”同时，“地方教育行政部门应制定有效、持续的师资培训计划，教师进修培训机构要以实施新课程所必需的培训为主要任务，确保培训工作与新一轮课程改革的推进同步进行。”

按照以上要求，各级师资培养和培训机构要结合基础教育课程改革的基本要求，首先对教师培养与培训目标进行调整。要改变以往普遍存在的或以传授理论知识为主，或以具体方法、技能传授为主的培训目标，致力于提高教师自身的综合素质，特别是适应新课程要求的教育观念和实际教育行为、能力的综合提高，帮助教师理解、内化基础教育课程改革提倡的基本理念，并强调教师实际教育行为的切实转变。

为实现这一目标，教师培养机构和教师培训机构在教育与培训内容，包括师范院校的专业设置和课程结构等方面都要做相应的调整。课程和培训内容要注意结合目前教师教育观念、教育行为现状和儿童发展与教育的实际需要，以帮助教师理解新课程所倡导的基本理念，掌握先进的教育理论和教育观念，促进教师发展实施新课程需要的教育行为为原则。选择的培训内容应有助于教师提高观察儿童、研究教育过程、有效组织教育活动和处理实际问题等教育能力，有利于帮助教师发展将观念、理论转变为实际教育行为和教育能力的方法与思路，使教师有可能用所学的观念来指导自己的教育行为，促使其自我提高与持续发展，形成和发展新课程需要的综合素质。

其次，要注意改进教师培训的方法。要克服以往一些地方仅仅是“讲师团”的简单做法。在教师培训中，不仅适当采用集中讲授的方式，更要充分运用亲身实践、现场观摩、即时反馈、小组研讨、录像分析等参与式的培训方法，引导教师积极参与提问、讨论，组织教师对自己和他人的实际教育行为、教育观念进行深入、细致的分析和研讨，然后再实践与再研讨。前期由教育部和各地组织的各种参与式培训有力地说明，这样的培训不仅有助于教师对其自身素质的整体状况有比较清楚而具体的认识，并且能有效地切实提高教师教育观念，转变其教育行为，实现其教育素质的实质性改善。

再次，要特别重视发挥教师在素质提高和师资培训中的主体作用。教师培训的最终目标是帮助教师自我成长，帮助其形成正确的教育观念和适宜的教育行为。因此，教师在培训中的角色、身份极其重要。在教师培训中，教师是以一个外来知识的简单接受者和外界“要我改”的被动角色，还是一个积极参与的“我自己要改”的主动角色来参与培训，其效果完全不同，日后参与课程改革所发挥的作用也会截然不同。因此，必须注意激发教师参与培训的动机，调动教师积极思考和实践，以主体的身份主动投入到培训中。只有这样，教师的教育观念、教育行为和能力才会有本质性的提高，儿童也才可能发展得更好。目前在国际师资培训中十分流行和有效的“反思模式”，正是意识到教师主体的积极参与对促动其教育观念和教育行为真正转变的重要意义，引导教师积极主动地对自己的教育教学活动进行观察、分析和研究，审视和评价自己所做出的教育行为及其效果，通过反思等手段来提高教师的自我觉察水平，以促进其素质的全面提高。在这一培训模式中，反思作为一种极好的手段，有效地调动了教师的主体参与意识，帮助教师分析自己实际的教育行为及其与教育观念之间的差距，进而主动采取各种方法来加以弥补、调整和提高。

需要指出的是，教师素质的提高，包括教育观念和教育行为的转变，是一个十分复杂的过程与系统，受到外界多方面因素，包括教育法规政策、行政管理制度、考核评估体系以及同事群体气氛、家长要求等外界舆论的影响。目前在这些方面还存在着不少不适于教师素质提高的因素。因此，各地要充分调动各方面力量，努力优化教育的外部条件，形成鼓励、支持教师成长和参与课程改革的良好外部环境，以保证教师素质提高的顺利实现。其中，保障每一个在职教师都能接受适当的、有效的、持续的培训是非常重要的前提条件。因此，建立相关的教师培训制度和法规保障也至关重要。

最后，为最大限度地做好教师培训工作，与教师培养、培训工作有关的各部门，包括师范院校、继续教育部门、教研机构以及大学课程研究中心等之间的相互协调与合作也是非常重要的。

88．全国有哪些大学基础教育课程研究中心？这些大学的课程中心在基础教育课程改革中的工作职责是什么？

自1999年首先提出要在师范大学成立基础教育课程研究中心以来，教育部先后在北京师范大学、华东师范大学、华中师范大学、华南师范大学、东北师范大学、西南师范大学、西北师范大学、南京师范大学、湖南师范大学、福建师范大学、陕西师范大学、广西师范大学、辽宁师范大学和浙江大学等建立了14所基础教育课程研究中心。

作为教育部在基础教育课程改革过程中专门设立的研究和推进机构，各大学基础教育课程研究中心在基础教育课程改革中已经和正在发挥重要的作用。按照教育部的总体规划和要求，大学基础教育课程研究中心的工作职能如下。

第一，承担国家的课程改革任务。各基础教育课程研究中心要协调所在地区的专家、教育行政人员、教研人员和教师组成项目组申报课程改革项目，并组织专家委员会对所承担的各项目进展情况、阶段性成果和经费使用情况进行阶段性检查和督促，检查结果要报教育部基础教育司和教育部基础教育课程教材发展中心。

第二，与所在地区的地方教研部门建立广泛联系，并与地方教研部门合作，对实验区课程改革的有关专题开展研究，共同开展教师培训、学术指导、实验设计、实验过程的监测及实验结果的评估等工作，推进实验工作的顺利开展。

第三，承担地方教育行政或教研部门委托的地方性课程的开发任务。

第四，组织校内外学术力量，独立开展与基础教育课程改革相关的理论研究与应用开发工作。

第五，及时提供国内外课程研究信息并开展咨询服务，实现各大学基础教育课程研究中心资源的共享。

第六，统一管理国家划拨的本校基础教育课程改革专项经费，保证专款专用。

第五节　新课程的有效落实

89. 如何保证新课程的有效落实？

基础教育课程改革是一项长期的系统工程，将新课程付诸实施需要经历一个艰苦的过程。在这一过程中，经过课程实施者的努力和创造性的工作，原有的课程会在实践中得到有效的落实，并进一步发展和丰富。但同时，我们也必须意识到，由于课程实施过程的复杂性和不平衡性，各个方面的因素都会对课程改革和课程实验的效果产生影响，课程也可能在实施过程中出现递减或“缩水”，甚至有可能出现“穿新鞋走老路”的状况。因此，可以说，课程实施过程是一个课程增值和衰减、创生与递减并存的过程。如何尽可能地促进新课程在各个环节和层面的有效落实，如何激励和帮助课程实施者创造性地实施课程，如何保证理论的课程和理想的课程在课程实施中成为现实和实施的课程，如何尽力避免在课程改革实验过程中出现课程衰减，是参与课程改革各方面人员的共同责任。

在本次课程改革中，无论是教育部有关决策部门，还是课程标准和教材的研制者与研究者以及各个实验区的有关人员，都非常关注新课程的实施问题，并通过多种途径来保证课程的有效落实，尽可能促进课程实施者创造性地实施新课程，减少课程在实施过程中的衰减。

首先，就课程建构本身而言，整个课程建设工作吸引了代表各方面的专业人员，在大量调研和充分了解已有问题的基础上，经过深入的研究和专家、基层与社会三层公开审核等程序，并充分考虑了课程实施的各方面要求和需要，通过开放、民主、科学的工作方式确定了课程的基本框架和各学科课程标准。应该看到，这为课程的有效实施从根本上提供了保障和基础。

其次，进行了各方面大量扎实的准备工作。建构的课程成为实际的课程，还要经历管理者、实施者等多个环节。各级教育行政官员和教研人员

第八章

DI BA ZHANG

新课程的组织与推进

如何组织培训，教师如何理解新课程，直接关系课程的落实效果。为此，必须从教师培训、课程实施方案与评估、课程实施的相关配套措施及教材等方面下功夫，保证课程在实施过程中不走样，不出现递减。

（一）要在课程实施前和实施过程中开展高质量的师资培训，包括由教育部直接组织的集中培训、教育部师范司组织的教师培训、教育部组织各大学中心和各地教研人员开展的培训以及今后各个实验区直接定期进行的教师培训工作等，通过培训方式的研究和积极培训模式以及培训材料的制作等途径大力宣传课程改革的基本理念，切实提高培训的效果。同时，要特别注意发挥先期启动的国家课程改革实验区在培训方面的示范和辐射作用，以点带面，为新课程的实施提供更多的合格教师。

（二）建立科学的实验方案和评估体系，确保课程实施的有效开展。各地要成立课程改革领导小组，并吸纳多方人员，通过科学研究，制订适宜的课程实验方案，并确立随时调控和不断完善的评价、反馈机制，确保新课程的顺利实施和有效落实。

（三）要提供必要的配套措施，包括经费支持、政策支持、社会宣传和导向支持及实验研究和指导支持等，为实验区、实验学校、实验教师和学生进行新课程实验形成积极的激励作用，避免外部因素的消极影响。

（四）把好教材关，建立教材编写、出版的科学机制，保证编写的教材不走样，不在教材环节上出现课程基本理念的衰减现象。在教材编写过程中，要严格教材编写人员的资格制度，建立科学、严格的教材审查制度和使用制度，要求教材本身正确反映课程改革的基本理念，并力争有所延伸和突破等。

当然，仅仅有外部的支持并不能保证课程改革的有效落实，参与课程改革的人，包括教师和儿童本身也在防止课程的衰减过程中发挥着重要作用。因此，必须高度重视课程实施环节，在实际的实施过程中，在教师与学生真实的互动中，通过变革教学方式和学习方式，创设良好的环境，保证课程理念的有效实现。这尤其需要广大教育研究者和教师自身的高度重视和深入研究。

第八章 DI BA ZHANG

新课程的组织与推进

应该承认，在课程改革这一整体系统中，任何一个环节都会对课程实施的效果产生影响，都可能造成课程在实施过程中的衰减。因此，也只有通过各方面的通盘考虑和通力合作，特别是发挥所有投身新课程的管理者、校长、教师、学生以及社会各界人士的主动性、积极性和创造性，在《纲要》精神的指导下，课程的有效落实才能成为现实。

附件

国家基础教育课程改革实验工作评估报告

国家基础教育课程改革实验区工作评估团

课程改革实验工作在基础教育课程改革的全程中是最重要、最关键的一个阶段。课程改革实验，决不仅仅是一个简单的方案验证，更是一个充满探索、创造和建设的教育改革实践过程。实验阶段的工作开展得如何，直接关系到课程改革的推广乃至整个基础教育课程改革的成败。为此，教育部决定对课程改革国家级实验区的新课程实验工作进行前期评估。本次评估的目的旨在了解情况，总结经验，协助解决问题，从而有效推动课程改革实验工作的健康发展。鉴于课程改革实验工作刚刚展开，本次评估的重点放在实验区课程改革工作的启动情况，包括实验的组织与领导、新课程的培训、课程推进的专业指导、家长和社区的参与以及有关政策保证措施等。

受教育部委托，评估团分为五个评估小组，于 2001 年 12 月 23—28 日分赴 10 个国家级课程改革实验区进行实地考察与评估。每个评估小组由 7 人组成，其中包括组长（教育厅、局长或大学校长）1 名、教育部协调员 1 名、教育部大学基础教育课程研究中心代表 2 名、国家级实验区代

表 2 名及随行记者 1 名。接受评估的 10 个实验区分别是黑龙江省大庆市、河北省鹿泉市、山西省太原市迎泽区、宁夏回族自治区灵武市、青海省湟中县、江苏省无锡市惠山区、湖南省长沙市开福区、福建省厦门市、贵州省贵定县、广西壮族自治区玉林市。

在评估过程中，各评估小组听取了实验区课程改革领导小组的工作汇报，查阅了各级管理部门和实验学校提供的有关文件、资料，召开了各种形式的座谈会，并分别与实验学校校长、实验学校教师、实验区教育行政部门、教研人员、实验学校学生以及学生家长进行了座谈。共召开座谈会 75 余次，参加座谈人数超过 2 000 人，同时，还发放并回收调查问卷 609 份。

通过以上工作过程和对有关资料的分析与研究，我们对实验区的新课程实验工作有了一个总体的了解。总体感觉实验工作运行正常，发展健康。在评估中，**我们深感实验区政府、教育行政部门、教研部门以及学校的广大干部和教师为实施新课程付出了辛勤的劳动，广大教师正迸发出极大的改革热情，教育观念的深刻转变已经初见端倪，民主、平等的师生关系正在逐渐形成，课堂上正发生着多年未见的、我们长期以来孜孜以求的变化，学生家长的观念超出我们的预料，这些都预示着一种新的教育文化正在向我们走来。**同时，我们也看到实验工作中还存在一些普遍性问题，需要在今后的工作中认真对待，妥善加以解决。

一、实验工作备受重视

各实验区在实验的组织管理方面基本上能按照教育部的要求，做到领导重视，层层落实，注重实效，为课程改革实验工作的顺利推进提供了较好的保障。具体表现在以下几个方面。

1．课程改革实验工作普遍受到各级领导的重视

从整体上看，实验区的领导对本次课程改革精神的理解比较到位，对本地区的实验工作表现出较高的主动性和积极性。例如，广西玉林市副市长秦敬德同志亲自参与实验工作的构思和策划；长沙市开福区区长亲自主持召开课程改革实验动员大会，区委书记做动员报告；河北省教育厅韩清

林副厅长三次下学校听课；宁夏灵武市教育局马局长还亲自在实验学校任课。他们亲临现场，以身作则，富有极强的感召力。各级领导的重视为课程改革的有效实施打下了坚实的基础。

2. 建立了健全的组织机构，实验方案切实可行

为使实验工作得到健康有序的发展，实验区建立了不同层次的实验组织机构。普遍成立了由省、市、县、实验区、教育行政部门、高等师范院校基础教育课程研究中心及实验区骨干教师、校长代表组成的课程改革实验推广领导小组和专家工作组。有的实验区还建立起课程改革实验工作指导小组、课程改革实验工作小组等专门班子来具体负责实验的组织与管理工作。

各实验区都制订了相应的实验方案。例如，广西玉林实验区为课程改革实验制定了整体的工作规划，相继制定了《广西玉林市开展基础教育新课程实验推广工作的规划》《广西玉林市教师与学生发展性评价方案》《广西玉林市实施国家基础教育课程改革实验小学骨干教师培养方案》《广西玉林市关于开发校本课程的指导意见》等方案（意见），为实验区工作的规范化、科学化管理奠定了较好的基础。

3. 在资金、政策上给予了一定的保障

各实验区基本上都筹措了一定的课程改革专项经费，保证了实验前期准备阶段和启动阶段，特别是培训经费的需求。许多实验区所在的省或市一级教育行政部门也表示要给予专项经费支持。有的实验区已争取到财政专项经费。如河北省鹿泉市拨款 30 万元，教育部门筹措 16 万元。贵州省贵定县在财政十分困难的情况下，财政拨款 10 万元，县教育局自筹经费 18.9 万元，并规定划拨给每个实验学校 1 200 元。除经费上的投入与保障外，许多实验区还不同程度地得到了上级部门在相关制度和政策措施方面的支持。如在中考和招生政策上，河北省及石家庄市都表示要对实验区给予特殊考虑。一些实验区为满足课程改革实验需要还自行出台了一些奖励性措施和配套政策，如将参加课程改革培训列入教师继续教育和考核的内容，鼓励教师自觉地学习新课程的理念，提高自身修养。

4．重视对家长和社会的宣传、动员工作

课程改革是一个系统工程，涉及社会的方方面面，光靠教育行政管理部门的努力是不够的，课程改革的成功首先需要赢得家长和社会的理解。各实验区注意做到了动员家长和社会各界力量来参与课程改革，支持课程改革。一些学校向家长印发了介绍课程改革的家长信，并通过家长会使每一位家长都了解到课程改革所倡导的新理念与新方法。为扩大实验的宣传范围和效果，一些地区还通过电视、报纸等新闻媒体宣传基础教育课程改革，报道有关课程改革实验的消息和进展。从有关文件和家长座谈会中了解到，实验区在家长动员和社会宣传方面采取了切实可行的办法，取得了比较好的社会效果。

二、课程改革培训工作扎实、有效

1．充分认识教师培训和指导的重要性

实验区从上到下都认识到，开展课程改革实验迫切需要进行卓有成效的教师培训工作，这是课程改革成功与否的关键。为此，实验区的各级领导都十分重视实验教师的培训工作，把培训和指导教师作为头等大事来抓。地方教育行政官员亲自参与培训方案的制订，并为实验培训进行动员和讲座。为落实实验区的培训工作，一些实验区纷纷建立起相关的培训机制，并成立了由主管领导任组长的培训工作领导小组。各实验学校也制定了相应的培训计划，实行责任制，保证培训工作有组织、有计划地进行。

2．开展多种形式、不同层次的培训

随着实验工作的推进，各实验区不断深入开展多种形式的培训。各实验区基本上都采取了通识培训与参与式培训相结合的方式，同时注意了培训的不同层次。除参加由教育部、课程标准组、出版社组织的国家级通识培训和学科培训外，各省、市、县教育行政管理部门还纷纷组织了通识培训、学科培训以及对培训者的培训。此外，一些实验区还组织了由实验教师上课，实验教师、教研员和管理人员参与听课、评课的校本培训。一些实验区在通识培训中还特意邀请非实验教师一同参加，让所有教师都理解课程改革，了解课程改革，并注意指导非实验学校教师用新的教育理念来指导教学。

3．注意发挥各类专业人员在培训活动中的作用

在组织培训的过程中，各实验区利用各种可能利用的资源来提高培训效果。除邀请教育部专家和各大学中心的课程专家、学科专家来帮助培训以外，还注意利用当地的资源，充分发挥教研员和教师在培训过程中的作用，使课程实验的培训工作做得扎实有效。如多数实验区开展的校本培训，就是一方面教师和校长共同学习有关的文件资料，另一方面展开充分的研讨。这种共同学习、共同提高的做法，使每一个人都能在培训工作中有所得，在研讨过程中得到锻炼。

4．注重培训的实效和对培训效果的反馈与检测

在培训过程中，各实验区注重通过多种形式的教研活动加强培训的实效，同时加强对培训效果的反馈与检测。如成立由相关领导和教研员组成的课程改革中心教研组，通过写体会、谈感想，以及培训效果测试等多种方式把握培训效果，及时总结培训经验，并对有问题的教师进行及时的帮助。同时，他们还采取了培训与研究相结合的方式，以及成立相邻教委和跨校区、片区的教研组，通过定期的课程改革实验教研活动，发挥教师的集体智慧，分析、研究实验过程中出现的问题，并提出解决的方法和对策。

三、实验的进展与初步成效

通过与校长、教师、学生、家长、教研人员和管理者的座谈和对实验学校的实地考察，我们感受到由于实验区领导的重视和广大教师的积极努力，实验区实际的教学生活已开始发生变化，实验工作初见成效。主要表现在以下几个方面。

1．教育观念开始发生变化

在与各方面人员进行座谈以及到实验校了解情况的过程中，感受到参与课程改革实验的所有人的教育观念都在发生变化。在与教师和校长的座谈中，几乎每一个人都谈到这次参与课程改革实验的一个最大的体会就是教育观念的转变。《纲要》和相关的课程标准所提出的课程改革理念开始

被他们所接受，并被尝试着融入到他们的实际教学中。校长们在座谈中谈到，现在的改革给学生和教师提供了更大的空间，教师在课堂中鼓励学生探索和思考，校长也鼓励教师结合自己的情况进行调整和创新。有的教师谈到，教材非改不可，以前的内容偏难、偏旧，没用的东西多，现在有价值的、有用的内容多了，并且在教学中给学生留有更多的空间，有利于学生创造性思维的发展。从家长座谈会的情况来看，所有的评估团成员都感到学生家长的观念之新令人振奋。家长们能够比较深刻地理解课程改革的精神，积极拥护课程改革。广西玉林实验区东成小学的一位学生家长在发言中说："很荣幸我的小孩能够赶上课程改革，我还希望课程改革的步伐再快一点。应该给孩子更大的空间和更多的选择，以发展个性。"当我们问她，作为家长，由于有高考的指挥棒，是否担心实验影响了孩子的前途时，这位家长的回答是："我更关注的是孩子作为一个健全的人的发展。课程改革最大、最可喜的一点是让孩子产生了学习兴趣，让孩子觉得学习是一件很快乐的事情，这有利于他的终身进步。"

2. 实验教师的改革热情高涨

教师的课堂角色开始发生变化，从单一的知识传授转变为开始比较关注学生的学习方式、学习愿望和学习能力的培养，教师们面对新课程，普遍感到提高自身素质的迫切需要。在我们看到的一本培训笔记中，有一位教师在接受完培训后情不自禁地写到："我想提高，我要进步，谁来帮帮我?!"为了使实验工作更加有效，教师们集思广益，开动脑筋，进行了许多富有创造性的工作。例如，组织综合课教师开展的"交叉备课"制度就是解决综合课教师尽快适应实验教学需要的一种好方法。此外，教师们还动手自制教具，集体备课，并与家长共同交流、探讨教学方法，迸发出了前所未有的探索、研究热情。

3. 课堂和学生生活开始出现喜人的变化

课堂开始出现师生互动、平等参与的生动局面。在这种课堂氛围下，许多教师反映他们"经常有惊喜""经常会发现学生的闪光点""经常被难住"，有的教师甚至说自己在课堂上就像一个"实话实说的节目主持人"。

例如一堂生物课，学生们在讨论中提出了无花果和菠萝是果实还是种子的问题，这完全出乎教师的预料，教师当时也答不上来，但他和学生一致约定，都去查找更多的线索，下次上课时看谁能够获得更准确的答案。新课程改变了教师一味传授的权威地位，拉近了师生之间的距离，拉近了学生与社会、与生活的距离。

课堂教学的组织形式也在一定程度上发生了变化。一些教师尽可能地组织学生运用合作、小组学习等方式，在培养学生合作与交流能力的同时，调动每一个学生的参与意识和学习积极性，课堂面貌焕然一新。在与学生的座谈中，学生们普遍反映，现在的课堂形式多样，经常开展讨论、交流和合作学习，让大家共同提高；老师们多是鼓励性的话，比以前和蔼可亲了；学习内容也宽泛多了，经常能够接触社会，从生活中来学习、思考；作业形式也丰富多了，有手工制作、画图画、讲故事、查资料，活动性作业比书面作业有明显增多。家长们也普遍反映，孩子比以前显得更轻松了，更喜欢上学了，对学习的兴趣和积极性也比以前更高了。

4．参与、支持课程改革的社会氛围开始形成

在教育系统内部，由于有各级领导的高度重视，一些实验区的教育行政官员还亲自下课堂，带领教研员进行新课程的教学研究，使教育系统内部出现了一种自上而下的坚实的支撑力量。湖南省长沙市开福区实验区，通过向社会公开招聘人才的方法，注意调动一切可以调动的力量，广集人才，扩大影响。在教育系统外，通过媒体和各类社会机构的努力，社会各界都已开始关注课程改革，这些宣传和努力，赢得了家长和社会各界对新课程的理解、参与和支持。他们开始积极主动地为课程改革提供咨询意见和资源支持。一种参与、支持课程改革的社会氛围正在开始形成。

四、反思与建议

在评估中，我们也发现实验工作存在一些普遍性的、值得引起重视的问题，具体有如下几个方面。

1．观念的根本转变问题

观念转变是课程改革的重要目标和内容，更是搞好课程改革实验工作

的前提，但要真正实现观念的根本转变，又是课程改革必须面对的一项长期而艰巨的任务。在这次评估中，这一问题再次明显地表现出来。少数地方领导对课程改革的重要意义还存在认识上的不足，重视程度也不够；在相当一部分教师、教研员中，还存在着把课程改革仅仅等同于使用新教材；在教学、教研和评价工作中，“穿新鞋、走老路”的现象更是比较普遍。这些问题都需要认真加以研究解决，特别是要加大伴随实验全程的日常校本培训力度，进一步改进培训方式和教学研究方式。

2．省级行政部门如何切实担负起课程改革领导责任的问题

课程改革需要得到各级政府领导的高度重视与支持，特别是省一级政府部门的领导，应该把课程改革当做当前基础教育工作的头等大事，作为普及九年义务教育、实施素质教育工作的重中之重来抓。在评估中，我们发现个别实验区的省级领导，还存在仅把课程改革当做一般性业务工作，认为仅是科研、教研人员的事情的观念。随着课程改革实验工作的进一步推进，省级政府领导应直接参与组织实验的实施，成立领导小组，形成稳定的工作机制，深入基层，直接指导实验区工作，并及时了解情况，协助解决问题。同时，在经费投入、教师工作量计算、学校资源配备、班额控制等配套措施上给与政策保障。

3．包括大学中心在内的教科研机构积极投身课程改革的问题

课程改革是一项广泛、深刻、持续不断的系统工程，仅仅靠教研部门的摸索是远远不够的，需要广泛动员实验区内外的学术力量参与课程改革，建立一个课程改革的学术支持机制，在组织上给予保障。在大学建立基础教育课程研究中心，是这次课程改革的一项重大举措。但是，如何在高等院校教学科研机构和实验区之间建立密切高效的合作机制，充分发挥专业工作者的作用，还有许多方方面面的问题需要解决。各实验区应主动寻求专业学术力量的支持，以提高课程改革实验工作的整体水平。同时师范院校也应切实从基础教育课程改革的实际考虑自身的改革与发展，在培训与专业课程设置上进行改革的同时，充分了解本次课程改革的重要性，深入实验区，把学术研究与课程改革实践联系起来，切实发挥理论工作者

的作用。

4．教研室切实改变职能和工作方式的问题

实践表明，在实验研究过程中，教研队伍起着十分重要的作用。在实验的启动阶段，各地教研员开展了许多有效的工作。但随着实验研究的推进，教研员自身在教育观念、理论修养和业务能力方面也面临着巨大的挑战，这一方面需要加强对教研员队伍的培养提高工作，然而最紧迫、最可能有效的就是采用多种措施促进教研员队伍角色和工作方式的转变，切实改变教研室的职能。教研人员应与一线教师形成一种平等共建的关系，共同切磋，共同进步，切实有效地提高每一所学校的课程建设能力和教学研究水平。

5．对课程政策误解、误用的问题

在评估中，我们发现有的地方存在着对国家基础教育课程政策误解和误用的问题。如有些地方的教研部门甚至教育行政部门对如何搞好课程改革实验工作并不热心，真正关注的是编写自己的教材。而且由于存在对国家课程、地方课程和校本课程理解或利益驱动等方面的原因，一些地方有违规操作的现象。个别省的教育行政部门为实行地方课程统筹，禁止实验区涉足地方课程的研究与开发。这些趋势如任其蔓延，从某种意义上可以说将断送课程改革的成果。

6．进一步加强课程改革实验的保障问题

课程改革的推进需要多方面的保障，首先是经费问题，虽然不少地方的政府、教育行政部门已经付出了很大的努力，但发展还是很不平衡的。随着课程改革实验面的扩大，这一问题将更加突出。如何建立和加强课程改革实验经费的保障机制，是一个需要认真研究解决的问题。其次，如何建立与新课程相配套的评价机制，是实验区各界普遍关心的问题。我们在评估过程中看到，各实验区普遍意识到了这个问题，急需要有力的指导或有益的经验总结和推广。此外，实验区较普遍地存在班额过大、教师负担过重、新的教学资源匮乏、设备条件不配套等问题，需要采取有力措施加以解决。最后，也是最重要的一点，随着课程改革实验的推进，教师培训在数量上的压力将加大，在培训质量上原有的不足也会更加凸现，必须用新的思路、新的有力的手段才有可能缓解这一问题。例如，师范教育和教师继续教育在培养目标、专业设置、课程内容等方面都面临着严峻的挑战，否则，巨大的浪费将不可避免。

教育部文件

教基〔2001〕17号

教育部关于印发《基础教育课程改革纲要（试行）》的通知

各省、自治区、直辖市教育厅（教委）：

《基础教育课程改革纲要（试行）》已经国务院同意，现印发给你们，请结合实际认真贯彻执行。

附件：基础教育课程改革纲要（试行）

（章）

二〇〇一年六月八日

FULU 

基础教育课程改革纲要(试行)

基础教育课程改革纲要（试行）

改革开放以来，我国基础教育取得了辉煌成就，基础教育课程建设也取得了显著成绩。但是，我国基础教育总体水平还不高，原有的基础教育课程已不能完全适应时代发展的需要。为贯彻《中共中央国务院关于深化教育改革全面推进素质教育的决定》（中发［1999］9号）和《国务院关于基础教育改革与发展的决定》（国发［2001］21号），教育部决定大力推进基础教育课程改革，调整和改革基础教育的课程体系、结构、内容，构建符合素质教育要求的新的基础教育课程体系。

新的课程体系涵盖幼儿教育、义务教育和普通高中教育。

一、课程改革的目标

1．基础教育课程改革要以邓小平同志关于“教育要面向现代化，面向世界，面向未来”和江泽民同志“三个代表”的重要思想为指导，全面贯彻党的教育方针，全面推进素质教育。

新课程的培养目标应体现时代要求。要使学生具有爱国主义、集体主义精神，热爱社会主义，继承和发扬中华民族的优秀传统和革命传统；具有社会主义民主法制意识，遵守国家法律和社会公德；逐步形成正确的世界观、人生观、价值观；具有社会责任感，努力为人民服务；具有初步的创新精神、实践能力、科学和人文素养以及环境意识；具有适应终身学习的基础知识、基本技能和方法；具有健壮的体魄和良好的心理素质，养成健康的审美情趣和生活方式，成为有理想、有道德、有文化、有纪律的一代新人。

2．基础教育课程改革的具体目标：

改变课程过于注重知识传授的倾向，强调形成积极主动的学习态度，使获得基础知识与基本技能的过程同时成为学会学习和形成正确价值观的过程。

改变课程结构过于强调学科本位、科目过多和缺乏整合的现状，整体设置九年一贯的课程门类和课时比例，并设置综合课程，以适应不同地区和学生发展的需求，体现课程结构的均衡性、综合性和选择性。

改变课程内容“繁、难、偏、旧”和过于注重书本知识的现状，加强课程内容与学生生活以及现代社会和科技发展的联系，关注学生的学习兴趣和经验，精选终身学习必备的基础知识和技能。

改变课程实施过于强调接受学习、死记硬背、机械训练的现状，倡导学生主动参与、乐于探究、勤于动手，培养学生搜集和处理信息的能力、获取新知识的能力、分析和解决问题的能力以及交流与合作的能力。

改变课程评价过分强调甄别与选拔的功能，发挥评价促进学生发展、教师提高和改进教学实践的功能。

改变课程管理过于集中的状况，实行国家、地方、学校三级课程管理，增强课程对地方、学校及学生的适应性。

二、课程结构

3．整体设置九年一贯的义务教育课程。

小学阶段以综合课程为主。小学低年级开设品德与生活、语文、数学、体育、艺术（或音乐、美术）等课程；小学中高年级开设思想品德与社会、语文（含写字）、数学、科学、外语、综合实践活动、体育、艺术（或音乐、美术）等课程。

初中阶段设置分科与综合相结合的课程，主要包括思想品德、语文、数学、外语、科学（或物理、化学、生物）、历史与社会（或历史、地理）、体育与健康、艺术（或音乐、美术）以及综合实践活动。积极倡导各地选择综合课程。学校应努力创造条件开设选修课程。在义务教育阶段的语文、艺术、美术课中要加强写字教学。

4．高中以分科课程为主。为使学生在普遍达到基本要求的前提下实现有个性的发展，课程标准应有不同水平的要求，在开设必修课的同时，设置丰富多样的选修课程，开设技术类课程。积极试行学分制管理。

5. 从小学至高中设置综合实践活动并作为必修课程，其内容主要包括：信息技术教育、研究性学习、社区服务与社会实践以及劳动与技术教育。强调学生通过实践，增强探究和创新意识，学习科学研究的方法，发展综合运用知识的能力。增进学校与社会的密切联系，培养学生的社会责任感。在课程的实施过程中，加强信息技术教育，培养学生利用信息技术的意识和能力。了解必要的通用技术和职业分工，形成初步技术能力。

6. 农村中学课程要为当地社会经济发展服务，在达到国家课程基本要求的同时，可根据现代农业发展和农村产业结构的调整因地制宜地设置符合当地需要的课程，深化“农科教相结合”和“三教统筹”等项改革，试行通过“绿色证书”教育及其他技术培训获得“双证”的做法。城市普通中学也要逐步开设职业技术课程。

三、课程标准

7. 国家课程标准是教材编写、教学、评估和考试命题的依据，是国家管理和评价课程的基础。应体现国家对不同阶段的学生在知识与技能、过程与方法、情感态度与价值观等方面的基本要求，规定各门课程的性质、目标、内容框架，提出教学和评价建议。

8. 制定国家课程标准要依据各门课程的特点，结合具体内容，加强德育的针对性、实效性和主动性，对学生进行爱国主义、集体主义和社会主义教育，加强中华民族优良传统、革命传统教育和国防教育，加强思想品质和道德教育，引导学生树立正确的人生观、世界观和价值观；要倡导科学精神、科学态度和科学方法，引导学生创新与实践。

9. 幼儿园教育要依据幼儿身心发展的特点和教育规律，坚持保教结合和以游戏为基本活动的原则，与家庭和社区密切配合，培养幼儿良好的行为习惯，保护和启发幼儿的好奇心和求知欲，促进幼儿身心全面和谐发展。

义务教育课程标准应适应普及义务教育的要求，让绝大多数学生经过努力都能够达到，体现国家对公民素质的基本要求，着眼于培养学生终身学习的愿望和能力。

普通高中课程标准应在坚持使学生普遍达到基本要求的前提下，有一定的层次性和选择性，并开设选修课程，以利于学生获得更多的选择和发展的机会，为培养学生的生存能力、实践能力和创造能力打下良好的基础。

四、教学过程

10．教师在教学过程中应与学生积极互动、共同发展，要处理好传授知识与培养能力的关系，注重培养学生的独立性和自主性，引导学生质疑、调查、探究，在实践中学习，促进学生在教师指导下主动地、富有个性地学习。教师应尊重学生的人格，关注个体差异，满足不同学生的学习需要，创设能引导学生主动参与的教育环境，激发学生的学习积极性，培养学生掌握和运用知识的态度和能力，使每个学生都能得到充分的发展。

11．大力推进信息技术在教学过程中的普遍应用，促进信息技术与学科课程的整合，逐步实现教学内容的呈现方式、学生的学习方式、教师的教学方式和师生互动方式的变革，充分发挥信息技术的优势，为学生的学习和发展提供丰富多彩的教育环境和有力的学习工具。

五、教材开发与管理

12．教材改革应有利于引导学生利用已有的知识与经验，主动探索知识的发生与发展，同时也应有利于教师创造性地进行教学。教材内容的选择应符合课程标准的要求，体现学生身心发展特点，反映社会、政治、经济、科技的发展需求；教材内容的组织应多样、生动，有利于学生探究，并提出观察、实验、操作、调查、讨论的建议。

积极开发并合理利用校内外各种课程资源。学校应充分发挥图书馆、实验室、专用教室及各类教学设施和实践基地的作用；广泛利用校外的图书馆、博物馆、展览馆、科技馆、工厂、农村、部队和科研院所等各种社会资源以及丰富的自然资源；积极利用并开发信息化课程资源。

13．完善基础教育教材管理制度，实现教材的高质量与多样化。

实行国家基本要求指导下的教材多样化政策，鼓励有关机构、出版部门等依据国家课程标准组织编写中小学教材。建立教材编写的核准制度，教材编写者应根据教育部《关于中小学教材编写审定管理暂行办法》，向教育部申报，经资格核准通过后，方可编写。完善教材审查制度，除经教育部授权省级教材审查委员会外，按照国家课程标准编写的教材及跨省使用的地方课程的教材须经全国中小学教材审查委员会审查；地方教材须经省级教材审查委员会审查。教材审查实行编审分离。

改革中小学教材指定出版的方式和单一渠道发行的体制。严格遵循中小学教材版式的国家标准。教材的出版和发行试行公开竞标，国家免费提供的经济适用型教材实行政府采购，保证教材质量，降低价格。

加强对教材使用的管理。教育主管部门定期向学校和社会公布经审查通过的中小学教材目录，并逐步建立教材评价制度和在教育行政部门及专家指导下的教材选用制度。改革用行政手段指定使用教材的做法，严禁以不正当竞争手段推销教材。

六、课程评价

14．建立促进学生全面发展的评价体系。评价不仅要关注学生的学业成绩，而且要发现和发展学生多方面的潜能，了解学生发展中的需求，帮助学生认识自我，建立自信。发挥评价的教育功能，促进学生在原有水平上的发展。

建立促进教师不断提高的评价体系。强调教师对自己教学行为的分析与反思，建立以教师自评为主，校长、教师、学生、家长共同参与的评价制度，使教师从多种渠道获得信息，不断提高教学水平。

建立促进课程不断发展的评价体系。周期性地对学校课程执行的情况、课程实施中的问题进行分析评估，调整课程内容、改进教学管理，形成课程不断革新的机制。

15．继续改革和完善考试制度。

在普及九年义务教育的地区，实行小学毕业生免试就近升学的办法。鼓励各地中小学自行组织毕业考试。完善初中升高中的考试管理制度，考试内容应加强与社会实际和学生生活经验的联系，重视考查学生分析问题、解决问题的能力，部分学科可实行开卷考试。高中毕业会考改革方案由省级教育行政部门制定，继续实行会考的地方应突出水平考试的性质，减轻学生考试的负担。

高等院校招生考试制度改革，应与基础教育课程改革相衔接。要按照有助于高等学校选拔人才、有助于中学实施素质教育、有助于扩大高等学校办学自主权的原则，加强对学生能力和素质的考查，改革高等学校招生考试内容，探索提供多次机会、双向选择、综合评价的考试、选拔方式。

考试命题要依据课程标准，杜绝设置偏题、怪题的现象。教师应对每位学生的考试情况做出具体的分析指导，不得公布学生考试成绩并按考试成绩排列名次。

七、课程管理

16．为保障和促进课程适应不同地区、学校、学生的要求，实行国家、地方和学校三级课程管理。

教育部总体规划基础教育课程，制订基础教育课程管理政策，确定国家课程门类和课时。制订国家课程标准，积极试行新的课程评价制度。

省级教育行政部门依据国家课程管理政策和本地实际情况，制订本省（自治区、直辖市）实施国家课程的计划，规划地方课程，报教育部备案并组织实施。经教育部批准，省级教育行政部门可单独制订本省（自治区、直辖市）范围内使用的课程计划和课程标准。

学校在执行国家课程和地方课程的同时，应视当地社会、经济发展的具体情况，结合本校的传统和优势、学生的兴趣和需要，开发或选用适合本校的课程。各级教育行政部门要对课程的实施和开发进行指导和监督，学校有权利和责任反映在实施国家课程和地方课程中所遇到的问题。

八、教师的培养和培训

17. 师范院校和其他承担基础教育师资培养和培训任务的高等学校和培训机构应根据基础教育课程改革的目标与内容，调整培养目标、专业设置、课程结构，改革教学方法。中小学教师继续教育应以基础教育课程改革为核心内容。

地方教育行政部门应制定有效、持续的师资培训计划，教师进修培训机构要以实施新课程所必需的培训为主要任务，确保培训工作与新一轮课程改革的推进同步进行。

九、课程改革的组织与实施

18. 教育部领导并统筹管理全国基础教育课程改革工作；省级教育行政部门领导并规划本省（自治区、直辖市）的基础教育课程改革工作。

19. 基础教育课程改革是一项系统工程，应始终贯彻“先立后破，先实验后推广”的工作方针。各省（自治区、直辖市）都应建立课程改革实验区，实验区应分层推进，发挥示范、培训和指导的作用，加快实验区的滚动发展，为过渡到新课程做好准备。

基础教育课程改革必须坚持民主参与、科学决策的原则，积极鼓励高等院校、科研院所的专家、学者和优秀的中小学教师投身中小学课程教材改革；支持部分师范大学成立“基础教育课程研究中心”，开展中小学课程改革的研究工作，并积极参与基础教育课程改革实践；在教育行政部门的领导下，各中小学教研机构要把基础教育课程改革作为中心工作，充分发挥教学研究、指导和服务等作用，并与基础教育课程研究中心建立联系，发挥各自的优势，共同推进基础教育课程改革；建立教育部门、家长以及社会各界有效参与课程建设和学校管理的制度；积极发挥新闻媒体的作用，引导社会各界深入讨论、关心并支持课程改革。

20. 建立课程教材持续发展的保障机制。各级教育行政部门应设立基础教育课程改革的专项经费。

为使新课程体系在实验区顺利推进，教育部在高考、中考、课程设置等方面对实验区给予政策支持。对参加基础教育课程改革的单位、集体、个人所取得的优秀成果，予以奖励。

FULU 附录

走进新课程丛书书目

走进新课程丛书书目

（一）综合类

1.《走进新课程——与课程实施者对话》
2.《基础教育课程改革政策文件选编》
3.《基础教育课程改革的国际比较》
4.《基础教育课程的国内调研报告》
5.《世界学科课程改革沿革》
6.《综合实践活动课程开发指南解读》
7.《地方课程管理指南解读》
8.《学校课程管理指南解读》
9.《研究性学习指南解读》
10.《劳动与技术教育指南解读》
11.《社区服务与社会实践指南解读》
12.《信息技术在教学中的应用研究》
13.《课程资源开发研究》
14.《教材评价与教材管理制度》

（二）学科类

15.《语文课程标准解读》
16.《数学课程标准解读》
17.《英语课程标准解读》
18.《日语课程标准解读》

19.《俄语课程标准解读》
20.《科学（3—6年级）课程标准解读》
21.《科学（7—9年级）课程标准解读》
22.《物理课程标准解读》
23.《化学课程标准解读》
24.《生物课程标准解读》
25.《历史与社会课程标准（一）解读》
26.《历史与社会课程标准（二）解读》
27.《历史课程标准解读》
28.《地理课程标准解读》
29.《艺术课程标准解读》
30.《美术课程标准解读》
31.《音乐课程标准解读》
32.《体育（与健康）课程标准解读》
33.《品德与生活课程标准解读》
34.《品德与社会课程标准解读》
35.《思想品德课程标准解读》

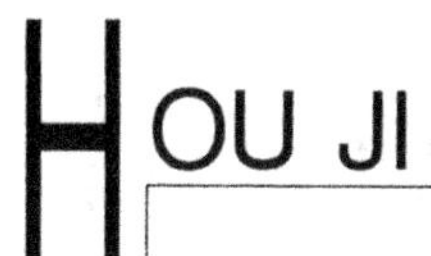

后　记

为适应新世纪我国社会、经济、科技发展，贯彻《中共中央国务院关于深化教育改革全面推进素质教育的决定》《国务院关于基础教育改革与发展的决定》，2001 年 6 月，经国务院同意，教育部印发了《基础教育课程改革纲要（试行）》(以下简称《纲要》)。《纲要》提出了这次基础教育课程改革的指导思想、适应时代发展要求的培养目标和本次基础教育课程改革的六项具体目标。《纲要》是指导本次基础教育课程改革的纲领性文件和开展工作的行动指南。

为了准确和深入浅出地阐释《纲要》的基本内容，受教育部基础教育司委托，参与新课程研制工作的专家编写了这本《走进新课程——与课程实施者对话》，本书以素质教育思想为指导，从解答学习、阅读《纲要》所带来的疑惑入手，阐述了《纲要》所涉及的核心概念，新的课程理念和对推进新课程工作的思考。虽然《纲要》已经颁布，但是新课程的实施仍然需要共同建设、共同创造，本书的作者正是以这样的心态来撰写此书，并希冀与广大中小学教师、教科研人员和高校教师一起积极探索和挖掘新课程的魅力，共同走进新课程。

本书的编写得到了许多领导、专家的指导、支持和帮助。教育部王湛副部长为本书撰写了序言，教育部部长助理、基础教育司司长李连宁同志对本书的编写工作提出了指导要求，教育部基础教育司和课程教材发展中心的相关领导策划了本书的编写提纲。张华博士、刘良华博士、傅道春教授、李建平同志为本书的修改提供了宝贵的意见。高凌飚教授、石欧教授、郝京华教授、崔允漷教授、郭元祥教授、盛群力教授、徐继存博士、张行涛博士、刘铁芳博士等认真审读了本书。北京师范大学基础教育课程研究中心的同志们默默承担了大量的事务性工作，工作之艰辛、服务之周

后　记

HOU JI

到令人感动。正是他们的共同努力，才使本书能够这么快与读者见面。此书成稿之际，仅向各位领导和专家及每一位参与此项工作的同志表示最诚挚的谢意。

本书的主要执笔人有：陆有铨、康长运（第一章），余文森（第二章），刘兼、康长运（第三章），余文森（第四章），芦咏莉（第五章），吴刚平（第六章、第七章），叶子（第八章）。

为了中华民族的伟大复兴，为了每一个学生的发展，是基础教育课程追求的目标，也是我们殷切的希望，我们愿为这一崇高而伟大的事业贡献出我们的智慧和力量。